匡亚明 主编 中国思想家评传丛书

许衡评传

陈正夫 何植靖 著

南京大学中国思想家研究中心

南京大学出版社

中国思想家评传丛书

许　衡　像

(辞官还乡燕居时)

许 谦 像

(1269—1337)

图书在版编目(CIP)数据

许衡评传　附　许谦评传 / 陈正夫,何植靖著. —南京:南京大学出版社,1995.9(2007.4 重印)

(中国思想家评传丛书/匡亚明主编)

ISBN 978-7-305-02652-2

Ⅰ.许... Ⅱ.①陈... ②何... Ⅲ.许衡(1209～1281)—评传 Ⅳ. B244.995

中国版本图书馆 CIP 数据核字(2002)第 023749 号

中国思想家评传丛书

许 衡 评 传

附　许谦评传

陈正夫　何植靖著

南京大学出版社出版发行

社址:南京市汉口路 22 号　邮编:210093

电话:025-83596923　025-83592317　传真:025-83328362

网址:http://press.nju.edu.cn

电子邮件:nupress1@public1.ptt.js.cn

南京爱德发展有限公司　印刷

开本 850×1168　1/32　印张 16.375　字数 352 千

1995 年 9 月第 1 版　2007 年 4 月第 4 次印刷

印数 4501—6500

ISBN 978-7-305-02652-2

定价:42.00 元(精装)

《许衡评传》由陈正夫执笔,《许谦评传》由何植靖执笔,初稿完成后互相征求意见并进行修改,最后由陈正夫总其成。

作　者

1993 年 2 月于南昌

《中国思想家评传丛书》序

匡 亚 明

伟大的中华民族在长达五千年连绵不断的曲折发展过程中，像滚滚东流的长江那样，以磅礴之势，冲破了重重险阻，奔腾向前，现在更以崭新面貌，雄姿英发，屹立于世界民族之林。这是人类历史上的一个奇迹。产生这一奇迹有诸多原因，其中十分重要的一点，就是我们勤劳、勇敢、智慧的各族人民，在长期的生产活动、社会活动、思维活动和对外交往以及抗击外来侵略过程中，逐渐创造、积累、发展了具有以生生不息的内在思想活力为核心的优秀传统思想文化。这是一种伟大、坚强的精神支柱，是我们民族凝聚力和生命力之所在，是历史留给我们所有海内外炎黄子孙引以自豪的无价之宝。

当然，和各国各种不同传统思想文化一样，在中华民族的思想文化传统中，也是既有精华，又有糟粕，因而全盘肯定或全盘否定，不对；一知半解、信口开河或裹足不前、漠然置之，也不对。郑重而严肃的态度应该是对它进行实事求是的科学的研究和分析，取其精华，弃其糟粕，继承和弘扬这份瑰宝，振兴中华，造福人类。人类历史发展的连续性，就是在不断去粗取精、继往开来和改革创新过程中实现的。继往是为了开来，开来不能离开继往。民族虚无主义和复古主义，都是违背历史发展的辩证规律的。

现在我们国家正处在一个新的继往开来迈向四化的关键时刻。继往就是继民族优秀传统之往，开来就是开社会主义现代化建设之来。对中国传统思想文化从广度和深度上进行系统研究，实现去粗取精的要求，正是继往开来必须完成的紧迫任务。我认为这是中国各族人民，首先是文化界、学术界、理论界义不容辞的光荣职责。但面对这一时间上长达五千年，内容上涉及人文科学、自然科学等各个领域的传统思想文化，将从何着手呢？毛泽东同志早在1938年就说过："从孔夫子到孙中山，我们应当给以总结，承继这一份珍贵的遗产。"[①]这是很有远见而又切合实际的英明建议。从孔子到孙中山这两千余年是中国历史上思想文化最丰富的时期，如果总结了这段历史，也就基本上总结了五千年传统思想文化的主要内容。当然，基本上不等于全部。孔子以前和孙中山以后的情况，可以另行研究。因此，我认为首先最好是在时间上从孔子开始到孙中山为止，方法上采取《中国思想家评传丛书》的形式作为实现这一任务的开端。这就是从这段历史的各个时期、各个领域和各个

① 毛泽东《中国共产党在民族战争中的地位》，《毛泽东选集》第2卷，人民出版社1952年版，第522页。

学科（包括文、史、哲、经、教、农、工、医、政治等等）有杰出成就的人物中，遴选二百余人作为传主（一般为一人一传，少数为二人或二人以上合传），通过对每个传主的评述，从各个侧面展现那些在不同时期、不同领域中有代表性人物的思想活力和业绩，从而以微见著、由具体到一般地勾勒出这段历史中中国传统思想文化的总体面貌，揭示其积极因素和消极因素的主要内涵，以利于开门见山、引人入胜地批判继承、古为今用，也为进一步全面系统地总结中国传统思想文化打下基础。自从毛泽东同志提出上引建议后，半个世纪以来，不少专家学者已从各个方面做了许多工作，但对全面完成这个任务来说还远远不够，还要在深度和广度上继续努力。作为“抛砖引玉”，本《丛书》只是这个继续努力所应完成的工作的一部分。《丛书》凡二百部，约四千万言，自 1990 年开始陆续出版，争取十到十五年全部出齐。

《丛书》所以用“中国思想家评传”命名，主要是考虑到中国传统思想文化中的核心是生生不息的内在思想活力，而历史事实也反复证明，凡是在各个不同时代不同领域和学科中取得成就者，大多是那些在当时历史条件下自觉或不自觉地认识和掌握了该领域事物发展规律的具有敏锐思想的人。他们取得成就的大小，取决于思想上认识和反映这些规律的程度如何。思想并非先验之物，它所以能反映和掌握这些规律，主要是通过社会实践和对前人思想成果的借鉴和继承。思想一旦形成，反过来在一定程度上又对实践起决定性指导作用。韩愈说的“行成于思，毁于随”①，列宁说的“没有革命的理论

① 韩愈《进学解》，中华书局《四部备要》东雅堂本《韩昌黎全集》卷十二第 3 页。

就不会有革命的运动”①，这些话，虽所处时代和所持立场不同，所要解决的问题的性质也不同，但就认识论中思与行、理论(思想的高度概括)与实践的关系而言，确有相通之处，即都强调思想对实践的指导意义和作用。因此我们以“中国思想家评传”命名，就是力图抓住问题的核心，高屋建瓴地从思想角度去评述历史人物，以便对每个传主在他所处时代的具体情况下，如何在他所从事的领域中，克服困难，施展才华，取得成功，做出贡献，从思想深处洞察其底蕴。历史上各个时代富有思想因而能在有关方面取得成就的人，直接阐述自己思想观点的论著虽亦不少，但大量的则是其思想既来自实践(包括对前人、他人实践经验的吸取)、又渗透在自己创造性实践之中，集中凝聚在他自己的业绩和事功上，而没有留下论著。另一些人却只留下著作而无其他功绩，对这些人来说，他那些有价值的著作就理所当然地是他的伟大业绩和事功。如果论述一个人的思想而不联系他的业绩(包括著作)，必将流于空洞的抽象；同样，如果只讲一个人的具体业绩而不结合他的思想活动，又必将成为现象的罗列。评价思想和评价业绩，两者不应偏废。而不断在实践中丰富和深化的思想活力则是经常起主导作用的因素，强调这个因素，引起人们的正视和反思，正是我们的主旨和目的。当然，思想和思想家，思想家和实践家，都是既有区别又有联系的不同概念，忽视这一点是不对的。《丛书》的重点则是放在两者的联系和结合上。至于如何使两者很好联系和结合而又着意于剖析其思想活力，各占多少篇幅或以何种方式表达，则自当由作者根据传主的具体情况创造性地作

① 列宁《怎么办》，《列宁选集》第 1 卷，人民出版社 1976 年版，第 241 页。

出妥善安排。

自从人类历史上产生了马克思主义，不仅全人类解放和发展有了划时代的明确方向，学术研究也有了更严密的科学方法，即辩证唯物主义和历史唯物主义的世界观和方法论。根据这一科学方法，在研究和总结中国传统思想文化，特别是联系到《丛书》的撰著时，我认为下列几点应特别引起重视。

一、坚持实事求是的原则。实事求是是贯串在马克思实际活动和理论研究中的主线，离开了它也就离开了马克思主义。只有切实掌握了客观情况，才能得出正确的认识和判断。前者为“实事”，后者为“求是”，二者相结合，就叫实事求是。事不实则非夸即诬。为了弄清情况，就必须对情况的本质与现象、整体与局部、真与伪、精与粗，作出区别、梳理和取舍，这样才能掌握情况的实质，达到“实事”的要求；然后进一步加以分析研究，找出事物本身固有的真相而非主观臆测的假象，并验证其是否符合人民利益和人类历史前进方向，是否反映科学、技术、文化、艺术的发展规律，这样才能得出正确的认识和判断，达到“求是”的要求。实事求是是治学的基本功夫，是对每个传主的功、过、是、非作出公正评价的必要前提。不论古今中外，对历史人物过高或过低的不公正评价，大都由于未能认真坚持实事求是原则的缘故。

二、坚持批判继承的原则。马克思主义学说就是批判的学说，而批判是为了继承、发展和创新。这就需要我们在实事求是的基础上，既要继承发扬传主业绩和思想中的积极因素，又要批判清除其消极因素。凡传主业绩和思想中体现了诸如爱国主义、民主意识、科学见解、艺术创造和艰苦奋斗、克己奉公、追求真理的精神，即在符合历史前进要求的“立德”、“立功”、“立言”诸方面有显著成就等积极因素者，必须满腔热情地加以继承和弘扬，并紧密结合当前社会主义建设实际，使之深入人心，蔚然成风；凡反映有诸如封建迷信、专制独裁、愚昧落后、丧失民族尊严和违背科学进步等消极因素者，必须以历史唯物主义的观点加以批判，清除其一定程度上至今尚起作用的消极影响，而消极因素经过彻底批判后可转化为有益的教训；凡积极因素和消极因素相混者，更当加以认真清理和扬弃，既发扬其积极因素又摒弃其消极因素。我们力求一点一滴、切实认真地探索各个传主思想和业绩中珍贵的积极因素，使之成为全国各族人民正在从事的继往开来伟大历史工程的组成部分。

三、坚持“百花齐放”、“百家争鸣”的原则。“百花齐放”和“百家争鸣”，是发扬学术民主、促进学术繁荣的正确原则和巨大动力。前者强调一个“齐”字，后者强调一个“争”字，是表示学术上平等、民主和自由的两种不同状态；前者突出的是统一与和谐，后者突出的是区别与争论；两种状态又统一于不断地相互促进和相互补充、转化的持续发展提高过程之中。“百花齐放”、“百家争鸣”的原则体现在撰著评传时，应从“齐放”和“争鸣”出发，综合中外各个时期对有关传主的不同评价，吸取符合客观存在的对的东西，摒弃其违反客观存在的不实的东西，然后创造性地提出经过自己独立思考的、赶前人或超前人的一家之言。同时，对整个《丛书》而言，也有个共性、个性又统一又区别的问题。这就是一方面作者应把“实事求是”、“批判继承”和“百花齐放”、“百家争鸣”这几点作为大家的共性(统一与共识)；另一方面，对每部评传的立意、结构和行文(文体、文风和文采等)，则主要是作者的创造性思维劳动和雅俗共赏的文字表达艺术的成果，是彼此的个性（区别），不宜也不应强求一律。评传作者都有充分自由去发扬这一个性，力求在对每一传主的评述中探索和展示其积极因素，使之和正在变革中国面貌的伟大社会主义建设实践融为一体，丰富其内容，促进其发展，而不是仅仅停留在对传主思想业绩的一般性诠释上。

我认为，以上三点大体上可以表达《丛书》所遵循的主要指导思想，但也不排除用其他思想和方法得出的有价值的研究成果。

感谢所有关心和支持《丛书》工作的单位和个人，特别感谢《丛书》的名誉顾问和学术顾问。他们的热情关心、支持和指教，使《丛书》工作得以顺利进行。更要感谢所有承担评传撰著任务的老中青学者，他们都以严谨的治学态度，作出了或正在作出对学术，对民族，以历史负责的研究成果。没有他们的积极合作，《丛书》工作的开展是不可能的。《丛书》副主编和中国思想家研究中心、南京大学出版社，在制定《丛书》规划，约请和联系国内外学者，审定书稿以及筹划编辑出版等方面，克服重重困难，做了大量工作，他们的辛勤劳动是《丛书》能按预定计划出版的必要前提。

现在《丛书》开始出版了，我作为年逾八旬的老人，看到自己迫于使命感而酝酿已久的设想终于在大家支持合作下实现，心情怡然感奋，好像回到了青年时代一样，体会到“不知老之将至”的愉悦，并以这种愉悦心情等待着《丛书》最后一部的问世；特别盼望看到它在继承中华民族传统思想文化的珍贵遗产方面，在激励人心、提高民族自尊心和爱国主义思想方面，在促进当前建设有中国特色的继往开来的社会主义现代化物质文明和精神文明的历史性伟大事业中，能起到应有的作用。我以一颗耄耋童心，默默地祝愿这一由一批老中青优秀学者经长年累月紧张思维劳动而作出的集体性学术成果能发出无私的熠熠之光，紧紧伴照着全民族、全人类排除前进道路上的各种障碍，走向和平、发展、繁荣、幸福的明天！

热诚欢迎国内外同仁和各界人士不吝赐教，以匡不逮。是为序。

1990 年 10 月 7 日

内 容 简 介

许衡是中国十三世纪杰出的政治家、教育家、思想家。他在我国经过连年战乱，民族文化垂危的情况下，传播儒学和程朱理学，并以陆补朱，折衷朱陆，成为从朱熹思想到王阳明思想发展的中间环节。元入主中原以后，他主张实行汉法，帮助元世祖建立治道，恢复生产，推进国家统一。本书全面系统地阐述许衡的生平、哲学思想、政治思想、经济思想、处世哲学与伦理思想、科学与文化思想、教育思想，并实事求是地评价许衡的历史地位、历史作用和社会影响。

本书附录《许谦评传》，对与许衡同时代的重要的思想家、教育家许谦的生平、宇宙论、辩证法思想、认识论、人性论、道德论、教育论、政治论，以及许谦思想的作用和特点，作全面系统的论述。

A Brief Introduction

Xu Heng, an outstanding statesman, educator and thinker in the 13th century, propagated confucianism and Zhu—Cheng's idealist philosophies during the hard times when the national culture declined after many years of wars. He made a compromise of Zhu and Cheng's ideas and became an intermediate link in the development of the theories from Zhu Xi to Wang Yang-ming. After the founding of Yuan Dynasty he advocated practising the laws of Han Dynasties and helped Yuan Shi-zu, the first emperor of Yuan Dynasty, to establish law systems, develop production and promote the national unity. The book makes a systematic exposition of Xu Heng's whole life, and ideas in philosophy, ecomomics, philosophy of life, ethics, science and culture and education and a practical judgement of his position and influence in history.

Critical Biography of Xu Qian appears in the book as its postcript. It sets forth the life of Xu Qian, another important thinker in Xu Heng's time, and expounds his world view, dialectical thinking and thoeries of knowledge, human nature, morality, education and politics. His social position and influence in history is also introduced to readers.

目　次

附：许谦评传

A CRITICAL BIOGRAPHY OF XU HENG

CONTENTS

Annex: A Critical Biography of Xu Qian

第一章　时代、生平及学术交往

许衡，字仲平，学者称为鲁斋先生。生于金泰和九年（公元 1209 年），卒于元至元十八年（公元 1281 年）。他是中国十三世纪杰出的政治家、教育家、思想家和天文学家。元人有“北有许衡，南有吴澄”之称，把他和南方的著名学者吴澄并称为元代思想界的双璧①。由于许衡在蒙古贵族统治中国的元朝取得高位，为蒙古贵族统治中国出谋献策，所以，对他的历史地位和历史作用的评价，历来颇有争议。我们认为，要正确地评价许衡的历史地位和历史作用，首先必须正确地评价蒙古贵族在中国建立元朝统治这一重大历史事件，实事求是地阐明许衡所处的时代、主要经历、学术交往和学术成果。

---

① 《许文正公遗书·论赞》卷末。

一、所处时代

许衡所处的时代，正是女真贵族和蒙古贵族争夺中原霸主的时期。他的幼年和青少年时代，是在金王朝的统治下度过的。

金是以女真为主的政权。女真是古族名，又称“肃慎”、“女直”，来源于唐代黑水靺鞨。五代时（十世纪初）分布在松花江、黑龙江下游，东至海。从事渔业，并养猪。农产品有粟、麦等。北宋初，以完颜部为核心迅速发展，其首领乌古迺特，从邻族传入铁器，把社会生产力发展到一个新的水平，并加强了物品交换。在这个基础上，产生了家庭、私有财产和奴隶。北宋末（十二世纪初），阿骨打统一女真各部，建立了金朝政权。辖境北至外兴安岭上的火鲁火疃谋克。金王朝建立后，势力日益强大，不断向南进逼，于北宋宣和七年（公元 1125 年）灭辽，靖康二年（公元 1127 年）灭北宋，并同偏安于临安（今杭州）的南宋进行了多年争夺江南财富的征战。后来，一方面由于南宋王朝的军政大权落到了投降派的手里，另一方面由于北方蒙古兴起牵制了金的力量，宋金便东起淮水，西至秦岭，形成了一条暂时分界线，金王朝确立了在陕西和淮水以北的统治领域。许衡幼年和青少年生活的河南新郑等地，正是金王朝加强统治的中原地带。

当金举兵南下伐宋的时候，女真社会还处在奴隶制发展阶段，而这时的宋王朝，已经是发达的、成熟的封建制社会，所以，无论是在生产力发展水平上，还是在政治、经济、思想、道德、科技、文化乃至于生活方式、心理特征、价值观念上，都有很大的差距。因此，金朝自从征服了辽和北宋入主中原以后，面临着推行奴隶制，还是适应被征服地区的状况转向封建制的问题，同时也面临着如何对待处在进步状况的被征服地区的经济和文化的问题。围绕着这些问题，金王朝内部改革派和保守派展开了反复的激烈的斗争。恩格斯说过："每一次由比较野蛮的民族所进行的征服，不言而喻地都阻碍了经济的发展，摧毁了大批的生产力。但是在长期的征服中，比较野蛮的征服者，在绝大多数情况下，都不得不适应征服后存在的比较高的经济状况；他们为被征服者所同化，而且大部分甚至还不得不采用被征服者的语言。"①金征服辽和北宋后的历史，正是按照恩格斯这个论断发展的。尽管金王朝统治阶级内部的保守派主张保持旧制，反对改革，但是，以落后的奴隶制去对发展的成熟的封建制社会进行有效的统治，在实践上是行不通的，而且大多数人民都向往进步的社会生活，因此，虽然经过反复的曲折的尖锐的斗争，改革派最终还是取得了优势地位，把奴隶制转向封建制，并接受先进的经济、文化。金世祖时，在政治和军事上就采取了一些改革措施。接着金太宗、金熙宗也进行了较大的改革，金太宗除逐步改革官制和军制以外，在经济制度方面，又采取若干新的措施。在金朝内地，他采取的主要措施是受田、赋税、区别平民和奴隶，在燕云和中原地区，仍然推行原有的封建制度，所以，在金朝统治的领域里，呈现出奴隶制和封建制同时并存的一国两制的局面。《大金国志》说：他（注：指金太宗）"尽失女真故态"，"开国旧臣"们看他是"宛然一汉户

① 《马克思恩格斯选集》第3卷，第222页。

少年子”。可见，金太宗的改革步子是迈得比较大的，而这个改革也遇到较大的阻力。太宗死后，十六岁的合剌即皇帝位，是为金熙宗。由于金熙宗年纪尚幼，辅助他执政的正是支持金太宗进行改革的宗翰、宗干等人，实际上军政大权正是操在这些人手中。所以，金熙宗时期，仍然坚持金世祖、金太宗的改革方针。并下诏任命女真契丹和汉人官员的“诰命”，都用本族的文字书写。这样，契丹字、汉字与女真字同样成为官方的通用文字。在金太祖、金太宗、金熙宗改革的基础上，天德元年（公元 1149 年）海陵王取得皇位后，加强中央集权，镇压女真贵族反对派，进行了进一步的改革。为着推进改革，维护金朝的统治，他主张在女真贵族控制下，联合各族统治者共同维护金朝的统治，大胆任用汉人、契丹人和渤海人。他认真学习汉文化，读史书，能诗文，曾对蔡松年说：我读《论语》、《鲁语》，谈到“夷狄之有君，不如诸夏之亡也”，甚为厌恶。他（指孔丘）岂不是以南北的区分贵彼贱我么！他即皇位以后，认真进行政治、经济、文化的改革，努力去消除民族间的对立。在政治方面，他于天德二年（公元 1150 年）十二月，下令废除行台尚书省的设置，把政令统一于朝廷，后来又制定中央官制，废除中书、门下省，只置尚书省，直属于皇帝。它成为皇帝直接控制的政权机构，强化了中央集权。在改革中央官制的同时，又改革了科举制度，分词赋、经义两科，以罗致汉人文士。征服北宋以后，考虑到辽、宋所传儒家经说不同，设南、北两科考试，即所谓“南北选”。海陵王废除南北选制，并废除儒家“经义科”，规定一律只考词赋，统一了选取汉官的科举制度。在政治上海陵王进行的最重大的改革，是把国都从上京迁到燕京。关于迁都问题，历来众说纷纭，特别是遭到保守派的强烈反对，海陵王顶住种种压力，在天德三年（公元1151年）四月，毅然下令迁都。都城南迁燕京，也使女真贵族离开他们的故乡而南迁汉地，这一事情本身，是改革派对保守派斗争所取得的巨大胜利，具有深远的影响。在经济方面，海陵王进行最重要的改革，是继续实行女真人南迁的政策，为了安顿南迁的女真猛安、谋克户，需要大量土地，他下诏将大兴府、山东路和大名府各地拘收原侵官地和荒闲的牧地，官民占据的逃亡户地，以及大兴府、平州路僧尼道士占据的土地，授予南迁的女真猛安、谋克户耕种。在正隆三年（公元1158年），又把中都屯军两猛安迁到南京（汴京）分地安置。女真人南下种田，散处在汉人村落之间，不仅有利于发展生产，也有利于女真人与汉人的交流。在经济方面另一件重大措施，就是印钞铸铁。金建国以来，没有铸造货币，只是沿用辽宋的旧币，对经济发展和商品交流极为不利，贞元二年（公元1154年），海陵王命户部尚书蔡松年主持印制交钞，与铜钱并行。正隆二年（1157年）又开始自铸铜钱，并禁止铜出境，正隆三年（公元1158年）在中都设铸钱监二，北京设铸钱监一，三监制造“正隆元宝钱”行使。印钞铸钱，促进了货币流通和经济的发展，从经济上加强了中央集权的统治。在文化方面，海陵王倡导文化，重视诗赋，学作诗文，并要求女真人普遍学习汉族文化。海陵王在位的时间并不长，但他极力推行封建化，镇压贵族反对派，迁都燕京，进行各项改革措施，对金朝的发展起重要的作用。后来，金世宗继承海陵王的事业，在他统治的三十年间，女真族基本上完成了向封建制过渡。随着社会经济中封建关系的发展，金朝出现了一时的经济繁荣。

女真、汉族等各族人民的辛勤劳动，推动了农业、手工业的发展和商业的兴盛，促进了社会生产力的提高，也加强了女真族与汉族的民族融合。这一融合，我们从女真人对待孔子和中国经史的态度就可以看出来。金初进军曲阜时，金兵谩骂孔子，放火烧毁孔庙，但金熙宗则开始尊孔，在上京立孔庙，亲自去拜祭，又封孔子的后裔孔璠为衍圣公。金世宗则大力尊孔崇儒，修立孔墓，立“宣圣庙碑”。章宗即位前，熟读《尚书》、《孟子》，认为是“圣贤纯真之道”；即位后，下特旨修孔庙，廊庑用碧瓦，石柱雕龙纹，修建厅堂、庙宇等四百多间，并下诏各州建孔庙，避孔子名讳。世宗时朝廷设立译经所，用女真字翻译汉文经史。大定五年（公元1165年）译成《贞观政要》、《白氏策林》等书，大定六年（公元1166年）又译《史记》、《汉书》。大定十五年（公元1175年），金世宗再次下诏翻译经史，大定二十二年（公元1182年），译经所进呈《易经》、《尚书》、《论语》、《孟子》、《老子》、《杨子》、《文中子》、《刘子》及《新唐书》的女真字译本。世宗对宰相们说：“朕之所以命令翻译五经，是要女真人知道仁义道德所在。”大定二十六年（公元1186年），他下诏规定，女真贵族若不能读女真字经书，即不准承袭猛安、谋克。章宗诏令三十五岁以下的女真亲军，必须读《孝经》和《论语》。《金史·艺议传》说：“世宗、章宗之世，儒风大变，学校日盛。士人由科举而位列宰相者甚多。”

女真贵族建立的金朝，在征服了辽和北宋后，由奴隶制较快地转向封建制，因而在广大领域里出现了短期的经济繁荣，强化了中央集权。但是，从章宗开始，由于女真贵族地主的腐朽，官僚政治的腐败，加上对外战争频仍，军费日增，财政危机严重，人民不断地开展英勇斗争，打击金贵族的统治，因此，金朝的统治迅速地走向衰落，终于在天兴二年（公元1234年）为蒙古所灭。这一年许衡二十五岁。从金天兴二年（公元1234年）到至元十八年（公元1281年）逝世的四十八年，许衡是在蒙古贵族统治的元朝度过，并且成为为元朝统治集团出谋划策的重要人物，他一生的活动，同蒙古贵族统治的元朝有密切的联系。

蒙古，原是居住在额尔古纳河流域的一个部落，后逐渐向西发展到鄂嫩、克鲁伦、图拉三河上游肯特山一带，十二世纪末和十三世纪初，铁木真征服了史弟部落，建立了统一的蒙古汗国。南宋开禧二年（公元1206年），铁木真在斡难河边召开宗亲大会，被推举为全蒙古的大汗，号成吉思汗，史书上也称他为元太祖。

成吉思汗建国后，要求成年的蒙古男人都服兵役，按十进位的方法编制军队，并组织一万人的精锐部队作为亲军，同时，把习惯法整理为成文法典，明确规定贵族特权，加强对牧民和奴隶的统治。军制和法制完成后，他和他的继承者窝阔台汗、蒙哥汗，长期对南方和西方用兵。对西方，南宋嘉定十一年（公元1218年）西灭辽，使蒙古的势力扩展到天山南北和中亚细亚。南宋嘉定十二年（公元1219年）成吉思汗率领二十万大军西征。五年之间，横扫欧亚两洲，前锋直达东欧和伊朗北部。南宋端平三年（公元1236年）到南宋淳祐元年（公元1241年），窝阔台汗打败了斡罗思（俄罗斯），前锋直达波兰、匈牙利等地。南宋宝祐元年（公元1253年）到南宋开庆元年（公元1259年）蒙哥汗遣宗王旭烈兀，灭木剌夷（在今伊朗境内），下报达（今巴格达），占领西南亚。蒙古西征的胜利，建立了钦察、察哈台、窝阔台、伊儿四大汗国，作为蒙古政权统一管辖下的藩属，但这四大汗国后来都先后独立，并在十四至十五世纪间先后灭亡。

对南方，成吉思汗于南宋开禧元年（公元 1205 年）到南宋宝庆三年（公元 1227 年）多次发兵进攻夏和金。南宋宝庆二年（公元 1226 年）成吉思汗最后一次向夏用兵。第二年夏主请降，夏亡。但成吉思汗也在这一次战役中病死。南宋绍定二年（公元 1229 年），窝阔台即汗位不久，就继承成吉思汗的遗志发兵伐金，对金进行多次作战，金天兴三年（公元 1234 年）金哀宗自杀，金亡。蒙古灭金后，南宋成为它打击的主要对象。从南宋端平二年（公元 1235 年）开始，蒙古多次进攻南宋。淳祐元年（公元 1241 年），因窝阔台汗病死，只得暂时议和停战。蒙哥于淳祐十一年（公元 1251 年）即汗位后，又对宋发动新的进攻，南宋宝祐六年（公元 1258 年），蒙哥发动三路大军攻宋，命忽必烈攻鄂州（今湖北省武昌市），兀良合台攻潭州（今湖南省长沙市），他自己则亲带一路大军攻四川，在四川的合州（今四川省合川县）遭到坚决抵抗，经过半年的攻守战不仅拿不下合州，南宋开庆元年（公元 1259 年），蒙哥反而在合州的钓鱼城下受伤而死。忽必烈在向鄂州进军途中，听到蒙哥的死讯，遂跟兀良合台会师北撤。元中统元年（1260 年），他即大汗位，以开平（今内蒙古自治区多伦县境）为上都，燕京为中都，后称大都。至元八年（公元 1271 年），定国号为元。忽必烈后来被称为元世祖。

蒙古族自成吉思汗时期统一以来，政治、经济、文化都有了较大的发展，忽必烈即汗位时，蒙古族已由奴隶社会进入封建社会。忽必烈即汗位后，先以数年时间整顿内部，处理贵族集团内部的斗争。接着，便于至元四年（公元1267年）发兵南下，继续进攻南宋。经过将近十年的作战，至元十三年（公元1276年）左丞相伯颜率兵进攻南宋都城临安，俘宋恭帝及全太后、谢太后北去，南宋灭亡。从南宋端平二年（公元1235年）窝阔台汗对宋用兵至南宋亡，共约四十年时间。南宋灭亡后，忽必烈继续清除南宋的残余势力，建成了统一全国的元王朝。忽必烈在他发布的《建国号诏》中宣称：

> 诞膺景命，奄四海以宅尊；必有美名，绍百王而纪统。肇从隆古，匪独我家。且唐之为言荡也，尧以之而著称；虞之为言乐也，舜因之而作号。驯至禹兴而汤造，互名夏大而殷中。世降以还，事殊非古。虽乘时而有国，不以义而制称。为秦为汉者，著从初起之地名；曰隋曰唐者，因即所封之爵邑。是皆徇百姓见闻之狃习，要一时经制之权宜，概以至公，不无少贬。
>
> 我太祖圣武皇帝，握乾符而起朔土，以神武而膺帝图，四震天声，大恢土宇，舆土之广，历古所无。顷者，耆宿诣庭，奏章申请，谓既成于大业，宜早定于鸿名。在古制以当然，于朕心乎何有。可建国号曰“大元”，盖取《易经》“乾元”之义。①

从这份诏书可见，忽必烈把元朝的建立看作是“绍百王

① 《元史》卷7《世祖纪》四。

而纪统”,是对尧舜禹汤、秦汉隋唐等中国历代王朝的继续,并认为从元太祖成吉思汗到他自己所进行的统一事业,是古代任何一个君主无法比拟的“历古所无”的“大业”。他说:“昔之有国者,或以所起之地,或因所受之封,为不是法也,故谓之‘元’焉。元谓之大也,大不足以尽之,而谓之元者,大之至也。”①因此,“大元”国号的建立是全国大一统的重要标志。

中国是历史悠久、地大物博、人口众多的“文明古国”。在远古时代,在中国领域内,居住着许多不同的民族和部落,居住在东方的被称为“夷族”,居住在北方、西方的被称为“狄族”、“戎族”,居住在南方的被称为“蛮族”,他们都有自己的文化,而且在长期的互相影响和互相斗争中逐渐走向融合。史称“秦之祖先,起于夷狄”②。可见,统一中国的秦的统治者,是夷狄的后代。中国境内各民族和部落经过长期的演变,当代还有五十六个民族。在我国这个多民族的大家庭里,除了汉族以外,还有其他几十个兄弟民族,各个民族都是大家庭中的一员,决不能认为只有汉族才能成为全国的统治民族。但是,由于各兄弟民族社会发展水平一般都低于汉族,他们的少数统治者,一般是用征服的手段和阶级压迫、民族压迫的政策去实现统治,因此,它往往要遭到各族人民的反抗,而这些反抗斗争又往往具有反压迫和维护民族利益的意义,它的正义性也是应该肯定的。元朝的统一虽然是蒙古贵族通过军事征服来完成的,在军事征服过程中同样实行

---

① 《元史》卷7《世祖纪》四。

② 《观堂集林》卷12。

阶级压迫和民族压迫的政策，但是，元朝的统一结束了我国长期分裂的局面，促进了国内各民族之间的经济、文化交流和边疆地区的开发，为经济、文化的发展和科技的进步创造了良好的条件，也为统一的多民族国家的巩固和发展起了重要的作用，所以，它的意义是非常巨大的。

蒙古族的统治者征服辽、金、宋的时候，虽然它们的社会已由奴隶制逐渐向封建制转变，但是，它们的封建化程度是相当低的，其经济、文化乃至于意识形态的发展，同汉族地区相差很大，所以，蒙古贵族虽能利用军事征服建立元朝，但是，它要继续靠用武力征服来巩固和发展这个统一的多民族的元王朝，是绝对不可能的。忽必烈很重视这个问题，早在漠北"潜邸"的时候，就"好访问前代帝王事迹"，特别赞赏唐太宗统一天下，治理国家的业绩。"闻唐文皇为秦王时，广延文学四方之士讲论治道，终至太平，喜而慕焉。"①有意搜罗一批信佛崇儒的汉族地主阶级知识分子为他出谋划策。蒙哥即位，他被受命主管"漠南汉地军国庶事"后，更加紧罗致汉族和其他各族知识分子为他当谋士。如海云禅师（宋印简）、刘秉忠、张文谦、张德辉、李冶、王鹗、赵璧、杨惟忠、姚枢、宋子贞等，都是他的智囊。在即帝位以前，他最亲信的谋士刘秉忠对他说"以马上取天下，不可以马上治"的大问题，并向他灌输历代封建统治的经验，对他影响很大。为着有效地对汉族地区施行统治，他主动学习汉文化，接受"儒教大宗师"的称号②。并要他的儿子真金太子"少从姚枢、窦

① 《元朝名臣事略》卷12《内翰王文唐公》引徐世隆《王鹗墓碑》。

② 《元史》卷163《张德辉传》。

默受《孝经》”[①]。所以,他在即皇帝位时就明确地提出按照“前代之定制”,采用“汉法”,加强治道等问题。他在《即位诏》中说:

> 朕惟祖宗肇造区宇,奄有四方,武功迭兴,文治多缺,五十余年于此矣。……先皇帝即位之初,风飞雷厉,将大有为。爱国爱民之心虽切于己,尊贤使能之道未得其人,方董夔门之师,遽遗鼎湖之泣。岂期遗恨、竟未克终。[②]

在《中统建元诏》中又说:

> 朕获缵旧服,载扩丕图,稽列圣之洪规,讲前代之定制。建元表岁,示人君万世之传;纪时书王,见天下一家之义。法《春秋》之正始,体大《易》之乾元。炳焕皇猷,权舆治道。可自庚申年五月十九日,建元为中统元年。惟即位体元之始,必立经陈纪为先。故内立都省,以总宏纲;外设总司,以平庶政。仍以兴利除害之事,补偏救弊之方,随诏以颁。於戏!秉箓握枢,必因时而建号;施仁发政,期与物以更新。敷宣恳恻之辞,表著忧劳之意。[③]

---

① 《元史》卷4《世祖纪》一。
② 同上。
③ 同上。

从这两个“诏”可以看到，忽必烈深感蒙古贵族在用武力征服过程中，“武功迭兴，文治多缺”，“尊贤使能之道未得其人”，所以，他即皇帝位时，强调必须继承封建王朝“前代之定制”，采用“汉法”，“立纲陈纪”，“内立都省以总宏纲，外设总司以平庶政”，为此，忽必烈很重视人才的选拔和任用，广罗四方有识之士，为其加强统治效力。许衡就是在这样的形势下，为忽必烈所选聘并委以重任的。

二、生平和主要经历

记载许衡家世和生平的材料，有《元史》的《许衡传》，《宋元学案》的《鲁斋学案》，《鲁斋遗书》的《考岁略》，《许文正公遗书》的《考岁略·续》，以及《河内县志》、《新郑县志》、《河南通志》和《元史》、《宋元学案》等有关材料。从上列材料可以看到，许衡的一生经历了女真贵族统治的金王朝和蒙古贵族统治的元王朝两个朝代。他在金王朝的统治下出生、成长，接受教育并开始聚徒讲学，在元王朝的统治下进一步提高自己的学识，开展教育实践活动，并成为元王朝的重臣，为元王朝的统治者出谋献策。许衡的一生，大致可分为四个阶段。第一阶段是金泰和九年（公元 1209 年）至南宋理宗淳祐元年（公元 1241 年），这是他出生成长、接受教育和打下学业基础时期；第二阶段是南宋理宗淳祐二年（公元 1242 年）至南宋理宗开庆元年（公元 1259 年），这是许衡钻研程朱理学和开展教育实践活动时期；第三阶段是元中统元年（公元 1260 年）至至元七年（公元 1270 年），这是他参与朝政，为元统治者出谋献策时期；第四阶段是至元八年（公元1271年）至至元十八年（公元1281年），这是他为元王朝培养人才和制订“授时历”时期。下面，我们按照这四个阶段，分别加以阐明。

（一）出生成长　接受教育

关于许衡的家世和出生，《元史》说：“许衡字仲平，怀之河内人也。世为农，父通，避地河南，以泰和九年九月，生衡于新郑县。”①清朝道光五年重修的《河内县志》，关于这方面的记载，完全采用了《元史》这一说法。《考岁略·续》、《新郑县志》、《新郑祠堂记》关于这方面的记载，同《元史》又略有不同。《考岁略·续》说：“己巳[金]永济大安元年九月一日许公生。（原注：公讳衡，字仲平，覃怀河内人也。父通，以避地故，流寓新郑阳缓里而生公。）”②《新郑县志》说：“先生道号鲁斋，讳衡，字仲平，金大安元年己巳生于新郑县阳缓里。”③《新郑祠堂记》说：“新郑县西山之左里曰：阳缓，鲁斋先生许文正公所生地也。先生世家河内，金季其先人避兵是邑，实先生生于里中，金大安己巳岁也。县学有祠以祀，先生其事具碑。”④从以上材料可以看到，许衡原籍是覃怀河内，世代为农，金朝末年，他的父亲通为避世乱，寓居河南

① 《元史》卷158《许衡传》。

② 乾隆五十五年镌《许文正公遗书》卷首《考岁略·续》。以下引《许文正公遗书》均用乾隆五十五年镌本，不再一一作注。

③ 《新郑县志·许文正公祠堂记》。

④ 《钦定四库全书》集部五《鲁斋遗书》卷14。以下引《鲁斋遗书》均用《钦定四库全书》集部五这个版本，不再一一注明。

新郑，于金泰和九年（亦即金永济大安元年，公元 1209 年）九月，在新郑的阳缓里生许衡。大概是许衡家历代为农的缘故，有关资料对他的家世并没有详细的记载。从我们接触的材料看，只知道许衡的原籍在覃怀河内，但是，他的父亲在寓居新郑以前，他的原籍在覃怀河内什么地方，现在无从知道。公元 1991 年 7～8 月间，我们曾到许衡的原籍沁阳、焦作等地作过实地考察，并阅读一些地方志，拜访许衡的二十三代孙许昭贡先生，二十四代孙许未斌先生，从有关材料得悉，许衡仕元第一次辞官归来后，是居住在河内的沁阳（即现在河南省沁阳市西向镇兆鲁村），后来又搬到沁阳的泗沟村（即现在的河南省博爱县泗沟村），不久，他又把家从泗沟村搬往李封村（即现在的河南省焦作市中站区王封乡李封村），并长期在李封村安家。北鲁村、泗沟村和李封村，在元代都属于覃怀地区，而且有一个时期都归河内县管辖，许衡的先人是否在这三个村居住过，现在很难断定，但许衡长期安家于李封村，死后葬于李封村东南三四里地，这都是现在可以查证的事实。为了表彰许衡对元王朝所作的贡献，元朝统治者给予封地 100 亩，免交赋税，作为祭祀之用。许衡的后代，大部分在李封村及其周围，现在分为李封一村、二村、三村。从许衡到现在，已传了三十代，现在有后裔三万余人。所以，许衡的籍贯，应在元代覃怀河内的李封村，即现在的河南省焦作市中站区王封乡李封村。

许衡在幼年和少年的情况，《元史》的记载是：

> 幼有异质，七岁入学，授章句，问其师曰：读书何为？师曰：取科第耳。曰：如斯而已乎？师大奇

之。每授书，又能问其旨义。久之，师谓其父母曰：儿颖悟不凡，他日必有大过人者，吾非其师也。遂辞去。……如是者凡更三师。①

《考岁略·续》的记载，比《元史》较为具体：

幼有异质，赋性端悫，与群儿嬉，即画坐作进退周旋之节，群儿莫敢犯。年七八岁入学，授章句，过目辄不忘。……年十余，有道士见之，惊曰：骨清神完，目光射人，当为命世大贤，人间富贵不足道也。但两额颇暗，清节有余而安逸不足，惜乎！父母俱不得而见之。②

所谓"骨清神完，目光射人，当为命世大贤"之类的话，这是后人借道士之言对许衡作夸大的渲染，不足为信。但从以上材料看，许衡天资聪颖，从小就接受章句之学的教育，勤学好问，抱负非凡，这是可以置信的。

许衡的青年时代，正是蒙古贵族举兵南下与宋、金交战的时候，战祸频仍，加上统治者敲诈勒索，民不聊生，甚至出现了"饥民食橡栗"和"易子而食"的情况。许衡的家境也颇为艰难。为了避乱和求生计，父母便让他到县衙跟从"适典县史"的"舅氏（即舅父）""从授吏事"。干了没有多久，他看到民不聊生，而当官的遇事则"督责以自免"，感到

① 《元史》卷158《许衡传》。

② 《许文正公遗书》卷首《考岁略·续》。

干这样的事没有意思，“遂不复诣县而决意求学”①。然而，当时的情况是“国日以蹙，民皆转徙，无从师授，亦无书籍”②，从县衙归来后，他又跟随“日者（即指古时占候卜筮的人）学“占候之术”。但是，他刻意求学的意志仍然很坚定。他在占候者家中发现有散乱毁缺的尚书疏义，“凡三往就宿其家，皆手钞之，由是刻意坟典，欲求古人为治为学之序，操心行己之方，一言一行必质诸书。”③

许衡二十四岁那一年，蒙古兵攻占新郑，他“为游骑所得，引义曲譬，卒免于难”④。为了避战祸，他在二十五岁的那一年逃难岨崃山，并得到王弼《易注》，他“嗜学如饥渴”，“夜思昼诵，身体而力践之，言动必揆诸义而后发”⑤。在这时，许衡做了一件为后人所美传的事情，即被称为不食道旁梨事。有一天，许衡路过一个地方，渴得很厉害，路旁有梨，许多人在争着吃，但许衡则危坐树下不动，别人问他为什么不去拿梨吃，他回答说：“非其有而取之不可也。”别人又告诉他，由于世道乱，此梨没有主人，他再回答说：“梨无主吾心独无主乎！”⑥这件事说明，许衡不仅重视读书，而且注重躬行，“言动必揆诸义而后发”。

他在山东泰安东南的岨崃山一带住了三年，便由鲁转魏，在魏的大名寓居，继续读书，“人见其德，稍稍从之，扁其斋

① 《考岁略》。
② 同上。
③ 同上。
④ 《考岁略·续》。
⑤ 《元史·许衡传》。
⑥ 同上。

曰：鲁斋。因号鲁斋先生。"他二十九岁的那一年，朝廷"遣官校儒士于河朔"，魏人力劝应试，既中选，"占籍为儒"。所谓"占籍为儒"，实际上是承认他知识分子的社会地位。他在大名住了三年，便回覃怀，并"由怀入洛，求弟衎得之"，因为怀政暴虐，他又回大名寓居，由于"学者翕然归之"，在他三十二岁那一年，便"垂绛讲论"，正式地聚徒讲学，开始了教育生涯。在这时，"肥乡窦默亦隐于魏，与语深加敬遇焉"①。从此开始，许衡和窦默交往日益密切，成为挚友。

（二）崇奉程朱理学　开展教育实践

许衡在大名结识了窦默，特别是在他三十四岁那一年，在苏门结识姚枢，并通过姚枢传得赵复的程朱之学，这对他一生的发展道路产生了很大的影响。

《元史》记载：

> 从柳城姚枢得伊洛程氏及新安朱氏书，益大有得，寻居苏门，与枢及窦默相讲习，凡经传子史礼乐名物星历兵刑食货水利之类，无所不讲，而慨然以道为己任，尝语人曰：纲常不可一日而亡于天下。②

《考岁略》的记载是：

① 《元史·许衡传》。
② 同上。

壬寅，雪斋隐苏门，传伊洛之学于南士，赵仁甫先生即诣苏门，访求之，得伊川《易传》，晦庵《论》、《孟》集注、《中庸》、《大学》章句、或问、小学等书，读之深有默契于中，遂一一手写以还，聚学者谓之曰：昔者授受殊孟浪也，今始闻进学之序。若必欲相从，当悉弃昔日所学章句之习，从事于小学洒扫应对以为进德之基，不然当求他师。众皆曰：唯。遂悉取向来简帙焚之，使无大小皆自小学入。先生亦旦夕讲诵不辍，笃志力行以身先之，虽隆冬盛暑不废也。

在许衡的青少年时代，宋金对峙，加上蒙古兴起，战乱频繁，南北声教不通，所以，在接受姚枢传赵复的伊洛之学以前，他所学的基本上是北方“落第老儒”所授的汉儒章句之学，所教的主要是“正句读”之类，这同注重思辨哲理和伦理践履的程朱理学相比，有很大的差别。所以，他在接受伊川之学以后，感到耳目一新，亦深感过去所学所教并未抓住要害。因此，他要求诸生“当悉弃昔日所学章句之习，从事于小学洒扫应对以为进德之基”。许衡接受了程朱理学以后，几乎达到入迷的地步。他“旦夕讲诵”，“笃志力行”，“冰释理顺”，“美如刍豢”，甚至达到“终夜以思，不知手之舞之，足之蹈之”。从壬寅（公元 1242 年）三十四岁至辛亥（公元 1251 年）四十三岁这九年间，他往返于苏门和大名之间，致力于程朱理学的研究和开展教育实践活动。在这个时期，许衡不仅钻研程朱理学，而且重视封建伦理的践履，“凡丧祭嫁娶，必征于礼，以倡其乡人”。其生活十分艰苦，家贫躬耕,"粟熟则食粟,不熟则食糠核菜茹"。即使如此,他也处之泰然,"讴诵之声闻户外如金石"。他生产有多余的,就分给诸族人和诸生之贫者,别人给他东西,凡不合于义的,则一概不取。在学术研究上,他重视小学、《四书》,他在寄给儿子的书中说:"小学、《四书》吾敬信如神明,然能明此,其他书虽不治可也。"①他"于《书》于《易》尤多致力,然每学者请问,则必从事于小学"。"先生自得小学书,则主于此书,以开导学者。"②许衡为什么重视小学呢?因为小学辑录了符合封建制度的言行,是讲德之基。他对学生们强调小学,就是强调对封建道德的践履。许衡这一时期的学术活动和教育践履,确立了他的学术规模和学术方向,是他一生学术道路中的重要转折点。

南宋宝祐二年(公元 1254 年),忽必烈就任秦王,为了推行教化,命廉希宪为宣抚使,征京兆教授,当时在中原久负盛誉的许衡,自然成为征聘的对象。《考岁略·续》记载:

> 甲寅,宪宗四年,征为京兆教授。时世祖龙潜藩位,以河南关中汤汰之地,命廉希宪为宣抚使。希宪尝造公庐,咨访治道,继思所以化秦人,遣使征之。公自苏门避于大名,使者访焉,乃偕往。③

许衡开始对此事不甚理解,"自苏门避于大名",但是,最

---

① 《鲁斋全书》卷 13《国学事迹》。
② 同上。
③ 《考岁略·续》。

终还是应征赴任。担任京兆教授的第二年，宣抚司又拟命他为京兆提学，他照样提出辞免。他在《辞免京兆提学状》中说：

> 窃闻提学官，师表之任也，仪刑多士，检正学业，实风化人才之所自缘，某早年羁旅，学无渊源，于举业功夫未至成就，若不量度叨冒宠荣，取四方之讥辱，负王府之命，不止为罪于一身也。事有所系，义在必辞，伏乞宣抚司详察……①

许衡虽然坚辞京兆提学之职，但经过"屡辞不许"之后，他也只得勉就其难，担负其管理京兆教育的要任。《考岁略·续》记载：

> 乙卯(公元 1255 年)二月，朔，诏以公为京兆提学，从廉希宪请也。公屡辞，不许，仍诏颁俸给之，力拒不受，往返凡六七，不能强也。后世祖南征，始还怀。②

许衡从南宋宝祐三年(公元 1255 年)担任京兆提学，至南宋宝祐六年(公元 1258 年)忽必烈奉蒙哥之命南下进攻鄂州(今湖北省武昌市)时离秦返怀，任京兆提学约三年时间，其政绩十分可嘉。《河内县志》记载：

---

① 《鲁斋遗书》卷 9。

② 《考岁略·续》。

> 世祖出王秦中，以姚枢为劝农使，教民耕植，又思所以化秦人，乃召衡为京兆提学。秦人新脱于兵，欲学无师，闻衡来，人人莫不喜幸来学，郡县皆建学校，民大化之。世祖南行，乃还怀。学者攀留之不得，从送之临潼而归。[①]

中国是一个具有悠久文化传统的国家，也称为“礼义之邦”，忽必烈要统治中国，不能不重视和发扬中国的文化传统。他从当秦王开始，就重视对秦人的“教化”问题。许衡的教育实践活动，使“郡县皆建学校，民大化之”，为忽必烈推行教化政策起积极的作用，因而也为忽必烈所器重。因此，对许衡今后的政治生涯起非常重要的作用。

（三）进仕入朝　参议朝政

中统元年（公元1260年）至至元九年（公元1272年）这十三年间，是许衡进仕入朝，参议朝政，为元朝统治者出谋献策的时期，也是他在政治上最发达的时期。但是，即使在这个时期，他还是几上几下，有时在朝，有时在野，相当一部分时间是在他的家乡覃怀过着聚徒讲学的教育生涯。

中统元年（公元1260年），元世祖忽必烈即位于上都开平（今蒙古多伦），宣布用中统年号，诏许衡至京师开平。许衡乘驿北上，并朝见忽必烈。《考岁略》记载：

---

① 《河内县志》卷26。

> 庚申（公元 1260 年），上在正位宸极，应诏北行，至上都，入见。问所学，曰：孔子。问所长，曰：虚名无实，误达圣听。问所能，曰：勤力农务，教授童蒙。问科举如何？曰：不能。上曰：卿言务实，科举虚诞，朕所不取。七月还燕。[①]

许衡同忽必烈这个对话是十分务实的。从对话内容看，许衡把学习孔子作为学习的主要内容，把“勤力务农”和“教授童蒙”作为做事的主要内容，明确表示反对科举。我国封建社会的知识分子，一般都轻视劳动，以科举为追求名位的敲门砖，许衡反对科举，又重视劳动，这是难能可贵的。许衡后来在为政和为学上能正视现实，比较求实地看一些问题，同这一思想是分不开的。忽必烈诏见许衡，的确是想为元王朝物色栋梁之材。这次诏见，并没有什么直接的结果，所以许衡在受忽必烈诏见不久就还燕。但是，这次诏见，许衡给忽必烈留下很好的印象。

中统二年（公元 1261 年），元世祖忽必烈诏窦默至开平，问他：“朕欲求如唐魏徵者，有其人乎？”窦默说：“犯颜谏诤，刚毅不屈，则许衡其人也！”窦默、王鹗、姚枢向元世祖说：“王文统学术不正，久居相位，必祸天下。”世祖曰：“然则谁可相者？”窦默说：“以臣观之，无如许衡。”[②]这一年的三月，许衡被诏至上都，准备委以重任。但是，当时王文统秉政，妒能嫉贤，加上窦默他们斥他学术不正，向世祖推荐许衡为相，

---

① 《鲁斋遗书》卷 13《考岁略》。

② 《元史》卷 158《窦默传》。

因此，王文统对他们十分怀恨，图谋报复。在王文统策划下，授雪斋太子太师，窦默太子太傅，许衡太子太保，表面上是尊重他们，实际上是把他们搁置起来。对于这个任命，窦默打算接受，因为他揭过王文统之短，当时王文统大权在握，怕受其害，想借太子太傅这个显赫高位，“依春宫以避祸”。许衡则认为，这样做既不安于义，也难以实行。因为按照古礼规定，太傅与太子相见，太傅西位东向，太子东位西向，但现在能不能做到这一点呢？如果不这样去做，师道就从我们这些人开始废除了。姚枢也同意许衡这个看法，所以，他们“相与怀麻力辞于阁下，凡数日始从其请。由是改授雪斋大司农，窦公翰林侍讲学士，先生（按：指许衡）国子祭酒”[①]。经过力争，虽然改了朝命，但从新的任命看，元世祖对他们并不是很重视，许衡也没有像他们所推荐的那样被任命为宰相，而是被任命为国子祭酒。这个职务虽然颇为清高，但没有什么实权。所以，拜命之后，他便以疾为由辞退，而朝廷则以“奉旨教授怀孟子弟”的使命，让他体面地回家乡覃怀去教书。

他回怀的第二年，即中统三年（公元 1262 年）九月，又被诏至大都。这次进京，假馆于道庵中，除与姚枢、窦默二公时时相过外，其他的社交活动很少。“凡权贵豪右延请皆不往。”《考岁略》记载：

> 壬戌（公元 1262 年）九月，诏至大都，先生居都下也，假馆于道庵中，凡权贵豪右延请皆不往，惟姚、窦二公时时相过，始终如一。中书左丞张公仲谦，由大名宣

① 《考岁略·续》。

抚复入中书,好善最笃,初见先生,屡请执弟子礼,先生拒之而止。……①

他这次在大都停留了一年多,至元元年(公元 1264 年)恳辞还怀州。至元二年(公元 1265 年),元世祖以安童为右丞相,欲衡辅之,复诏衡至京师,命他担任总揽政务的中书省任左丞相。他以疾辞。丞相安童对他十分重视。《考岁略》记载:

安童素闻先生名,心慕之,乃就访于行馆,及还,心悦诚服,念念不释者累日。谓左右,若辈自谓相去几何,盖什百而千万也。是岂缯缴之可及耶?翼日,先生与丞相答礼。②

朝廷任命他当左丞相不久,元世祖便在檀州行宫召见了他,对他说:"安童尚幼,若未更事,汝谨辅导之。"③《考岁略》记载:

召至檀州后山,面奉德音:窦汉卿独言王以道时,汝为何不言?岂孔子教法使汝若是耶?汝不遵孔子教法自若是耶?……前虽命汝,汝意犹未悉,今面命汝。……安童尚幼,若未更事,汝谨辅导之,汝有嘉谟先告安童,以达于我,我将择焉。先生对曰:

---

① 《考岁略·续》。
② 同上。
③ 《元史》卷 126《安童传》。

圣人之道至大至远，而学者所得有浅深，臣平生虽读其书，所得甚浅，然既叨特命，愿罄所知者言之，所不知者亦不能强也。安童聪明，且有执持，告以古人言语，悉能领解，臣能知者尽告之，但虑中有人间之则难行，外用势力纳入其间则难行，臣入省之日浅，浅见如此，未知是否。

朝廷任命许衡为左丞相后，他以疾辞。元世祖在檀州召见他，进一步面授所命。在这次诏见中，元世祖对许衡在窦默奏贬王文统时没有表示明确的态度提出批评意见，希望他对待事情要持“是云是，非云非”的态度，同时，嘱托他“辅导”安童，协助安童筹划好国家百姓的大事。许衡表示拜命，但也“虑中有人间之”，存在一定的顾虑。这次诏见以后，许衡认真考虑了一下元朝的治道问题。在诏见后的两个月，即这一年的四月，便上疏陈“时务五事”，提出了他对元朝治道的主张。他在《时务五事》上疏中说：

陛下好贤乐善，舍短取长，虽以臣之不才，自甲寅至今，十有三年，凡八被诏旨申怀，自念何以报塞。又日者面奉德音，叮咛恳至中书大务，容臣尽言。……孟子以责难于君谓之恭，陈善闭邪谓之敬。孔子以道事君，不可则止。臣之所守，大意善如此也。①

① 《鲁斋遗书》卷7。

许衡所陈的《时务五事》，其内容包括五个方面：一曰立国规模，二曰中书大要，三曰为君难，四曰农桑学校，五曰慎微。这五个方面，论述了元王朝所面临的政治、经济、思想、文化、教育乃至于选拔人才、使用人才等方面的问题。特别是他从立国规模的高度提出行汉法问题，在中书大要中提出立法和用人问题，在为君难方面提出践言、防欺、去邪、得人心、行天道问题，在桑农学校方面提出生财和养人之善问题，是当时切中要害之言，具有重要的意义。所以，许衡的《时务五事》，为元王朝的建国提出了系统的全面的思想，也为元王朝的建国打下了理论基础。这一奏疏，元世祖"嘉纳之"。从此以后，多次上奏，元世祖对他颇为器重。他身体多病，"帝听五日一至省，时赐尚方名药、美酒，以调养之。"[①]后来因病加重，不复入省视事，并要求还家养疾，元世祖批准了他的请求，他便于至元四年（公元 1267 年）正月回覃怀故乡养病。但这一年的十一月又召至大都，他以疾辞，第二年（至元五年，公元 1268 年）复召。二月，他奉召至大都，除国子祭酒，编《历代帝王嘉言善政录》，不久，又要他与太保刘秉忠、徐世隆等同定朝仪。《考岁略·续》记载：

> 己巳年六十一，二月诏与太保刘秉忠、徐世隆等同定朝仪，仪成奏上之，帝御高果后行宫观之，大悦，举酒赐之。[②]

---

① 《鲁斋遗书》卷 7。

② 《许文正公遗书·考岁略·续》。

定朝仪刚结束，这一年的八月，又诏他与太保刘秉忠、嘉仪大夫王恂、左丞张文谦定官制。《考岁略·续》记载：

> 公等历考古今设官分职之本，沿革之由，与夫上下统属之序，其权摄增置行之有弊者，率皆不取，自省部郡县体统之正，左右台院辅弼之制，内外百司联属控制之差，后妃储藩隆杀之防，悉图为定制以闻。翌日使集公卿杂议中书院台行移之体，公曰：中书佐天子总国政，院台亦具呈。时商挺在枢密，高鸣在台，皆不乐，欲定为咨禀，因大言以动公，曰：院台皆宗亲大臣，若一忤，祸不可测。公曰：吾论国制耳，何与于人。遂以其言质帝前。帝曰：衡言是也，朕意亦若是。时至元六年也。①

许衡等人在研究历史与现状的基础上，根据“有弊者率皆不取”的原则，为元朝制定了官制，从而使元王朝的统治秩序更加完善，加强了元王朝的统治。在制定官制的过程中，他同一些宗亲大臣展开了斗争，他从元王朝封建专制统治的长远利益出发，坚持了既定的原则，并得到元最高统治者的支持，从而使制定官制工作顺利完成。

制定官制工作刚结束，至元七年(公元 1270 年)正月，朝廷任命他为中书左丞，他一再恳辞。他在奏稿中提出的恳辞不就的理由，主要有三点。第一，他认为自己是一个书生，遽当大任，非勋非旧，不足以服内外之人；第二，自己无德

① 《许文正公遗书·考岁略·续》

无才，不能完成陛下所交的任务；第三，他所学的知识过于迂远，于陛下圣谟神算未尽吻合，若不自度，直以虚名，误蒙采擢，冒当圣眷，其悔咎将来不及矣。元世祖告诉他，任命他担任中书左丞是元世祖本人的旨意，无须多让了。但许衡仍是再三恳辞，元世祖只得来硬的，即命左右将他掖出殿门。“左右掖之曰：有旨令先生出矣。将至门复还，奏曰：陛下令臣出，当自出省耶？上曰：出殿门尔。尔后连日求辞不免。”[①]许衡再三答辞均不获准，只得拜命。这时，权臣阿哈马为中书平章政事，总尚书六部。阿哈马擅权，势倾朝野，一时大臣多阿之，但许衡刚正不让。阿哈马掌握了民政与财权，又让他的儿子忽辛签枢密之任，掌管兵权，满朝文武官员不敢直言，独许衡认为不可，并向元世祖上奏。《元史》记载：

> 未几，阿哈马为中书平章政事，领尚书省六部事，因擅权，势倾朝野，一时大臣多阿之，衡每与之议，必正言不少让。已而其子又有佥枢密院之命，衡独执议曰：国家事权，兵民财三者而已，今其父典民与财，子又典兵，不可。帝曰：卿虑其反邪？衡对曰：彼虽不反，此道反也。阿哈马由是衔之，亟荐衡宜在中书，欲因以事中之。俄除左丞相，衡屡入辞免。……从幸上京，乃论列阿哈马专权罔上，蠹政害民若干事。不报。[②]

① 《考岁略》。

② 《元史·许衡传》。

许衡拜命之后，仍然一再恳请告辞，这引起了元世祖的同情，“召其子师可入谕旨，且命举自代者。”有意提拔他的儿子。许衡不以为然。奏曰：“用人，天子之大柄也，臣下泛论其贤否则可，若授之以位，则当断自宸衷，不可使臣下有市恩之渐也。”①从中可以看到，许衡封建主义的原则性的确很强，处处都要从封建主义的“理”出发。当时，“帝久欲开太学，会衡请罢益力，乃从其请。”②这一年（至元七年）的冬天，许衡又告辞回到覃怀。从此以后，许衡便逐渐离开了政治斗争的旋涡，把主要精力投到文化教育和制订新历法中去。

（四）培养人才　制订历法

从至元八年（公元1271年）被任命为集贤大学士兼国子祭酒至至元十八年（公元1281年）逝世，这是许衡一生中的第四个时期，也是最后一个时期。这一时期，主要是教育蒙古子弟，开展学术研究和制订历法。

许衡回覃怀故里刚几个月，在窦默、张文谦等人奏请建学立师的推动下，元世祖于至元八年（公元1271年）四月，任命许衡为集贤大学士兼国子祭酒，“亲为择蒙古弟子，俾教之”。许衡对这个任命感到很满意，喜曰：“此吾事也。”很快就走马上任。他认为，“国人子大朴未散，视听专一，若置之善类中，涵养数年，将必为国用。”他决心教好他们。为了搞

---

① 《元史·许衡传》。
② 同上。

好教学，他奏准征其弟子王梓、刘季伟、韩思永、耶律有尚、吕端善、姚燧、高凝、白栋、苏郁、姚燉、孙安、刘安中十二人为伴读，诏驿召之来京师，分处各斋以为斋长。当时所选上来的蒙古贵胄子弟，皆幼稚，许衡“待之如成人，爱之如子，出入进退其严若君臣，其为教因觉以明善，因明以开蔽，相其动息，以为张弛”。在教学过程中，许衡不仅指导他们读书，而且注重道德践履，“课诵少暇，即习礼或习书算，少者则令习拜跪揖让，进退应对，或射或投壶，负者罚读书若干遍。久之诸生人人自得，尊师敬业，下至童子，亦知三纲五常为人之道”①。许衡居太学二年余，努力工作，成绩显著，他不仅为元统治阶级培养人才，在教育实践中总结了丰富的教育经验，而且在学术上也颇有建树。他的《大学要略》、《大学直讲》、《中庸直讲》以及《稽千古文》、《编年歌括》等重要著作，都是在这个时期为教育工作需要而写的。《鲁斋遗书》中的《语录》上、下，相当大一部分都是在这个时期遗留下来的。但是，他卓有成效的教育工作，却为元朝一些权臣所破坏，甚至造成“诸生廪食或不继”的难堪局面，这对许衡的教育热情无疑是浇了一瓢冷水，他便以丧亲为由提出辞归。元世祖以此事问翰林学士王盘，王盘说：“衡教人有法，诸生行可从政，此国之大体，宜勿听其去。”②又请一些老臣议去留，窦默提出：“许公出处关世道之隆污，其自处审矣。今日直当以圣贤待之，我辈不可强也。”③于是窦默便同一些

① 以上见《元史·许衡传》。
② 《元史·许衡传》。
③ 《考岁略·续》。

老臣合辞奏曰："国学设立于今三年，教专严谨，诸生学问进长，许衡所以告归之意，言为年老残疾，上世有数丧未葬，欲归了此事，其意甚哀，此系人子孝道之事，宜赐允从。"①由于窦默等人的从中相助，元世祖同意许衡告辞，又同意刘秉忠等人的乞奏，以许衡弟子耶律有尚、苏郁、白栋为助教，"以守衡规矩"。许衡还故乡覃怀后，"简绝人事"，过着"课童仆"、"事耕垦"、"居家勤俭"的生活。《考岁略·续》记载：

> 公还怀，简绝人事，常处山下，课童仆，事耕垦，居家勤俭，强于自治，公爱兼尽，不严而整。闺门之内若朝廷然，夫妇相待如宾，而夫人谦顺自牧，周旋道义，公亦赖其内助焉。凡丧葬，一遵古礼，不用佛老，怀孟化之，四方闻风亦多效之者。每遇僧人，未尝面抵其非，但从容款语，其人已不觉内愧发，亦悔其陷溺之深也。

蒙古得中原以后，用的是金代《大明历》，元世祖至元十三年（公元1276年），鉴于当时所沿用的金代《大明历》行之既久，舛误甚多，元世祖决定重制新历，以求协时正日。便令设立太史院，命太子赞善王恂"掌院事"，工部郎中郭守敬"副之"。王恂提出，制定历法既要懂得"历数"，又要掌握"历理"，应以许衡负责这项工作为好。于是，至元十三年（公元1276年），这时已六十八岁高龄的许衡又再次被诏进

① 《考岁略·续》。

京，被任命为“集贤大学士兼国子祭酒，教领院事”①，即负责制订历法的总的领导工作。这是他晚年所从事的一项具有重大意义的科学研究活动，也是他为元王朝负责的最后一项工作。

制订新历，在当时是一件大事。许衡及王恂、郭守敬等人，十分认真地对待这项工作。他们经过五年的辛勤努力，终于在至元十七年（公元1280年）完成新历的制订工作。新历完成后，许衡又撰《更历疏》②，率太史院诸臣杨恭懿等入朝向元世祖作了详细汇报。元世祖对许衡和杨恭懿说，“二卿老矣，勿自劳也。”“命赐坐读奏”③。元世祖对新历颇为满意，将新历赐名为《授时历》，这是援引自古语“历象日月星辰，敬授人时”④而得名。翌年（1281年）元政府诏令天下正式施行。

许衡年老体弱，在制订新历的过程中经常患病，每患病，元世祖总是派人问安，赐药赐杖。新历完成以后，他以疾请还怀。元世祖批准了他的请求，并“以子师可为怀孟路总管以养之”⑤。元朝的最高统治者对他颇为重视。

许衡于至元十七年（公元1280年）八月还怀。翌年（公元1281年）病益严重，医治无效，与世长辞。《考岁略·续》记载：

辛巳，年七十有三，病革，医者诊之曰：偏阴

---

① 《元史·许衡传》。
② 见《许文正公遗书》。
③ 《许文正公遗书》卷首《考岁略·续》。
④ 《书·尧典》。
⑤ 《元史·许衡传》。

偏阳之谓疾，今六脉皆平，先生其少瘳乎？公曰：久病而脉平者，不治，吾殆将不起矣！遂不服药。适春祠，公曰：吾一日未死，宁不有事于祖考？力疾奠献如仪，既彻，家人睃怡怡如也。旬余，曳杖于门曰：予心怦怦然。瞑目坐，久之，曰：死生何异人？精神能有几？世事何时穷？遂发叹歌：子朱子，睡起林风瑟瑟，觉来山月团团，身心无累久轻安，况有清凉池馆，句稳翻嫌白俗情，高歌笑郊寒。兰膏元自少陵残，好处金章不换。歌毕，奄然而逝，时三月戊戌初二日也。

许衡于至元十八年(1281)三月初二逝世，享年七十三岁。在他临终前，曾对其子师可说："我平生为虚名所累，竟不能辞官，死后慎勿请谥立碑，但书许某之墓四字，使子孙识其处足矣。"①四月，"葬李封村先茔之南"②。据《元史》记载：许衡死时"怀人无贵贱少长皆哭于门，四方学士闻讣皆聚哭，有数千里来祭哭墓下者"③。

元朝廷对许衡颇为器重。许衡逝世后，大德元年成宗诏赠荣禄大夫、司徒，谥文正。至大二年加正学垂宪、佐运功臣、太傅，开府仪同三司，封魏国公。皇庆二年诏从祀孔子庙廷。延祐初又诏立书院于京兆以祀衡，给田奉祠事，名鲁斋书院。元统三年，顺帝敕赐"神道碑"。

---

① 《元史·许衡传》。
② 同上。
③ 同上。

许衡从三十二岁执教开始，至七十三岁逝世，凡四十二年。在这四十二年中，作为朝廷命官，许衡是几上几下。对于朝庭的诏命，他几乎是每诏必辞，拜命不久又提出辞免，有时甚至是一辞再辞。他这样做，大致有以下几个原因：(1)认为不这样其道不尊；(2)体弱多病难以支持繁重工作；(3)惯于书生型生活，不适应为政的生活环境；(4)为人刚直，同权臣王文统、阿哈马等存在矛盾。所以，在四十二年间，他只担任京兆提学三年，在朝十四年。在这十四年间，他虽然时上时下，但元王朝对他十分重视，让他先后担任国子祭酒、左丞、集贤大学士兼国子祭酒、教领太史院事等要职，对元王朝推行汉化、制订朝仪官制、培养蒙古子弟、制订新历起了非常重要的作用，为元王朝加强治道，巩固封建专制统治立了汗马功劳。但是，在这四十二年中，他的相当大的一部分时间是搞教育和学术研究工作。这些工作，为元王朝发展教育，培养人才，以及研究和传播儒学起了重要的作用。所以，许衡是作为一位杰出的政治家、教育家、思想家出现于历史舞台的。

三、学术交往　思想渊源

（一）学术交往

在学术上同许衡交往密切的，主要有姚枢、窦默、王恂、刘秉忠、郭守敬五人，其次是王盘、张文谦、杨恭懿等人。

姚枢（1203—1280），元柳城（今河南西华西）人，字公茂。据《元史》记载，忽必烈进攻南宋时，诏他和杨惟中随军南下，网罗“儒道释医卜者”，蒙古兵陷湖北德安时，俘得名儒赵复，遂悉加以救护，送到燕京，并与杨惟中广集程朱之书，建立太极书院和周子祠，请赵复传授二程、朱熹之学。他从这时开始，遂学程朱之学，并成为程朱理学的信徒。在政治上，他提出治国平天下之大经为“修身、力学、尊贤、亲亲、畏天、爱民、好善、远佞”等思想。忽必烈召入藩邸，他上书数千言，提出“二王三帝之道”八目，立省部、重农桑、肃军政等三十条救时之法。忽必烈即位，任宣抚使、司农使、中书左丞、翰林学士承旨。在此之前，于辛丑年（1241 年），曾任燕京行台郎中，因不满于行台牙鲁瓦赤的腐败，便辞官携家辉州（今属河南省），“作家庙别为师，奉孔子及宋儒周敦颐等像，刊诸经惠学者，读书鸣琴，欲将终身。时许衡在魏，至辉，即录程朱所著书以归。”①许衡通过姚枢接受赵复所传授的程朱理学之后，颇有进益，感到耳目一新，对程朱理学恪信无疑，回魏后，将其徒聚在一起说：“昔者授受，殊孟浪也，今始闻进学之序，若必欲相从，当悉弃昔日所学章句之习，从事于洒扫应对以为进德之基，不然当求他师。众皆曰：唯。遂悉取向来简帙焚之，使无大小皆自小学入。”②许衡这个转变，实际上是从汉代章句之学转到宋明理学。许衡在河南辉州结识姚枢后，建立了长期的学术往来，并成为挚友。据《考岁略·续》记载，壬戌年（公元 1262 年）被诏入大都，“病止于燕，假馆于道庵中，凡权贵豪右延请皆不

① 《元史》卷 158《姚枢传》。

② 《考岁略·续》。

往，惟姚(枢)窦(默)二公，时时相过，始终如一。”[①]从这个材料可以看到，姚枢和许衡交往很深。

窦默(1196—1280)，元广平肥乡(今属河北)人，字子声，初名杰，字汉卿。金末避兵河南，习医学，从名医李浩习铜人针法。蒙古兵伐宋，他南走德安(今湖北安陆)，读宋人理学著作。蒙古兵攻陷德安，杨惟中奉命招集儒释道之士，他应召北归至大名。这时，许衡在大名聚徒讲学，从而结识了窦默。据《考岁略·续》记载：“(许衡)隐居大名，垂绛讲论，学者翕然归之，时肥乡窦默亦隐居于魏，与语，深加敬遇焉。”又据《元史》记载：“(窦默)隐于大名，与姚枢、许衡朝暮讲习，至忘寝食，继还肥乡以经术教授，由是知名。世祖在潜邸，遣召之，……问以治道，默首以三纲五常为对。世祖曰：人道之端，孰大于此，失此则无以立于世矣。默又言帝王之道在诚意正心，心既正则朝廷远近莫不取一于正。”[②]又《考岁略·续》记载：“(许衡)庚戌春，自魏疾还乡里，过卫，闻怀之政犹虐，遂移家苏门，与姚枢窦默日事讲习，凡经传子史礼乐星历兵刑食货之类，靡不精研，慨然以斯道为己任。”许衡与窦默关系十分密切，从前面引《考岁略·续》所说的“病止于燕”，“凡权贵豪右延请皆不往，惟姚窦二公时时相过，始终如一”的材料可以看到，他们的关系并非一般。窦默对许衡极其器重，多方支持。辛酉年(公元1261年)，窦默与王鹗在元世祖面前“斥文统学术不正，久居相位，必祸天下”，并向元世祖推荐许衡为相。辛未年

① 《考岁略·续》。

② 《元史》卷158《窦默传》。

(公元 1271 年)窦默奏请元世祖“建学立师”,“博选贵族子弟士民俊秀者教之”,推荐许衡为集贤大学士兼国子祭酒。癸酉年(公元 1273 年)许衡告辞,元世祖命诸老臣议其去留,窦默提出,“许公出处关世道之隆污”,“当以圣贤待之”,后又联合老臣上疏,曰:“国学设立于今三年,教专严谨,诸生学问进长。许衡所以告归之意,言为年老残废,上世有数丧未葬,欲归了此事,其意甚哀,此系人子孝道之事。”①窦默和许衡在学术上互相切磋,在事业上互相支持,是十分密切的朋友。

王恂(1234—1281),元代中山唐县(今属河北)人,字敬甫。少从刘秉忠,1253 年,荐于忽必烈,命辅导真金太子。中统二年(公元 1261 年),擢太子赞善。真金任中书令,凡有咨禀,必令他与闻。其后,领国子祭酒。据《元史》记载:“初,中书左丞许衡,集唐虞以来嘉言善政为书以荐,世祖尝令恂讲解,且命太子受业焉。……恂早以算术名,裕宗尝问焉。恂曰:算数六艺之一,定国家安人民乃大事也。每侍左右,必发明三纲五常为学之道,及历代治忽兴亡之所以然,又以辽金之事近接耳目者,区别其善恶,论著其得失上之,裕宗问以心之所守,恂曰:许衡尝言人心如印板,惟板本不差,则虽摹千万纸皆不差;本既差,则摹之于纸无不差者。裕宗深然之,诏择勋戚子弟使学于恂。”②于是元任命许衡为集贤大学士兼国子祭酒教领太子院事,负责制订新历总的领导工作,王恂、郭守敬辅之。许衡及王恂、郭守敬、杨恭懿等“遍考

---

① 以上见《考岁略·续》。

② 《元史》卷 158《许衡传》。

历史四十余家，昼夜测验，创立新法。参以古制推算，极为精密”[①]。主恂在《授时历》中提出了“招差法”（即三次内插公式）和“弧矢割圆木”（即球面直角三角形解法）。对许衡领导制订的《授时历》起了非常重要的作用。

刘秉忠（1216—1274），元初大臣，字仲晦，初名侃，又名子聪，自号藏春散人，邢州（今河北邢台）人。十七岁时为僧，天文、地理、律历无不精通。忽必烈召入藩邸，他上书建议定百官爵禄、减赋税差役、劝农桑、兴学校等，取得忽必烈信任。据《元史》记载：“秉忠于书，无所不读，尤邃于《易》及邵氏经世书，至于天文地理律历，三式六壬遁甲之属，无不精通，论天下事如指诸掌，世祖大爱之。”他逝世以后，元世祖说：“秉忠事朕三十余年，小心慎密，不避艰险，言无隐情，其阴阳术数之精，占事知来若合符契，为朕知之，他人莫得闻也。”[②]元统治者对他十分赏识。许衡与刘秉忠关系也颇为密切。至元十年辞去集贤大学士兼国子祭酒离开太学后，刘秉忠“奏乞以衡弟子耶律有尚、苏郁、白栋为助教，以守衡规矩。从之”[③]。可见刘秉忠对许衡十分敬重。在工作上，许衡与刘秉忠有两次重要的合作。一次是至元六年（公元1269年）二月，许衡奉诏与刘秉忠、徐世隆等同定朝仪，“仪成，奏上之，帝御高果后行宫观之，大悦，举酒赐之”。另一次合作是这一年的八月，许衡奉诏与刘秉忠、王恂、张文谦等议定官制。“公等历考古今设官分职之本，沿革之由，与夫

① 《元史》卷164《王恂传》。
② 《元史》卷157《刘秉忠传》。
③ 《元史》卷158《许衡传》。

上下统属之序，其权摄增置行之有弊者，率皆不取。自省部郡县体统之正，左右台院辅弼之制，内外百司联属控制之差，后妃诸藩隆杀之防，悉图为定制。”①详细官制的制订，使元朝政治管理体制更加完备。定朝仪和制订官制，虽然是出于元朝加强封建统治的需要，但它也是政治管理体制中的重要问题，是一项重要的研究工作。

郭守敬(1231—1316)，元朝天文学家、水利家和数学家。字若思，顺德邢州(今河北邢台)人。幼从刘秉忠学天文、地理。中统三年(公元1262年)，张文谦荐守敬“习水利，巧思绝人”，世祖召见，面陈水利六事。至元元年(公元1264年)，随张文谦视察西北水利，修复古渠。至元二年，任都水少监。至元十三年，以许衡为集贤大学士兼国子祭酒教领太史院事，负责制订新历的领导工作，以王恂为太史令，郭守敬为同知太史院事，协助许衡搞好制订新历工作。守敬提出：“历之本在于测验，而测验之器莫先仪表，今司天浑仪宋皇祐中汴京所造，不与此处天度相符，比量南北二极，约差四度。表石年深，亦复欹失。”②为此，郭守敬创制及改制简仪、仰仪圭表、景符等天文仪器，又在全国各地设二十七个测景所进行实测。由于郭守敬精通天文、历算，又具有丰富的实践经验，对许衡所领导的制订《授时历》工作，起了非常重要的作用。

王盘(1202—1293)，元初官吏，字文炳，广平永年(今河北永年东南)人。金正大进士。蒙古兵南下，避难淮襄间，后为杨惟中招聘，遂为东平总管严实之师。中统初，任翰林

① 《许文正公遗书》卷首《考岁略·续》。

② 《元史》卷164《郭守敬传》。

直学士，协助元世祖定仪制。至元十年，许衡辞免集贤大学士兼国子祭酒，元世祖以此事问王盘，他说："衡素廉介，意其所以求退者，得非生员数少，坐糜廪禄，有所不安耶。宜增益生员使之施教，则庶几人才有成，衡之受禄亦可少安矣。"①他对许衡十分敬重，每相语则曰："先生神明也。盘老矣，徒增愧缩尔。"及先生讣音至，则曰："设若朝廷赐谥先生，非文正不可，后世有知先生者，不易盘之言矣。"②

张文谦（1215—1283），字仲谦，邢州沙河（今河北邢台）人。与太保刘秉忠同学，世祖居潜邸，受邢州分地，秉忠荐文谦可用。岁丁未召见，应对称旨，命掌王府书记，日见信任。曾任左丞相、大司农等要职。至元七年，诏他与许衡、刘秉忠、王恂等"详定官制"。至元八年，他与窦默"请立国子学，诏以许衡为国子祭酒，选贵胄子弟教育之"③。他对许衡十分敬重，曾请执弟子礼，许衡力拒而止。"谦素以复古进贤为己任，一时豪俊多所荐拔，士大夫多依赖之，然性褊，数忤权幸，故被谴责。至是遣人求言，公贻书曰：'吊者在门，庆者在闾，一倚一伏，孰知其初。君子存诚克己，就义始若甚难，终如甚易，可委者命，可凭者天，人无率尔，事有偶然。舍苗不耘，固为有害，助而揠之，其害甚大。既征于色，又发于声，天道无他，庸玉汝成。'"④许衡写这个赠言时，正是壬戌年（公元 1262 年）"止于燕，假馆于道庵中"养病

① 《元史》卷 160《王盘传》。

② 《鲁斋遗书》卷 13。

③ 《元史》卷 157《张文谦传》。

④ 《许文正公遗书》卷首。

时期，在这一时期，许衡除与挚友姚枢、窦默二公“时时相过，始终如一”外，“凡权贵豪右延请皆不往”。他能与张文谦赠言，可见交情颇深。

杨恭懿（1300—1370），字元甫，奉元（今西安市）人。“家贫，服劳为养，暇则就学，书无不读，尤深于《易》、《礼》、《春秋》，后得朱熹集注四书，叹曰：人伦日用之常，天道性命之妙，皆萃此书矣。……至元七年，与许衡俱被诏，恭懿不至，衡拜中书左丞。”至元十六年，杨恭懿奉诏至太史院参加许衡等制定新历工作。至元十七年历成，二月进奏曰：“臣等遍考自汉以来历书四十余家，精思推算，旧仪难用，而新者未备，故日行盈缩，月行迟疾，五行周天其详皆未精察。今权以新仪木表与旧仪所测相较，得今岁冬至晷景及日躔所在……辛已历虽成未精，然比之前改历者附合元历，更曰立法，全踵故习类，亦无愧然。”[①]新历成后，许衡率领太史院一班人向元世祖汇报，元世祖对许衡和恭懿说：“二卿老矣，勿自劳也。”命赐坐读奏，帝览之，大喜[②]。在制订《授时历》上，杨恭懿同许衡进行了良好的合作，起了积极作用。

（二）思想渊源

从思想渊源上说，对许衡思想影响最大的，首先是通过姚枢，接受赵复所传的程朱之学。他早年跟着北方的“落第老儒”学习儒家的“句读训解”，后来又以这些东西教育其弟

① 《元史》卷164《杨恭懿传》。

② 《许文正公遗书》卷首《考岁略·续》。

子，但是，他对“句读训解”十分不满。接受了赵复所传的程朱理学之后，才奠定了他的学术方向。

赵复是宋末元初的理学家，字仁甫，学者称为江汉先生。德安(今湖北安陆)人。宋理宗端平二年乙未(公元1235年)元兵陷德安时被俘，其时为杨惟中、姚枢所救护，送至燕京，在太极书院中传授程朱理学。他选取北宋周敦颐、二程、南宋朱熹等著述八千余卷，广为传播。当时由于战乱频繁，南北声教不通，程朱理学没有传之北方，赵复在燕京太极书院传播程朱理学，实为理学由南到北之始。

赵复基本上是程朱派理学家。他在太极书院传授二程和朱熹的著述，但是，在宋元之际，由于程朱理学日趋烦琐，不经世用，而元代的陆学也更加禅学化，由所谓“静观”能见“虚明之妙”、“无际皆在目中”，以至“闻蛙声而悟”[①]。所以，除一部分坚守朱、陆正统的门徒外，却有人提出了折衷朱、陆，兼长避短的主张，出现了朱、陆合流的学术趋势。赵复虽然笃信程朱理学，传授程朱理学，但受这一思想潮流的影响，他的思想又表现出融合陆学的倾向。《元史》记载：“复为人乐易而耿介，虽居燕不忘故土，与人交尤笃分谊。元好问文名擅一时，其南归也，复赠之言，以‘博溺心，末丧本’为戒，以‘自修读《易》，求文王、孔子之用心’为勉。”[②]他的“乐易而耿介”的作风，具有简易直截的倾向，而他对元好问勉之以读《易》，直求文王、孔子之心，这又具有追求主体之“心”的意义。他这一强调得“心”思想，在他撰写的《杨紫

① 《宋元学案·静明宝峰学案》。

② 《元史》卷189《儒学》。

阳先生文集序》中说得十分清楚。他说:“君子之学,至于王道而止,学不止于王道,未有不受变于流俗也。三代圣人,以心学传天下后世,见于伊尹、傅说之训,君子将终身焉。……盖君子学以为己,必有所入之地。唐韩愈氏以虽义而不取为主,先生(杨奂)读之,自以为涣然不逆于心。使其得君行道,推是心以列诸位,实王道之本原。虽不能尽充其说,退而敛然以是私淑诸己,先生固已得之矣。”[①]赵复认为,“三代圣人,以心学传天下后世”,所以,应以“十六字心传”为君子之学,以得圣人之心。这种强调“心学”的思想,明显地表现出以陆补朱、折衷朱陆的思想特征。许衡思想的主流是宗程朱,“嗜朱子学不啻饥渴”[②],但是,在赵复重视“心学”和当时社会上出现的折衷朱陆的思潮影响下,他的思想也表现出注重“心性”,强调“为我所有”、“求之在我”,其思想摇摆于朱熹“穷理以明心”和陆九渊“明心以穷理”之间,表现出折衷朱陆的特色。

许衡思想的另一个思想渊源,是儒家民本思想和对人民疾苦的感受。许衡虽然不满北方“落第老儒”所授的“句读训解”,但他自小从北方“落第老儒”学了不少儒家传统思想,特别是通过这些人接受了孔孟原始儒学,对孔、孟推崇备至。儒家的创始人孔子(前551—前479)思想的核心是“仁”,他的天人之学、做人之道、人伦之德、政治之论、教育之方都是围绕着“仁”这一核心展开的。孔子的“仁学”就是“人学”,它是西周末年以来戡天、重人思想发展的

① 元人苏天爵集辑《元文类》卷32。

② 《鲁斋遗书》卷13。

理论概括。孔子的“仁”，作为一个理论范畴，贯串于他思想的各个方面，从哲学方面说，他是抓住这个中心问题，从天人、人性、人道、人生、人际、人格等方面展开。他这一理论的提出，肯定人的地位，承认人的社会价值，突出人的作用。这一人学思想体系，从认识发展的历史来说，是人对人的本质的自我认识的理论表现，是对商周以来宗教神学的反动，从而具有丰富的唯物主义思想因素，开辟了我国古代民本主义思想的先河，树立了重人事的思维特征。孔子之后，重人成为儒家的思想传统。孟子（约公元前 372—前 289 年）继承孔子重人的思想传统，提出“民为贵，社稷次之，君为轻”[①]的思想，以“心”释“仁”，强调通过内在的修养以达到理想人格的修养，从心、性出发去解释社会历史和人际关系，提出了“尽心、知天、知性”的主观唯心主义思想，重视人的主观能动性的发挥。荀子（约公元前 313—前 238 年）则从孔子的“天人合一”出发而走“天人相分”的道路，认为“天”就是日月星辰、山川、草木、阴阳、风雨、四时变化等客观的自然界。它有“常道”、“常数”，有其自身固有的规律，人们只有按照“天”的规律办事，才能得到预期的后果，否则就要遭到不测。所以，他提出“明于天人之分”和“制天命而用之”的人定胜天思想，强调人的主观能动性的发挥。在中国历史上，重要的儒家学派的思想家，对“人”的问题都比较重视，如汉代的董仲舒（约公元前 179—前 104 年），虽然他的世界观是“天人感应”神学目的论和形而上学，但他接受了秦末农民大起义的教训，将《春秋》之义概括为

① 《孟子·尽心》。

敬贤爱民，对人民有一定认识，提出“天之生民非为王也，而天立王以为民也”①的思想。唐代的韩愈（768—824）则提出“人者，夷狄禽兽之主也”②和“博爱之谓仁”③的思想。宋代的张载（1020—1077）在《西铭》中提出“民吾同胞；物，吾与也”的思想。这些思想都是儒家民本思想的表现，给许衡以深刻的影响。许衡的民本思想以及与此相联系的一些思想，除受儒家民本思想的传统影响外，又是与他对人民疾苦的感受分不开的。他虽然是朝廷命官，位至左丞和集贤大学士兼国子祭酒，但他一生七十三岁，在朝只有十余年，绝大部分时间都处在乡下，“常处山下，课童仆，事耕垦，居家勤俭”，特别是他和他的家庭都长期经受着战争带来的灾难，目睹“时岁饥，民食橡栗，或易子而食”④的悲惨事实。他年轻时家贫，父亲命他为郡从事，见州县追乎旁午，他叹曰：“民不聊生矣。”⑤现实生活，使他听到人民的呼声和要求，从而加深了他对儒家民本思想的认识。许衡的一些政治、经济思想以及处世观、待人观，同他受儒家人本思想的影响和对人民疾苦有所感受有密切的关系。

许衡思想的再一个思想渊源，是来自他具有高深的自然科学知识。据《元史·许衡传》记载：“（许衡）寻居苏门，与枢（姚枢）及窦默相讲习，凡经传子史、礼乐名物、星历兵刑、食货水利之类，无所不讲。”又《考岁略》记载：“乱

① 《春秋繁露·尧舜不擅移而汤武不专杀》。
② 《韩昌黎集·原人》。
③ 同上《原道》。
④ 《许文正公遗书》卷首《考岁略·续》。
⑤ 《宋元学案》卷90。

后先生隐居于魏，时窦默子声以针术得名，累被朝廷征访，亦隐于魏，最知敬先生，每相遇，危坐终日，出入经传，泛滥释老，下至医药卜筮、诸子百家、兵刑货殖、水利算数之类，靡不研精。”①可见，许衡不仅对传统思想文化、社会科学、佛老思想有研究，而且对天文学、数学、医学等自然科学造诣颇深。他的挚友窦默以医学、针术而闻名，王恂是天文学家、数学家，郭守敬是天文学家、水利家、数学家，刘秉忠是天文学家、地理学家、散曲作家。许衡对天文学的造诣相当高，他不仅精通“历数”，而且精于“历理”。所以，在朝廷决定制定新历时，本来已决定由王恂、郭守敬负责成其事，但经过王恂等人的推荐，元世祖诏命许衡为集贤大学士兼国子祭酒教领太史院事，负责制订新历的总的领导工作。制订新历是国家的大事，又是一项难度很大的科学研究活动，天文学家王恂等提出以精通“历数”又精于“历理”的许衡来负总的领导责任，而他们却愿意当许衡的助手，足见许衡的天文学水平和在同僚中的威信相当的高。自然科学知识与哲学、与国计民生都有密切联系。所以，具有丰富的自然科学知识，是许衡思想的一个重要的思想渊源。

四、著　　述

许衡的著述，首先是由元代的苏来牧为之整理，他首先印出《大学撮要》，然后又出《遗稿》，大德九年十月，杨学

---

① 《鲁斋遗书·考岁略》。

文为《遗稿》写了“序”[①]。苏来牧的许衡《遗稿》究竟包括哪些内容，现在已不很清楚。明代成化年间倪颙任怀庆府知府，当时有“遗书”六卷的刻板在陕西学宫，多有“脱落”，他便四方“访求遗书”，“谋诸同寅，命工锓梓以广其传”。《鲁斋遗书》“旧序”记载：

> 先生(许衡)有遗书六卷，梓传于世，其板在陕西学宫，迩来不复印行，想多脱落。成化辛卯，颙承乏来守是郡，即拜谒于先生祠下。既而访求遗书，先生六世孙邑庠生纶出示是书写本，而字多讹舛。又访于致仕西安府同知河内王君济安，购得其刻本，适凤翔府学致仕教授修武韩君俊在家，遂托其校正，俾写刻二本，参互考订于其间。书颇可观。

书成之后，他又为《遗书》作序。他这里所说的“遗书六卷”，是不是元大德年刻的“遗稿”，现在不得而知。明朝正德年间，“遗书散落，久未萃其全”，彭幸庵、郝玉卿、宰廷俊等又汇集遗书刻印，何瑭校正，并为之作序。据《鲁斋遗书》“旧序”记载：

> 鲁斋许文正公，元大儒也。……独其遗书散落，久未萃其全。正德丙子，钦差巡抚河南地方，右副都御史西蜀梧山李公，檄下有司，令表彰先贤。戊寅，钦差总制军务太子少保关中幸庵彭公，致仕

① 见《鲁斋遗书》旧序。

过河南而慕之，因以搜集鲁斋全书相托，巡抚公乃以命河内县尹平凉高侯杰，始属鲁斋七世孙婿四川按察司副使郝先生亚卿。未竟而玉卿卒，乃属县儒学教谕宰先生廷俊。既成书，乃属塘校正，谨为序其颠末，以见《鲁斋全书》之集，出于二公之意云尔。

彭幸庵等对《鲁斋全书》是很尊重的，但是，其刻本“尚多讹阙”。嘉靖年间，巡抚大中丞王亹斋到河南，认为前刻《鲁斋全书》“尚多讹阙”，命萧鸣凤“重校”时，又得友人应元忠过汴，“因得就正”。萧鸣凤校后为之作序，在“序”的最后就此事写一个说明。文曰：

鸣凤方校是书，适予友应内翰元忠奉使过汴，因得就正焉。元忠谓旧本次第似有未当，乃重编如此，续得《心法》，并《大学中庸直解》，俱以次增入。旧本讹舛甚多，当正。无疑者今即改正，有可疑者，不敢轻改，恐相去益远也。旧本名《鲁斋全书》，窃谓先生之书尚多散逸，未敢谓之全也，故更名遗书云。

从这个说明看，萧鸣凤和应元忠在校《鲁斋全书》时，在编排上下了一些功夫，改正一些讹舛之处，并将“全书”改为“遗书”，今天流传的《鲁斋遗书》，其名大致始于此。现在所流行的《鲁斋遗书》，基本上是郝玉卿、宰廷俊、萧鸣凤、应元忠等人辑校的本子。纪昀、陆锡熊、孙士毅、陆费墀等在钦定《四库全书》中《鲁斋遗书》的“提要”说：

> 臣等谨案,《鲁斋遗书》十四卷,元许衡撰。……盖此本为应良所重编而鸣凤更名者也。首二卷为语录;第三卷为《小学大义直说》、《大学要略》、《大学直解》;第四卷分上下,上为《中庸直解》,下为《读易私言》、《读文献公揲蓍说》及《阴阳消长》一篇;第五卷为奏疏;第六卷亦分上下,上为杂著,下为书状;第七卷第八卷为诗乐府;附录二卷,则像赞、诰敕之类及后人题识之文,其书为后人所裒辑,无所别择。

现在流行的许衡《遗书》有两个本子,一个是《钦定四库全书》中所载的《鲁斋遗书》,共十四卷,其内容及编排大体如纪昀等在"提要"中所说,第一至第十一卷为许衡的著述;第十二卷为记载许衡及其夫人的追封,以及子孙后代的情况;第十三卷为元敕辞、神道碑、行实、元史本传、通鉴、考岁略、国学事迹;第十四卷为先儒议论、古今题咏。另一个本子是乾隆五十五年镌的《许文正公遗书》,其内容包括十二卷和卷首、卷末前、卷末后。第一至第十一卷为许衡的著述,其具体内容与《鲁斋遗书》第一至第十一卷大致相同,第十二卷为《授时历经》。这一内容为《鲁斋遗书》所没有。卷首和卷末前、卷末后的内容与《鲁斋遗书》第十二至第十四卷大致相同,但《许文正公遗书》有像附赞、古槐重荣、茔堂图、祠堂图,《鲁斋遗书》则没有。另外,《鲁斋遗书》有《考岁略》,《许文正公遗书》则是《考岁略·续》。《考岁略·续》可以看是对《考岁略》的补充。

许衡的著述，《读易私言》是五十岁以后所作，《时务五事》是五十八岁的上疏，《大学要略》、《大学直讲》、《中庸直讲》、《稽千古文》、《编年歌括》是六十余岁为太学教学需要而作，都是比较成熟的思想。《语录》上下是他在教学和社交活动中的言论记录，经过众人之手乃成，但它表达了许衡的思想。研究许衡的思想，要以《鲁斋遗书》第一至十一卷、《许文正公遗书》第一至十二卷为依据，以这些内容中他五十岁以后的著述为重点。《鲁斋遗书》的第十二至十四卷，《许文正公遗书》的卷首、卷末前、卷末后，以及《宋元学案》中的《鲁斋学案》、《河南通志》、《河内县志》、《新郑县志》等等，也是研究他思想和生平活动的重要材料。

第二章　哲学思想

中国哲学，经过先秦诸子、两汉经学、魏晋玄学和隋唐佛学的发展阶段以后，从北宋开始，便产生了一个新的理论形态——宋明理学。宋明理学是在后期封建社会地主阶级强化封建专制统治的需要，以及科学技术进一步发展为哲学发展提供物质前提的情况下，从汉魏以来经过上千年发展的儒、佛、道融合的思想潮流合乎逻辑的发展。宋明理学是以儒学为主体兼容其他各家思想的新儒学。它讨论的中心问题是"性与天道"问题，所涉及的范围，包括自然、哲学、政治、道德、教育、宗教、文化等许多领域。

宋明理学的先驱，一般都认为是唐朝的韩愈（768—824）。他在《原道》中，虚构了一个道统，认为自古以来有一个尧、舜、禹、汤、文、武、周公、孔子历代相传的道，但这个"道"自孔子传之孟子（约公元前 372—前 289）之后就"不得其传"了，而现在接传孟子之道的就是他韩愈本人。

韩愈虽然没有建立一个理论体系，但他提出接续儒家道统问题，而理学家们都以儒家道统的继承人自居，所以人们把他作为宋明理学的先驱。理学的直接先驱，当是被称为“宋初三先生”的胡瑗（993—1045）、孙复（992—1057）、石介（1005—1045）三人。他们三人也都没有建立起理学体系，但他们的思想和活动被认为是开理学风气之先，或被说成是“开伊洛之先”，因而学术界把他们看作宋明理学的直接先驱。

宋明理学的开山祖是周敦颐（1017—1073）。他总结了中国哲学史上“一”与“多”问题的讨论，把道教的《太极图》与儒家的《易》结合，提出《太极图·易说》，试图从理论上解决中国历史上长期争论的关于世界的多样性与统一性问题，从而提出一个比较完整的宇宙生成论，他把“无极”（“太极”）作为万物的最高本体，论述了从“无极”到阴阳到五行到万物的演变过程，其宇宙观虽然属于唯心主义性质，但他提出的宇宙生成论图式是比较严密的。同时，他在论述其哲学思想中，提出了无极（太极）、人极、理气、阴阳、五行、动静、一多、主静、无欲、诚、神几、德等一系列范畴。他的这些思想，对于构建理学思想体系起了重要的作用。

周敦颐以后，理学经过数百年的发展，学者众多，派系繁杂，其主要派别有三派，即以张载（1020—1077）为代表的“关学”，以程朱为代表的“理学”，以陆王为代表的“心学”。在理学诸派别中，以程朱为代表的“理学”是宋明理学的主要形态。它的奠基人是程颢（1032—1085）、程颐（1033—1107）兄弟。他们以“理”为最高范畴，并把封建纲常名教作为“理”的基本内容，构建其理学唯心主义体系，为程朱理学奠定了坚实的基础。他们的思想，为南宋的朱熹（1130—

1200)所继承、改造和发挥。朱熹在二程思想的基础上集理学之大成，把自然、社会、人生等方面的问题冶于一炉，构建其理学唯心主义体系。他的思想，内容丰富，体系庞大，清代学者全祖望曾称其思想“致广大，尽精微，综罗百代矣”①。

在朱熹构建其思想体系的同时，南宋便出现了陆九渊(1139—1193)的“心学”。陆九渊以“六经皆我注脚”②的姿态活跃于思想战线。陆九渊提出“心即理”和“宇宙便是吾心，吾心便是宇宙”的宇宙观，以及反省内求、自存本心的先验主义认识论。陆九渊和朱熹的思想有许多共同之处，但是，在学风、方法和一些具体问题上存在分歧。因而南宋时便出现了朱陆学术之争。在辩论中，朱熹主张“道问学”和“即物而穷其理”；陆九渊则主张“尊德性”和“先发明本心”，朱讥陆为“禅学”，陆讥朱为“支离”。朱熹以毕生精力去搞《四书》章句集注，而陆九渊则主张扩大“本心”，反对这种烦琐的章句集注。

朱熹把他的学问称为“帝王之学”，并宣称：他的思想“于国家化民成俗之意，学者修己治人之方，则未必无小补云”③。他企图通过帝王的“心术”，使其学问付诸实施。但是，当他活着的时候，这一奢望并没有得到实现。他死后数十年，南宋理宗(赵昀)读了他的书，认为他使孔子之道“大明于世”，其学说“有补于治道”，对他加以重视。从宋理宗以后，

① 《宋元学案》卷48。
② 《象山全集》卷34《语录》。
③ 《朱子大全》卷76《大学章句序》。

程朱理学成为封建地主阶级加强封建专制统治的思想工具，在哲学、政治、法律、道德、艺术等思想意识和文化领域占统治地位，控制中国思想文化领域达七百年之久。在南宋时期，由于战火频繁，南北对立，南北声教不通，朱学只传于南方。宋元之际，程朱理学通过赵复传到北方之后，在许衡等人努力下，元政府极力提倡并以法律的形式强制推行，致使“海内之士，非程朱之书不读”①。许衡的哲学思想基本上是宗于程朱理学，但是，历史上的朱陆之争，经过近百年的发展，人们越来越清楚地看到它们的异同、利弊，到了元代，从更好地发挥儒学的社会作用这一思想出发，除少数坚守朱、陆学统的门徒外，学术思想界的相当一部分人，都主张打破门户之见，汇综朱陆之长，便出现了折衷朱、陆，朱、陆合流的思想倾向，许衡的哲学也具有这样的特点。

一、自　然　观

朱熹的自然观，以“理”作为最高范畴和逻辑起点，通过对理与气、道与器、体与用以及与之联系的无极、太极、阴阳、一与多、理一分殊等范畴的论述，建立其理论体系。在自然观上，许衡基本上是继承朱熹这一模式，但是，许衡对道与器、体与用、理一分殊等问题没有展开论述，而把“命”和“心”两个范畴引入自然观体系，作为他自然观的重要组成部分。因此，要正确把握许衡的自然观，必须对他的“理”、“气”、“命”、“心”等范畴以及它们之间的关系作深入

① 欧阳玄《许文正公神道碑》，《圭斋集》卷 9。

的分析。

（一）理

在我国哲学史上，“理”作为哲学范畴出现是在战国时代。在战国以前，《诗经》、《国语》、《左传》中“理”字各凡四见，但它们都是作为疆界或官吏名称出现，并不具有哲学意义。而具有丰富哲学思想的《尚书》、《周易》、《论语》、《老子》等书，一个“理”字都找不到。“理”字作为哲学范畴出现，见于一九七三年长沙马王堆三号汉墓出土的帛书《经法》。从《经法》可以看到，战国时期的黄老学派，就提出“理”这一哲学范畴。范畴是自然界和社会在人们认识中的反映形式，它是帮助我们认识和掌握自然界和社会现象之网的网上纽结。“理”作为哲学范畴的出现，是由于社会的进步及反映社会新关系的思维发展到一定阶段的产物。战国时期，由于生产力的发展，我国社会由奴隶制向封建制过渡，出现了新的社会关系，讲“理”和辩“理”的思潮日益发展，因而“理”作为一个哲学范畴被提出来。在黄老学派之后，《孟子》、《荀子》、《韩非子》、《易传》等书都提出“理”这一哲学范畴。《韩非子·解蔽》说：“万物各异理，万物各异理而道尽。”在这里，它已把“理”作为普遍规律或特殊规律提出来，具有深刻的哲学意义。到了汉代，郑玄（127—200）在《礼记·乐记注》中，提出“理犹性也”的思想，把理与性联系起来，认为理就是性。三国时期，魏国学者刘劭在《人物志·材理》中说：“夫理有四部”，“若夫天地气化，盈虚损益，道之理也。法制正事，事之理也。礼教宜适，义之理也。人情枢机，情之理也。四理不同”。这是说，理有四类，一是道之理，指事物规律；二是事之理，指政治制度；三是义之理，指道德准则；四是情之理，指人类思想感情的规律。这四类“理”，除第二类以外，都属于哲学范畴。到了唐代，佛教华严宗把“理”说成是精神性的本体，并认为“事”是虚幻的，没有自性的，必须依靠于理而存在。“理”通过一千余年的演变，在哲学中的地位越来越高。程朱理学把“理”作为最高范畴，并建立起理学思想体系，这是一千余年“理”这一范畴演变的逻辑发展。

在宋明理学家中，首先把“理”作为哲学的重要范畴提出来的是二程。程颢曾宣称：“吾学虽有所授受，天理二字是自家体贴出来。”①即认为，“理”或“天理”，是他发明创造的。程颢这样说，并不是说以前的人未曾提出“理”这一哲学范畴，而是说，把“理”作为哲学的最高范畴和逻辑起点，并以“理”为核心建立理学思想体系，是从他开始的。二程是沿着唐代华严宗把“理”说成是精神本体的路线往前走，提出“天者理也”②的命题，把“理”提到“天”的高度，即所谓“天理”，使“理”具有至高无上、决定一切的地位，并把“理”的内涵扩大，把封建的“三纲五常”纳入“理”的内涵，从而建立起以“理”为核心的客观唯心主义理学思想体系。他这一思想，在当时的学术界的确具有新的特色。

朱熹所说的“理”或“天理”，是对二程思想的继承、改造和发挥，不过，通过朱熹的论证，“理”或“天理”的内容

① 《上蔡语录》卷上。
② 《二程遗书》卷11。

更加充实、完备，对“理”或“天理”的论证也更加缜密。首先，他把“理”与“道”与“太极”结合起来，系统地阐明了“理是本”的思想，进一步确立了“理”主宰一切、决定一切的地位。他根据《易·系辞上》“形而上者谓之道，形而下者谓之器”以及《太极图说》中“自无极而太极”的思想，反复阐明了“理”与“道”与“太极”的关系。他说：“所谓一阴一阳之谓道……太极形而上之道也，阴阳形而下之器也。”①“阴阳气也，形而下者也；所以一阴一阳者理也，形而上也。道即理之谓也。”②其次他进一步论证“理”的精神本体性质以及在时间空间上的无限性。他接过二程“万物皆是一个天理”，没有“存亡加减”③的思想，把“理”说成是超然于万有之上的超时空的“净洁空阔底世界”④。他说：“这个太极（理）是个大物事。四方上下曰宇，古往今来曰宙。无一个物是宇这样大，四方去无极，上下去无极，是多少大？无一物是宙这样远，亘古亘今，往来不穷。”⑤“未有天地之先，毕竟也只是理。有此理便有此天地，若无此理，便亦无天地，无人无物。”⑥他甚至说：“且如万一山河大地都陷了，毕竟理却只在这里。”⑦第三，他系统地阐明“理”的基本内容是“三纲五常”。他接过二程提出的“君臣父子，天下之定理”的

① 《周濂溪先生全集》卷1。
② 同上卷5。
③ 《二程遗书》。
④ 《朱子语类》卷1。
⑤ 《朱子语类辑略》卷3。
⑥ 《朱子语类》卷1。
⑦ 同上。

思想，对“理”的纲常名教性质作进一步的阐明。指出“天理只是仁义礼智之总名”①，“未有此事，先有此理。如未有君臣，已先有君臣之理；未有父子，已先有父子之理。”②第四，他的“理”在一定程度上保持自然之理的意义。他说：“上而无极太极，下而至于一草一木一昆虫之微，亦各有理。”③他还认为，每一个事物都有它的特殊本质，而每一类事物又有它的共同本质。他说：“如草木，只有一个道理，有桃有李；如这众人，只是一个道理，有张三也有李四，李四不可为张三，张三不可为李四。”④“理则就其事事物物各有其则者言之。”⑤经过朱熹的阐发，作为最高本体的“理”，它是超时间、超空间的，是派生万物的根本，是宇宙万物的主宰；对于社会、人生，它是封建的纲常名教；对于具体的万事万物，它在一定意义上又是具体事物的规律。所以，朱熹的“理”是一个多层次、含义殊异的哲学范畴。

许衡关于“理”的范畴，是对程朱理学“理”这一范畴的直接继承，不过，他也对“理”作一定的补充和发挥。就继承方面说，首先，他继承朱熹把理与道与太极联系起来加以论述。《鲁斋遗书》记载：“或问心也，性也，天也，一理也，如何？曰：便是一以贯之。又问理出于天天出于理，曰：天即理也。”⑥“天生人物，即与之气以成形，必赋之理以为

① 《朱子大全》卷40《答何叔京》。
② 《朱子语类》卷95。
③ 《朱子语类》。
④ 《朱子语类》卷6。
⑤ 《朱子语类》卷5。
⑥ 《鲁斋遗书》卷1。

性，便是天命令他一般，所以说天命之谓性。”[①]“太极之前，此道独立，道生太极，函三为一。”[②]在许衡看来，理、道、太极、天、心、性都是“一以贯之”的密切联系的东西，他把“天”与“理”、“道”、“太极”等结合起来，从而把“理”、“道”、“太极”等提到至高无上的地位。第二，他认为“理”是绝对的本体。《鲁斋遗书》记载：“问一心可以宰万物，一理可以统万事。先生曰：是说一以贯之。”[③]“天下皆有对，惟一理无对，一理太极也。”[④]“只一个理，到中间却散为万事，如达道达德九经三重之类，无所不备，及到末章推到上天之载，无声无臭，又只是一个理。”[⑤]第三，“理”是生物之本。他说：“有是理后有是物”[⑥]，“凡物之生，必有此理而后有是形，无理则无形。”[⑦]第四，“理”在某种情况下又表现为具体事物的规律。他说：“人物各循其性（理）之自然，则其日用事物之间莫不各有当行的道路”[⑧]，“每一事每一物，须有所以然与所当然。”[⑨]“长生长春如何长得，春夏秋冬寒暑代谢，天之道也。”[⑩]从以上四点可以看到，许衡关于“理”的范畴的论述，基本上是同程朱思想相吻合的，从这方面说，他的

---

① 《鲁斋遗书》卷5。
② 《鲁斋遗书》卷10《稽千古文》。
③ 《鲁斋遗书》卷2。
④ 同上。
⑤ 同上卷5。
⑥ 同上卷1。
⑦ 同上。
⑧ 同上卷5。
⑨ 同上卷1。
⑩ 同上。

“理”是对程朱“理”或“天理”范畴的继承。但是，许衡对程朱的“理”，又有改造和发挥。这主要是：（1）认为“理”具于“心”。前面已说过，他认为心、性、天、理是“一以贯之”。又说：“故上帝降衷，人得之以为心，心形虽小，中间蕴藏天地万物之理。所谓性也，所谓明德也，虚灵明觉神妙不测。”①“于天地之化育，阴阳屈伸，形色变化，皆默契于心，浑融而无间。”②“道是日用事物当行之理，皆性之德，而具于心。”③在这里，他一方面强调“理”的至高无上的绝对本体地位，另一方面又强调“心”蕴藏天地万物之理，强调“心”的作用。（2）从“体”与“用”的关系论证“理”，强调体立而后用行。他说：“先儒说出体用，尝谓孔孟未尝言此，及仔细读之，每言无非有体有用者。……如忠告而善道之，忠告体也，善道之用也。……居上不宽，为政不敬，临丧不哀，宽、敬、哀其体也，体立而后用行。”④“体立而用行，积实于中，发见于外。”⑤“南北东西是定体相对，春夏秋冬是流行运用，都便相循环，一体一用。”⑥他认为“理”是“体”，“体立而后用行”，在这里，他通过对体用关系的论证，进一步肯定“理”的决定地位。

---

① 《鲁斋遗书》卷 3。
② 同上卷 5。
③ 同上。
④ 同上卷 2。
⑤ 同上卷 1。
⑥ 同上。

(二)气

“气”是中国古典哲学的基本观念。在我国历史上,“气”这一观念出现较早。早在周幽王二年(公元前 780 年),伯阳父在谈到地震的原因时就说:“夫天地之气,不失其序。若过其序,民乱之也。阳伏而不能出,阴迫而不能蒸,于是有地震。”[①]在这里,伯阳父从阴阳之气的变化来解释地震,可见“气”已提到相当重要的地位。春秋后期,老子在谈到宇宙万物的生成发展时曾说:“道生一,一生二,二生三,三生万物。万物负阴而抱阳,冲气以为和。”[②]在这里,他提出了阴阳两气和冲气等范畴,认为阴阳两种气,在冲气中得到统一。战国中期,宋钘(约前 382—前 300)、尹文(约前 360—前 280)沿着老子的思想,明确指出“道”就是“气”,认为上至列星,下至山川草木,都是由“气”产生的[③],并认为“气”具有“其大无外,其小无内”的特点[④]。他们提出的“精气”说,具有鲜明的唯物主义观点。战国后期,“气”这一范畴在哲学上已比较普遍地出现,孟子(约前 372—前 289)、庄子(约前 369—前 280)、荀子(约前 313—前 238)、韩非子(约前 280—前 233)等大思想家,对“气”这一范畴都曾加以论述。如荀子说:“水火有气而无生,草木有生而无

① 《国语·周语》。

② 《老子》42 章。

③ 《管子·内业》。

④ 《管子·心术上》。

知，禽兽有知而无义，人有气有生有知且有义，故最为天下贵也。”[①]到了汉代，“气”这一范畴的运用又有新的发展，成为当时哲学家不能不加以研究的重要问题。董仲舒说：“天地之间，有阴阳之气，常渐人者，若水常渐鱼也……”[②]他认为，人在气中就像鱼在水中一样，鱼不离水，人亦离不开气。他的世界观是神学目的论的，但他这一气论思想，具有积极意义。反对董仲舒神学目的论的王充，总结了我国历史上的气论思想，提出“天地含气之自然也”[③]，“天地合气，万物自生”[④]的光辉命题，把气论思想提高到新的发展水平。王充以后，三国时代的杨泉（公元三世纪），唐代的柳宗元（公元773—819）、刘禹锡（公元772—842），都对元气自然论作了不同程度的论述。关于“气”这一哲学范畴，在宋代以前，唯物主义者一般是把它作为构成世界万物本原的一种极细微的物质，而唯心主义者则往往把它说成是某种精神力量派生出来的构造具体事物的材质。

从宋代开始，理与气的关系问题，成为哲学战线唯物主义与唯心主义两条路线斗争的中心问题。在哲学斗争和自然科学发展的推动下，“气”的观念有了新的发展。张载（1020—1077）继承了历史上的气论思想，并吸收了当时自然科学的成就，对“气”化思想作了系统的阐发，提出了“太虚即气”和“知太虚即气则无‘无’”[⑤]的元气不灭论的唯物主义

① 《荀子·王制》。
② 《春秋繁露·天地阴阳篇》。
③ 《论衡·谈天篇》。
④ 《论衡·自然篇》。
⑤ 《正蒙·太和篇》。

观点，第一次试图从物质一般的意义上给气的观念以新的解释。并以“气”化论为基础，建立起元气本体论的唯物主义哲学体系。朱熹继承了张载的“气”和“气化”思想，认为“天地只是一气”，而“气”“便自分阴阳”①，从天地以至于草木禽兽，“无一物不有阴阳”②，并认为，“气则为金木水火土”③，“天地始初混沌未分时，想只有水火二者”④。他这里所说的气，是指阴、阳、水火之类的物质性的东西。但是，他把“气”和“气化”纳入唯心主义体系，使它受唯心主义思想的束缚和限制，并给“气”以某些神秘主义色彩，如“夜气”之类。这使他的“气”和“气化”思想具有较大的局限性。

许衡的“气”和“气化”思想，是对朱熹气的观念的直接继承，同时，又同他所具有的丰富的自然科学知识有密切联系。总的来说，他基本上肯定了“气”的物质属性，但同朱熹一样，把“气”纳入他的唯心主义体系，作为“理”支配之下形成万物的具体材料。他说：“天地阴阳精气为日月星辰，日月不是轮廓生成，只是至精之气，到处便如此。”⑤“阴与阳相为运行，中间便有五行金木水火土，阴阳是春夏秋冬四季，春属木，夏属火，秋属金，冬属水，四季属土。”⑥这是说，所谓“气”，不过是日月星辰、阴阳、五行、四季这些

① 《朱子语类》卷53。
② 同上卷56。
③ 同上卷1。
④ 同上。
⑤ 《鲁斋遗书》卷1。
⑥ 《鲁斋遗书》卷3。

物质性的东西。他还提出“凡物之生都是阴阳之气合，凡物之死都是阴阳之气散”①，“论生来所禀气阴阳也，盖能变之物”②，“万物皆禀于阴阳，要去一件去不得”③等思想，把“气”看成是生物的基本材质。然而，他的气论也有神秘主义色彩，如说：“为恶者气”④，“气”“是鬼神为物之体”等，其神秘主义色彩是显而易见的。他虽然基本上肯定了气的物质属性，认为“气”是生物的基本材质，但他又认为，气生物最后要由理来决定，他说：“性者即形而上者，谓之道，理一是也。气者即形而下者，谓之器，分殊是也。”⑤“天生人物，既与之气以成表，必赋之理以为性。”⑥所以他的结论是，“有是理后有是物”。许衡关于“气”的观点同朱熹一脉相承。但他提出“凡物之生都是阴阳之气合”、“万物皆禀于阴阳”的思想，对气与万物的关系的论述，比朱熹略胜一筹。

（三）“命”

“命”是许衡谈得比较多的命题之一，也是许衡自然观一个重要组成部分。“命”在中国历史上出现较早，《诗·周颂》就有“昊天有成命”的说法。这里所说的“命”，指的是天命。孔子很重视命，论述命的语言也很多。他说：“五十而

---

① 《鲁斋遗书》卷5。
② 《鲁斋遗书》卷3。
③ 《鲁斋遗书》卷1。
④ 《鲁斋遗书》卷2。
⑤ 同上。
⑥ 《鲁斋遗书》卷5。

知天命”[1]，“不知命，无以为君子也”[2]，“道之将行也与？命也。道之将废也与？命也。公伯寮其如命何？”孔子所说的命，是指支配和裁决人们的客观力量。汉代的董仲舒（前197—前104）提出“天令之谓命”的思想，他的命是指天命。王充（27—约79）在反对董仲舒为代表的神学目的论时，否认天帝鬼神之存在，反对天命，但他又注重讲命，认为一切都是前定，反驳了一种迷信而又相信另一种迷信。他认为，生死寿夭，贵贱贫富，皆由命定，非关人事。他说：“凡人禀命有二品，一曰所当触值之命，二曰强弱寿夭之命。所当触值，谓兵烧压溺也。强弱寿夭，谓禀气渥薄也。”[3]在他看来，命有两种，一为遭逢之命，一为生命之命。宋代的王安石（1019—1086）把“命”引入他的自然观体系，对“命”作了较深刻的论述。他说：“命者，万物莫不听之者也。”[4]“道万物而无所由，命万物而无所听。”[5]“五行，天所以命万物者也。”[6]这些关于“命”的论述，都是同自然之物相联系的必然性，具有明显的唯物主义倾向。但是，作为一个古代哲学家，王安石不可能解决必然与偶然的辩证关系，致使他的命论从自然界的规律倒向命定论，在社会领域里，命定论表现尤为突出。如他说：“呜呼！又岂唯贵贱祸福哉，凡人之圣贤不肖，莫非

① 《论语·为政》。
② 《论语·尧曰》。
③ 《论衡·气寿》。
④ 《洪范传》。
⑤ 同上。
⑥ 同上。

命也。”[①]这明显是命定论思想。宋代的理学家，对“命”也十分重视，张载把义命合一，又分命与遇为二。二程也主张义命合一，但又反对张载分命与遇为二之说。朱熹赞扬二程在论述义与命合一中强调义的思想，但他认为人的生死寿夭贫富贵贱皆由于气所禀，其思想比较接近于王充。他说：“有人禀得气厚者则福厚，气薄者则福薄；禀得气之英华者则富盛，衰飒者则卑贱；气长者则寿，气短者则夭折。此必然之理。”[②]他以禀气厚薄来说明富贵、贫贱、寿夭，同王充是一脉相承的，但他的思想，比王充更为明确。

许衡对“命”作深入的探讨，并把它引入他的自然观。首先，他明确指出，他所说的命或知命，既非术数家所说的“命”，亦非佛、道所说的命。他说：“说知命不是术数家言命，亦非二氏福孽之命，是天所赋尽力行去。”[③]在这里，他明确划分了他所说的“命”与术数之“命”的界线，在很大程度上摆脱了天命神学和迷信思想。在对“命”的看法上，许衡基本上是继承朱熹的思想，一方面，他继承二程和朱熹把义命合一的思想路线，强调合一而突出义的作用。他说：“凡事物之际有两件，有由自己的，有不由自己的，由自己的有义在，不由自己的有命在，归于义命而已。”[④]“圣人之心固天地之心也，然其处事接物必以礼以制之，初不问彼之天命何如也。”[⑤]另一方面，他亦同朱熹一样，继承王充以气论命的思

① 《对难》。
② 《朱子语类》卷4。
③ 《鲁斋遗书》卷2。
④ 《鲁斋遗书》卷1。
⑤ 《鲁斋遗书》卷8。

想,认为“命”为气质所决定。他说:“纣天命未改,只得为君,一日天命改便是独夫,天地阴阳都是如此,精气行到他处,便得为君为长。”①“贫贱富贵死生修短祸福禀于气,皆本乎天也,是一定之分,不可强求也。”②许衡把“命”分为“正命”和“非正命”。他说:“祸福死生修短虽有一定之分,然其中有正命有非正命。正命者,尽其道而不立于岩墙之下,修身以俟之,乃天之所命,非人之所为。非正命者,行险侥幸,桎梏而死,乃人之所自取,非天所命也。”③他所说的“天命”,有时是指必然性,有时则指命运、命定。就必然性的意义说,他说:“天赋与万物无不尽善,……天自古老天造化,岂有错了处!只有人错了。天与富贵福泽教人行善,天与贫贱亦教人行善,是天降大任之说。……乐天者,乐性中之善也,知命者,是天道流行之命,不知命不可以为君子也。”④又说:“天有寒暑昼夜,物有生荣枯瘁,人有富贵贫贱,风雨露雷无非数也。富贵福泽贫贱忧戚亦无非数也。此天地所以造化万物日新无蔽者也。”⑤这里所说的“数”实际上就是“命”,“天道流行之命”和“数”,都是指客观必然性。就命运、命定而说,他也有一些论述。如说:“人生天地间,生死常有理,岂有逃得!都要寻个不死,宁有是理!”⑥“得生本自神先宅,未死谁知鬼已依,此理分明是天命,便须相顺莫

① 《鲁斋遗书》卷2。
② 《鲁斋遗书》卷1。
③ 《鲁斋遗书》卷2。
④ 同上。
⑤ 《鲁斋遗书》卷1。
⑥ 同上。

相违。”[①]许衡“命”的思想有消极的一面，也有积极的一面。他的“命”的范畴中所包含的必然性思想，给他的自然观增添了积极因素。

（四）“心”

许衡具有以陆补朱的思想倾向，所以“心”也是他自然观中一个重要的组成部分。在我国哲学史上，第一个注重“心”的哲学家是孟子。他说：“耳目之官不思，而蔽于物；物交物，则引之而已矣。心之官则思，思则得，不思则不得也，此天之所与我者。”[②]他还提出“尽其心者，知其性也，知其性则知天矣”[③]的著名命题。并认为人生下来就有“恻隐之心”、“羞恶之心”、“恭敬之心”、“是非之心”。他的“心”，既是指思维器官，又是同“性”密切联系的道德规范。孟子之后，荀子、董仲舒、扬雄（前53—后18）等思想家，对“心”都作了论述。后汉末年徐干（171—218）在所著《中论》中，提出了关于“心”的合理的思想。他说：“人心莫不有道理，至乎用之则异矣。”[④]“群道统乎己心，群言一乎己口，唯所用之。”[⑤]“（大贤）期乎人者，谓心统乎群理而不谬，智周乎万物而不过，变故暴至而不惑，真伪丛萃而不迷。”[⑥]徐

---

① 《鲁斋遗书》卷11。
② 《孟子·告子》。
③ 《孟子·尽心》。
④ 《中论·修本》。
⑤ 《中论·治学》。
⑥ 《中论·审大臣》。

干提出的心统群理而智周万物的思想，实开宋儒“理具于心”之先河。宋代哲学家中，对“心”提出概说的是张载，他说：“合性与知觉，有心之名。”[①]“心统性情者也。”[②]张载认为，“心”总括知觉和性、情。二程对“心”也有所论述。程颢说：“人心莫不有知，惟蔽于欲，则失天理也。”[③]程颐更明确地说：“心一也，有指体而言者，有指用而言者，惟观其所见如何耳。”[④]在这里，程颢认为心是知觉器官，程颐则认为心有体有用，然为一心。他们还提出人心与道心的问题，并从人心、道心之别进而论证人欲与天理的不同和对立。朱熹接过张载、二程的心论思想，对“心”作了比较系统的论述。他指出，“有知觉谓之心”[⑤]，“所觉者心之理也，能觉者心之灵也”[⑥]。“理未知觉，理与气合，便能知觉。”[⑦]在论述心是理与气合的知觉的基础上，他特别对心统性情、人心与道心等问题作了深入的论证。他说：“盖心之未动则为性，已动则为情，所谓心统性情也。”“此心之灵，其觉于理者，道心也；其觉于欲者，人心也。”[⑧]朱熹论心，其重点是研究心与性、情的关系，阐明道心与人心、天理与人欲的区别，为地主阶级建立封建专制主义中央集权作论证。

---

① 《正蒙·太和》。
② 《张子全书·语录》。
③ 《二程全书·语录》。
④ 《与吕大临论中书》。
⑤ 《朱子语类》卷140。
⑥ 同上。
⑦ 同上。
⑧ 《答郑子上》。

与朱熹同时的陆九渊，对于心的观念，与朱熹持不同的看法。朱熹认为，性即理，而心则是理与气结合而后有的，性在于心而心非即性，理具于心而心非即理；陆九渊则认为，心性情只是一物，没有分别，心即性即理。《象山语录》载："伯敏云：如何是尽心？性才心情如何分别？先生云：如吾友所言，又是枝叶；虽然，此非吾友之过，盖举世之弊。今之学者读书，只是解字，更不求血脉。且如情性心才，都只是一般物事，言偶不同耳。……若必欲说时，则在天者为性，在人者为心，此盖随吾友而言，其实不须如此。"在陆九渊看来，心性情并没有什么区别，不过是名词不同而已。陆九渊亦认为，心有知觉的特质，这一点他与朱熹相同。但他反对程朱把"心"分为"人心"与"道心"，而注重所谓本心。他说："《书》云：'人心惟危，道心惟微。'解者多指人心为人欲，道心为天理，此说非是。心一也，人安有二心？"①"恻隐，仁之端也，羞恶，义之端也，辞让，礼之端也，是非，智之端也；此即是本心。"②他之所谓本心，即仁义礼智之心。陆九渊所理解的"心"是一种伦理性的实体，又是万物根源性的实体。他认为，充满宇宙的万物之理（道）即在心中，知觉作用和伦理道德行为仅是"心"的表现。所以，他的思想以"明心"（"立心"）为根本。他正是从"心即理"和"明心"的思想出发，建立了以"简易功夫"为标榜的心学思想体系。

许衡继承了伪《古文尚书》的"人心惟危，道心惟微，惟精惟一，允执厥中"十六字"心法"和陆九渊的"心论"，对

① 《象山全集·语录》。
② 《象山全集·年谱》。

“心”很重视。他曾经书写《心法录》,专门论述“心”的问题。这本书现阙,但据《许文正公遗书》卷末所载的韩士奇《心法原序》和王厚烷《重刻心法序》所提供的情况,《心法录》的写本原由许氏子孙家藏,明嘉靖年间,覃怀太守韩士奇在“先巡抚和李公檄县所刻全书”中得到,便“序其书,刻于府”。韩士奇任满后,便携板回老家山西,“怀庆不复有蓄者”。五十余年后,有客自山西来,持此书,许衡的八世孙庠生世魁从山西来客手中购得,王厚烷便重序此书,校正重刻。这个“心法录”已失传了,但从韩士奇和王厚烷的“序”中,可略见其概。韩士奇《心法原序》说:

既而得其写本《心法录》细阅之,的然见我鲁斋行实文章,所以重于世者,悉自斯录中流出。则斯录视全书之补于世何如,酷爱之,惜弗传。因广以梓。嗟夫!人所以贵于天地间者,以心也。心所以贵于人者,有法也。心法之传,尧开之,舜广之,禹汤文武周公吾孔孟主盟,斯道恒光之。濂洛关闽,言虽散出,恳恳于心法,而意则会也。鲁斋非深有得,其将能有是录哉。①

王厚烷《重刻心法序》说:

夫人心惟危,道心惟微,惟精惟一,允执厥中者,尧舜禹授受之言,世所谓三世心法也。明德即

① 《许文正公遗书》卷末。

> 道心也。自此推去，事事做得，而无一毫虚伪。书内有曰：明明德。是学问中大节目……观书中所言圣人之心，即道心，即明德，文章自在其中矣，而曰心法，不亦宜乎。[①]

从韩士奇和王厚烷的介绍可见，许衡在《心法录》中所说的“心”，是讲“明明德”，是讲“道心”。这一思想，是同程朱理学一脉相承的。他仍然坚持程朱理学关于人心、道心与人欲、天理之说，如他说：“声色臭味发于气，人心也，便是人欲；仁义五常根于性，道心也，便是天理。”[②]但是，许衡又吸收陆九渊的心学思想，坚持陆九渊心即理之说。《语录》记载：“问一心可以宰万物，一理可以统万事。先生曰：是说一以贯之。”[③]又说，“故上帝降衷，人得之以为心，心形虽小，中间蕴藏天地万物之理”[④]，“心之所存者理一，身之所行者分殊”[⑤]。他对“心”的作用估计很高。他说：“故曰立天下之大本，于天地之化育，阴阳屈伸，形色变化，皆默契于心，浑融而无间，故曰知天地之化育。这经纶大经、立大本、知化育三件事，都从圣人心上发出来。”[⑥]他这些思想，同陆九渊的“心”论一脉相承。关于这一点，我们从他的印板说中就可以清楚地看到。《元史·王恂传》记载，裕宗问以心之

① 《许文正公遗书》卷末。
② 《鲁斋遗书》卷2。
③ 《鲁斋遗书》卷2《语录》下。
④ 《鲁斋遗书》卷3。
⑤ 《鲁斋遗书》卷2《语录》下。
⑥ 《鲁斋遗书》卷5。

所守，恂曰：

> 许衡尝言，人心如印板，惟板本不差，则虽摹千万纸，皆不差；本既差，则摹之于纸，无不差者。①

王恂所引的许衡的这种“印板”说，认为客观世界（这里主要指人类社会）是人心这个“印板”的摹本。世道系于人心，人心是什么样子，社会就什么样子，所以，人心这个“印板”如何，在社会国家有首要的意义。因此，治国必先治心。这一思想，实际上是认为宇宙万物都是由心这个“印板”“印”出来的，“心”决定宇宙万物。这同陆九渊的“心即理”②和“宇宙便是吾心，吾心即是宇宙”③相雷同。

从许衡关于“心”的论述可见，他在“心”论方面，折衷朱陆是十分明显的，从其“心法”说，显然是程朱思想。从“印板”论说，明显是陆九渊心学思想。对“心”的论述，可以看到他动摇于朱陆之间。不过，如上面已说过的，从其思想主流来说，许衡仍然是坚持程朱之学。所以，他吸收陆九渊心学，实际上是以陆补朱。

任何哲学体系，都是由哲学家所提出的一些哲学范畴连结而成的。没有哲学范畴的哲学体系是不存在的。在中国哲学史上，哲学范畴的发展是相当复杂的，许多哲学范畴都有

---

① 《元史》卷164《王恂传》。

② 《象山全集》卷11《与李宰书》。

③ 《象山全集·杂说》。

一个发展过程，同是一个范畴，在不同哲学家的思想中具有不同的含义。因此，要正确把握某一哲学家的哲学思想，必须对这一哲学家基本的哲学范畴的内涵及其相互关系作一番考察。上面，我们分析了许衡哲学中几个基本范畴的发展历史及其在许衡哲学中的含义，下面，我们要研究一下许衡如何运用这些范畴建立他的哲学体系。

宋元明时期，哲学基本问题的讨论，主要是围绕着理与气、心与物的关系而展开的。许衡的自然观，基本上是沿着程朱"理"是"生物之本"的路线发展。关于宇宙万物的产生，他说："太极之前，此道独立。道生太极，函三为一。一气既分，天地定位。万物之灵，惟人为贵。"①在这里，他提出一个由"道→太极→'三'→气→天地→万物→人"的宇宙万物生成图式。从这个图式看，它同周敦颐的《太极图·易说》有密切联系，又同老子的"一生二，二生三，三生成万物"的宇宙万物生成论有密切联系。许衡曾说过："性者即形而上者，谓之道，理一是也。"②这里所说的"道"亦即是理。从他肯定理生气生万物看，其思想同程朱的自然观是一致的，这一思想，正是周敦颐和程朱自然观的基本观点；从"道→太极→'三'"看，这里所说的"三"，同老子说的"一生二，二生三"的"三"相仿，这个"三"并不是"一、二、三"的"三"，而是"多"之意，是指多种物质元素。这一思想的提出，说明许衡在自然观上也吸收道家的思想。许衡这里所提出的宇宙万物生成图式，虽然有些地方还不清楚，很

① 《鲁斋遗书》卷10《稽千古文》。

② 《鲁斋遗书》卷2。

费解，也不科学，但是，他以“理”（“道”）为最高范畴和逻辑起点的宇宙万物生成图式是十分清楚的。

从许衡所提出的宇宙万物生成图式看，在当时哲学基本问题围绕理与气、心与物所展开的讨论中，许衡明确地坚持了程朱的理一元论唯心主义，关于这一问题，我们还可以从以下材料中看到。他说：

> “大哉乾元，万物资始”，是天赋以德性，虚灵不昧，人皆有之。所以物我皆得求之，即与之所得深浅厚薄，分数在人，而其始本同是理一也。“云行雨施”，是施恩泽也。在乎理，主乎气者，是命也。不在彼来求取，与不与在乎天，天者君命也，此说分殊也。①

> 合虚与气有性之名，虚是本性之性，气是气禀之性。……性者即形而上者，谓之道，理一是也。气者即形而下者，谓之气，分殊是也。②

> 天即理也。……有是理而后有是物……凡物之生，必得此理而后有是形，无理则无形。③

这些材料说明，在许衡那里，作为绝对本体的“理”是宇宙万物的根源，没有理就没有宇宙万物。其他一切事物，都不过是理的分殊。同朱熹一样，他并不否认“气”的作用，但

---

① 《鲁斋遗书》卷2。

② 同上。

③ 《鲁斋遗书》卷1。

气只不过是构成事物的材质，没有“理”，“气”就不能构成事物。前面已经说过，他的“理”不过是超时空的绝对精神本体，他以这样的“理”来作为宇宙万物的总根源，作为宇宙万物的决定者。可见，他思想的客观唯心主义性质是十分明确的。不过，在许衡所处的时代，程朱理学为统治阶级宣扬和利用的同时，亦已表现出一些弱点和缺点，这就使他能在继承朱学的同时，在一定程度上，又能冲破程朱理学的某些束缚。这主要有以下两个方面。

1. 强调客观必然性，反对强加主观于客观

他关于“命”的观念，有承认“天命”、“命运”的落后一面，但也有肯定客观必然性的积极的一面。他引子思（名孔伋，前483—前402）的话说：“天下之物彻头彻尾都是实理所为，如草木春来发生便为物之始，秋来凋落便为物之终，故曰诚者物之始终。”①“天地以实理生成万物，如草木自然就有枝叶，如人自然就有手足，不待安排”②。他指出，违反自然规律是不行的。他说：“长生长春如何长得，春夏秋冬寒暑代谢，天之道也。如春可长亦不足贵矣！南北东西是定体，相对春夏秋冬是流行运用，却便循环，一体一用。”③据此，他特别反对不顾客观规律而揠苗助长的作风。他说：“势不可为，时不可犯，顺而处之，则进退出处穷达得失，莫非义也。古之所谓明睿智者，唯能识此也。所谓神武而不杀者，唯能体此也。或者横加己意，欲先天而开之，拂时而举之，是揠苗

① 《鲁斋遗书》卷5。
② 同上。
③ 《鲁斋遗书》卷1《语录》上。

也，是代大匠斫也。揠苗则害稼，代匠则伤手，是岂成己成物之道哉。即其违顺之多寡，乃其吉凶悔吝之多寡也。平生拙学，认此为的信而守之，罔敢自异。”[①]根据事物有其必然规律和不能违反自然规律的思想，他提出“取之有度用之有节则常足”的思想，他说：“地力之生物有大数，人力之成物有大限，取之有度用之有节则常足，取之无度用之无节则常不足，生物之丰歉由天，用物之多少由人。”[②]

从上面许衡关于事物客观必然性的论述可以看到，他对事物的客观规律有一定的认识。规律亦称法则，是事物发展过程中的本质联系和必然趋势，是反复起作用的东西。任何事物都有自己的发展规律。规律是客观的，是事物本身所固有的，人们不能创造、改变和消灭规律，但人们可以认识它，并利用它来改造自然和社会。许衡不仅强调事物的必然性，而且认为违反事物的客观必然性就将带来失败的后果，并从中引出“揠苗则害稼”、“代匠则伤手”、“取之有度用之有节则常足”的结论，可见他对事物客观规律的认识有一定深度。规律是客观事物的属性，对客观规律的认识，实质上是对客观事物的认识，这一思想，具有明显的唯物主义倾向。

2. 强调“心”的作用，反对怯懦苟安

从南宋开始，便出现了朱熹理学和陆九渊心学之争，但究其实质，理学和心学在本质上是相通的。理学家认为“理”是超时间超空间的客观存在的绝对本体。但实际上，这样客观存在的“理”是没有的，这个“理”实际上是在理学

① 《鲁斋遗书》卷 9。

② 《鲁斋遗书》卷 1。

家们的心中。心学家认为，“心”是宇宙万物的根源，但他们又认为，“心即理也”。所以，不管是说“理”还是说“心”，最终都是在人的主观精神上统一起来。这一“理学”与“心学”的内在的逻辑统一，正是理学与心学合流的思想基础。在心的问题上，许衡强调儒家的十六字“心法”，这是同程朱的思想一脉相承的。而他提出“印板”说，强调主观精神的作用，又同陆九渊“心学”一脉相通。这里要特别强调的是，许衡的“心学”思想，决不是对陆九渊“心学”的简单继承，而是作了改造和发挥。陆九渊沿着儒家“天人合一”的思想路线，接过程颢(1032—1085)“天”即是“理”、“天”即是“心”的思想，提出了“心即理”、“宇宙便是吾心，吾心即是宇宙”的主观唯心主义思想，认为“满心而发”、“无非此理”①，但是，对于“心”如何产生宇宙万物，他并没有具体的论述。在这方面，许衡提出“印板”说，认为客观世界(这里主要指人类社会)不过是人心这个“印板”的摹本，人心是什么样子，社会就是什么样子。这一思想，就“心”与客观世界的关系来说，的确比陆九渊的思想前进了一步。后来，王阳明(1472—1529)在许衡“印板”说的基础上，提出“意之所在便是物”，建立起“心外无物”、“心外无理”的主观唯心主义世界观。所以，尽管许衡的“心学”思想不够系统，但从“心学”思想发展来说，他的“印板”说却是陆九渊到王阳明的中间环节。从其思想主流说，许衡恪守程朱学统，但是，在当时折衷朱陆的思想潮流的影响下，他在继承程朱思想路线的同时，又企图用陆九渊“心学”来补程朱

① 《象山先生全集》卷34《语录》上。

理学之不足，而且对“心学”下了一番功夫，把陆九渊“心学”思想提到新的水平。他关于“心”的思想，有夸大人的主体精神的消极的一面，也有重视发挥人们主观精神作用的一面。就夸大人的主体精神方面说，他说：“天与人同是甚底同，人不过六尺之躯，其大处同处指心也，谓心与天地一般。”[①]这种把“心”与天地等同的思想，显然是儒家“天人合一”思想的继续，而它夸大“心”的作用，必然导致对客观事物的否定，他的“印板”说的实质，就是夸大心的作用，肯定了“心”决定一切的地位，从而否定了事物的客观存在。就强调发挥人的主观精神的作用方面说，他提出一些积极思想。他说：“件件事至诚恻怛做将去，其心安，其气舒，俯仰无愧，其乐可知。”[②]他用子思的话说：“人能自戒惧而约之，以至于至静之中，无所偏倚，则吾之心正，天地之心亦正。故三光全，寒暑平，山岳奠，河海清，而天地各安其所矣。自谨独而精之，以至于应物之处，无少差谬，则吾之气顺，天地之气亦顺，则草木蕃盛，鸟兽鱼鳖咸若，而万物各遂其生矣。”[③]他认为，作为一个人，必须“先尽人之道义，内省不疚，然后放下委之于命也”[④]，必须“积学力行”，“不可怯懦苟安也”[⑤]。

许衡强调尊重客观必然性和发挥人的主观精神的作用，使他的理学唯心主义自然观具有积极因素，也为他一生的实

---

① 《鲁斋遗书》卷2。
② 同上。
③ 《鲁斋遗书》卷5。
④ 《鲁斋遗书》卷2。
⑤ 《鲁斋遗书》卷3。

践活动带来了积极的指导思想。他一生孜孜不倦地对待学习和工作，并在许多方面取得一些成绩，是同这些思想分不开的。

二、认　识　论

儒家的认识论与修养经密切地结合在一起，朱熹的格物致知、即物穷理的思想，既表现为认识活动，又表现为修养活动。许衡继承这些思想传统，在认识论上，以论述格物致知为重点，对以诚致知、主一持敬、见闻与思虑、知与行、圣人生知、辩说、取众人之知以为知等问题作了一定的探索。

（一）格物致知

"格物致知"是许衡在认识论上论述的重点问题。他从这一思想出发而对认识论方面的其他一些问题进行探索，从而提出比较丰富的认识论思想。

"格物致知"一语出自《礼记》的《大学》篇。它说："致知在格物，物格而后知至。"其意思是通过修身、正心、诚意等自我内省的道德修炼，以达到扬善去恶。按《大学》的原意，这实际上是儒家的修养观。到了宋代，朱熹从建立理学思想体系出发，对"格物致知"加以继承、改造和发挥。从表面上看，朱熹的"格物致知"是通过《大学》的"致知在格物，物格而后知至"推演出来的，但实质上他是利用《大学》这两句话借题发挥，以建立他的认识论和修养观。

朱熹在他的《大学章句集注》中，不仅按他的意见把《大学》原文的次序加以移动，重新安排，而且认为“此谓知本”是衍文，“此谓知之至也”这一句的上面“别有阙文”，而这句话是一个“结语”。他从发挥其理学唯心主义认识论出发，别出心裁地根据二程的意思，补写了他所认为的“阙文”，作为第五章独立起来。他补写的全文是：

> 右传之五章，盖释格物致知之义，而今亡矣。闲尝窃取程子之意以补之曰：“所谓致知在格物者，言欲致吾之知，在即物而穷其理也。盖人心之灵，莫不有知；而天下之物，莫不有理。惟于理有未穷，故其知有不尽也。是以《大学》始教，必使学者即凡天下之物，莫不因其已知之理而益穷之，以求至乎其极。至于用力之久，而一旦豁然贯通焉，则众物之表里精粗无不到，而吾心之全体大用无不明矣。此谓物格，此谓知之至也。”

朱熹补写的这一章，实际上是通过对“格物致知”的论述，提出了系统的认识论和修养观。他在“格物致知”的论述中，既谈到认识能力、认识对象和认识过程，又谈到修养的目的和方法，并且把“格物致知”与“即物穷理”联系起来，从而对儒家“格物致知”思想赋予新意。由于朱熹把“格物致知”与“即物穷理”联系起来，而他所说的“理”既有至高无上的精神本体的意义，又在一定程度上具有事物的规律的意义，所以，他的“格物致知”思想存在二重性。从“理”作为绝对精神本体来说，他的“格物致知”是通过“格物”和“一旦豁然贯通”去体验作为绝对的精神本体的

"理",或者体验作为"理"的基本内容的封建的"三纲五常"以进行自身修养;从"理"作为具体事物的规律来说,他的"格物致知"在一定程度上有探索客观规律的意义。

许衡对"格物致知"的论述,基本上是继承朱熹的思想。对于朱熹所补的第五章,他持赞同态度。他指出:"因古时简编坏烂,这一章书如今遂亡失了,朱子补在后面。"①在对"格物致知"的论述中,许衡把"格物致知"与诚意、正心、修身、齐家、治国、平天下结合起来,指出"致知在格物","物格而后知至","知至而后意诚","意诚而后心正","心正而后身修","身修而后家齐","家齐而后国治","国治而后平天下"。这样,他把"格物致知"提到很高的高度,成为封建统治阶级巩固治道的根本大计。什么是"格物致知"呢?他明确指出,"格物是知底头"②。对于"格物",他作解释说:"格字做至字,物是事物。若要推极本心的知识,又在穷究天下事物之理,直到那极处,不可有一些不到。"③他进一步解释说:"圣人教人今日学一件,把那一件道理穷到是处,明日再去为一件,又恁的穷究,……这几般一件件分拣得是呵,便是格物。这般穷究了事,咱们心里都理会得久……无些昏蔽,便是致知。"④这就是说,所谓格物致知,就是要推极本心的知识,一件一件地去穷究天下事物之理,穷到极处,使本心"无些昏蔽"。这是一种借物之理去推极"本心"知识的活动。

---

① 《鲁斋遗书》卷4。
② 《鲁斋遗书》卷2。
③ 《鲁斋遗书》卷4。
④ 《鲁斋遗书》卷3。

怎样去搞好格物致知呢？他提出以下几个办法。

1. 因其已知之理而益穷之

他说："人于事物之理有未穷，则己之知识必有不能尽，所以《大学》中始初教人，必使为学的于凡天下的事物，无大无小件件上，莫不因他本心已知的道理，益加工夫穷究，必要求到那至极的去处。"①

这是说，只有穷理才能致知，凡是天下的事物，无论是大的或小的，都是因本心已知之理一件件地去穷究它，求到那至极的去处，就能够尽自己的知。

2. 一旦豁然贯通

他说："学者穷究事物的道理，今日穷究一件，明日穷究一件，用功到那积累多时，有一日间忽然心里有开悟通透。"②

"一旦豁然贯通"是程朱理学的命题。程颐提出"然后脱然自有贯通处"③，朱熹提出"一旦豁然贯通"④，都是说在"格物"中"今日格一件，明日格一件"，"积累"多了，就一旦豁然贯通，领会到"天理"。许衡接过他们的思想，并加以发挥，说"用功到那积累多时"，"有一日间忽然心里有开悟通透"，从而提高了对事物的认识。

3. 表里精粗无不到而吾心之全体大用无不明

---

① 《鲁斋遗书》卷 4。

② 同上。

③ 《二程遗书》卷 18。

④ 《大学章句》。

> 人若到那豁然贯通处，则于万物的道理显隐精粗无一些晓不到，此心所具的全体大用无一些不明了。[①]
>
> 众物之表里精粗无不到，这便叫做物格；吾心之全体大用无不明，这叫做知至。[②]

他认为，“格物”就是要使“众物之表里精粗无不到”，“万物的道理显隐精粗无一些晓不到”，“致知”就是要使“吾心之全体大用无不明”，亦即“此心所具的全体大用无一些不明了”。

由以上论述可以看到，许衡所理解的“格物致知”，是要人们通过对事物的一件一件的穷究，一旦豁然贯通，体验心中或具体事物的理。这一思想，表现了儒家认识论与修养论的结合，又表现出折衷朱陆的特点。许衡正是以这一思想为核心，开展他对认识论问题的讨论。

（二）诚为贵

“诚”是中国历史上一个古老的哲学范畴。它的本意是诚实无欺或真实无妄。孟子说：“诚者，天之道也；思诚者，人之道也。至诚而不动者，未之有也；不诚未有能动者也。”[③]他把“诚”作为自然界和人类社会的最高的道德范畴。荀子说：

① 《鲁斋遗书》卷4。
② 同上。
③ 《孟子·离娄上》。

“君子养心莫善于诚，致诚则无他事矣。”“变化代兴，谓之天德，……夫此有常以至其诚也。”[①]荀子（约前 313—前 238）把“诚”作为养心修身的根本原则和大自然运行变化的规律。《中庸》指出：“诚者，天之道也；诚之者，人之道也。诚者，不勉而中，不思而得，从容中道，圣人也。”以为天的根本特征是“诚”，人以求诚而达到诚的境界，从而达到天人合一。南宋的朱熹则说：“圣人之德，此性而有者也，天道也。……由教而入者也，人道也，诚则无不明矣，明则可以至于诚矣。”[②]他强调人道与天道合一，即人道与天理的合一。

许衡继承了儒家关于“诚”的思想，把“诚”作为他思想的重要范畴。他认为，“诚意是行底头”[③]，“诚”是“实理”，“不诚无物”。他说：“天下之物彻头彻尾都是实理所为，如草木春来发生，便为物之始；秋来凋落，便为物之终，故曰诚者物之始终。若就人心说，为子不诚实孝亲，便无父子之伦，故曰不诚无物。故曰所贵者，惟在诚实此心而已。故曰君子诚之为贵。”[④]关于“诚”的作用，他指出：

1. 至诚成物成己

人能尽这个实理（按：指“诚”），不但可以成就得自家，别人因我而感发兴起，也都尽这个实理。是

---

① 《荀子·不苟》。
② 《四书章句集注》。
③ 《鲁斋遗书》卷 2。
④ 《鲁斋遗书》卷 5。

即所以成物成已。言之心德纯全，私欲净尽，这便是仁以成物；言之知识高明，周于万物，这便是知的成物。①

2. 诚以治国

人君治天下国家有九件经常之道，然所以行之者，只是一件，那一件也不过是诚而已。盖为治之事，件件着实，一有不诚，则此九件皆为虚文了。②

3. 诚能顺理而行

反身而诚是气服于理，一切顺理而行，气变是善，岂可损于其间。强恕而行，是气未服顺理。当西而气于东必勉强按服，必顺于理然后可也。③

4. 至诚无动而变，无为而成

圣人至诚之功用，其博厚配地者，不待示见于人自然章著，与地之品物流行一般。其高明配天者，不待动作自然变化，与天之云行雨施一般，其博厚高明而悠久无疆者也。不待有所施为自然成就，与天地成物各正性命一般。至诚功用之妙盖如此。④

5. 至诚如神

国家之兴亡事虽未形，必先有个几兆，或见于

① 《鲁斋遗书》卷5。
② 同上。
③ 《鲁斋遗书》卷2。
④ 《鲁斋遗书》卷5。

著龟之占卜,或见于四体之运动。若国家有兴隆之福将到,便是好处,圣人必预先知道。若国家有败亡之祸将到,便是不好处,圣人也预先知道。这至诚的圣人能前知国家兴亡之几,如此便与鬼神之明一般。所以说故至诚如神。①

许衡认为,"诚"是很重要的,但要做到诚,必须存其心,养其性,推极本心之知识,做到博学、审问、谨思、明辨、躬行。他说:

存其心,养其性,所以事天也。在《大学》,所谓诚意正心是也。行到十分善处也。②

若要诚实心之所发,必先推极本心之知识,不可有一些不尽。③

孔子又告哀公说,人君欲诚其身有五件条目,第一要博学……既学了又要审问之于人以订其所疑,既问了又要谨思之于心而求以自得,既思了又要分明辨析,以尽公私义利之真。学问思辨既有所得,必皆着实见于践履而躬行之。这五件便是诚之之目。④

① 《鲁斋遗书》卷5。
② 《鲁斋遗书》卷2。
③ 《鲁斋遗书》卷4。
④ 《鲁斋遗书》卷5。

“诚”是儒学的一个基本观念，历史上儒家学者从不同的角度对“诚”所作的论述颇多。从许衡对“诚”的论述看，他关于“诚”的思想，基本上是沿袭了前人的看法，即把“诚”看成是“天道”与“人道”的合一，是自然界和人事社会的最高的道德范畴，是养心修身的根本原则，是成物成己的“实理”。如果说他的“诚”的思想有独到之处，那就是他在承认“诚”能“顺理而行”的思想前提下，继承儒家重视道德践履的思想传统，强调“学问思辨”和“实践而躬行”，认为人们只有通过学问思辨和道德践履，才能达到对“诚”的把握。他一生中勤学不辍，严于律己，是同这一思想分不开的。他的“诚”，实际上是一个认识论与伦理观相结合的哲学范畴，是他认识论的重要组成部分。

（三）见闻与思虑

感性认识与理性认识的关系问题，是认识论中一个重要问题。许衡的认识论，亦涉及到这方面的问题。

首先，他肯定了认识来源于感性经验，人的思维与感性认识有密切的联系。他说：

> 耳目闻见与心之所发各以类应，如有神焉。今日之所出者，即前日之所入也，同声相应，同气相求，未尝少差，不可不慎也。①
>
> 万物备吾身，身贫道未贫。观时见物理，主观

① 《鲁斋遗书》卷1。

> 得天真。心爽星辰夜，情欣草木春。自怜丧乱后，能做太平人。①

在这里，他肯定了人的知识来源于"耳目闻见"，"物理"来自"观"（察）。思虑要以见闻为基础。

其次，他强调"思"的重要。他指出"心常思则义理出"②，"真知"当践履，当求之于心③。他说：

> 慎思，视之所见，听之所闻，一切要个思字。君子有九思，"思曰睿"是也。要思无邪。目望见山便谓之青，可乎？惟知故能思。……不知所思虑者何事？果求所当知，虽千思万虑可也。……人心虚灵，无槁木死灰不思之理，要当精于可思虑处。④

他肯定了见闻之知的重要，又强调"思"的重要。这说明在认识论上，他主张从感性认识向理性认识发展。许衡在这方面的思想没有深入的探讨和发挥，但他肯定了感性认识与理性认识的作用，并初步地考察了二者的关系，其基本观点是明确的。

---

① 《鲁斋遗书》卷12。
② 《鲁斋遗书》卷2。
③ 同上。
④ 《鲁斋遗书》卷1。

（四）知与行

许衡的认识论，也探讨了知与行的关系问题，特别是对行作了深入的论述。他说："圣人只是两字，从学而始习为始，便只是说知与行两字。"①他认为："开物是知，成务是行。"②对于知与行的关系，他认为，知有利于行，而行又有利于知。一方面他认为，"行之所以不力"，是"为知之不真"。他说：

> 凡行之所以不力，只为知之不真。果有真知，行之要有不力者乎？③
>
> 凡一事之来，一言之发，必求其所以然与其所当然。不牵于爱，不蔽于憎，不偏于喜，不激于怒，虚心端意，熟思而审处之，虽有不中者，盖鲜矣。④

另一方面，他又指出行对知的重要。他说："力行七年而后成，自此言行一致，表里相应，遇事坦然，常有余裕。"⑤许衡对行很重视。他说：

> 天下有道，行有枝叶；天下无道，辞有枝叶。愚

---

① 《鲁斋遗书》卷1。
② 《鲁斋遗书》卷2。
③ 《鲁斋遗书》卷1。
④ 《鲁斋遗书》卷7。
⑤ 同上。

谓有道则人皆修行，无道则行实既不克，必修饰言辞。圣人所谓巧言鲜仁者与？[①]

精微义理入于神妙，到致用处，是行得熟，百发百中。[②]

遵依此道而行，然用力不足，行到半途中却废弃了，此其知虽足以及之，而行有不逮，当强而不强者也。圣人自谓我却遵道而行，行必到尽处，自不肯半途而废了。[③]

许衡所说的"知"，虽然主要是指封建的纲常名教，但它也包括一些自然科学知识和文化知识。他所说的"行"，主要是说封建伦理道德的践履。当然，也包括某些对自然界和社会的考察活动。所以，许衡所说的知与行同今天我们说的认识与实践有原则的区别。但是，他强调行的重要，并在行的基础上，论述了知与行的关系，这一思想具有朴素唯物主义思想因素。在知行关系问题上，宋朝的朱熹说："知行常相须，如目无足不行，足无目不见。论先后，知为先；论轻重，行为重。"[④]以上所说的许衡的知行观，可以说是对朱熹"知行常相须"和"行为重"思想的继承和发挥。

---

① 《鲁斋遗书》卷 2。
② 同上。
③ 《鲁斋遗书》卷 5。
④ 《朱子语类》卷 9。

（五）主一、持敬

在认识和修养问题上，宋儒特别注重主一、居敬。程颐说："所谓敬者，主一之谓敬；所谓一者，天道之谓一。"[①]朱熹继承了二程这一思想，认为："敬之一字，真圣门之纲领，存养之要法。"[②]他指出，只有"居敬"，才能"收拾得自家精神在此，方看得道理尽"[③]。宋儒所谓的"居敬"、"主一"，就是要心有所主，不能放松，也就是要人们通过"诚意"、"正心"、"修身"、"涵养"、"静坐"、"内省"，以达到对先验的"天理"的认识。

许衡继承了程朱理学主一、居敬思想，在认识和修养中也强调主一、持敬。他说：

> 圣人之心如明镜止水，物来不乱，物去不留，用工夫，主一也。主一是持敬也。
>
> 东莱尝云：南轩言心在焉，则谓之敬。且如方对客谈论而他有所思，虽思之善亦不敬也。才有间断便是不敬。凡事一一省察，不要逐物去了，虽在千万人中常知有己，此持敬大略也。[④]

---

① 《二程遗书》卷 15。
② 《朱子语类》卷 12。
③ 同上。
④ 《鲁斋遗书》卷 1。

许衡认为，主一就是持敬。他所说的主一、持敬，虽继承自程朱，但他的思想与程朱略有不同。他的主要意思是说，在认识与修养过程中，人心不要为外物所干扰，思路不要间断，要在千万人中把握住自己，不要随波逐流。这一思想，有一定的合理因素。

（六）合小智而成大智

战国时期的庄子（约前 369—前 286）曾说："吾生也有涯，而知也无涯。以有涯随无涯，殆已。"[①]他认为，人的生命是有限的，而知识是无限的，以有限的人生去追求无限的知识，是很难的。在中国历史上，不少哲学家想解决这一问题，但都没有达到目的。许衡在对认识论的探讨中，也接触到这方面的问题，并提出自己的见解。他说：

> 寡则易知，众则难知。难知，非不智也，用智分也；易知，非多智也，合小智而成大智也。[②]
>
> 有虞帝舜，他是大智的圣人，他凡遇事物之来，好要访问，虽闻浅近的言语也，好要审察，若所言不好的，便隐而不发，若言语好的，便称扬于众。不但如此，于那好言语中间又执持两端，自家度量，取其合着中道的用之。这是大舜不自用其知，取众人之知以为知。此知之所以无过不及，而道之所以

① 《庄子·养生主第三》。
② 《鲁斋遗书》卷 7。

行也。[1]

在这里，许衡提出“合小智而成大智”和“取众人之知以为知”的思想，企图用社会众人的力量解决有限的人生与无限的知识的矛盾问题，这同过去历史上把认识局限于讨论个人的知行关系相比，具有更深刻的积极意义。

（七）圣人生知与圣人不尽知

圣人生知问题，是中国哲学史上一个古老的命题。春秋末期孔子曾说：“生而知之者，上也；学而知之者，次也；困而学之，又其次也；困而不学，民斯为下矣。”[2]在这里，孔子把人的“知”分为“生知”、“学知”、“困知”、“困而不学”四等。自孔子以后，“圣人生知”一直是哲学家们讨论的重要问题。在这一方面，许衡是坚持“圣人生知”说的。他说：

> 天运时刻不暂停，圣人明睿所照见于无形，非常人智虑所及者。……唯圣人言语，万世无弊。[3]
>
> 天下至诚的圣人，清明之躬无一毫私欲之蔽，凡事物之来，吉凶祸福他都预先晓得。[4]

---

① 《鲁斋遗书》卷 5。
② 《论语·季氏》。
③ 《鲁斋遗书》卷 1。
④ 《鲁斋遗书》卷 5。

他认为，圣人之所以“生知”，是因为他把自己所固有的良知良能加以扩充，“扶接将去”。他说：

> 圣人是因人心固有良知良能扶接将去，他人心本有如此意思，爱亲敬兄，蔼然四端，随感而见，圣人只是与达推扩，就他原有的本领上进将去，不是将人心上原无的强去安排与他，后世却将良知良能是斫丧了，却将人性上原无的强去安排裁接。①

这是说，圣人之所以具有先知之明，是由于先天所固有的良知良能扩充的结果。他的“知”，不是来于客观存在，而是来于先验的“良知良能”。这显然是先验论思想，但是，许衡又认为，即使是圣人，也不是什么事都能知的。他说：

> 虽至愚的夫妇，他也有个自然之良知，不待学而知者，若论到那全体至极处，虽生知的圣人也有不知之处。②
>
> 这君子之道，若论到那全体至极处，不止圣人不知不能，虽天地也有不能尽处。③

在中国历史上，圣人生知是与圣人全知全能思想联系在一起的，虽然王充（公元 27 年—约公元 97 年）等人对这些

① 《鲁斋遗书》卷 1。
② 《鲁斋遗书》卷 5。
③ 同上。

思想作过批判，但这些思想在思想界的影响仍很大。许衡提出圣人也不能全知全能的思想，给圣人生知打开一个缺口，具有积极的意义。

（八）"辩说"

许衡撰《辩说》一文，讨论逻辑问题。"辩"含有争辩、辩说（论证）二义。尚辩思想发端于墨子（约前468年—前376年）。然而，对"辩"作专门研究的，实始于惠施（约前370—前318年）、公孙龙（约前320—前250年），所以以他们为代表的名家有"辩者"之称。后期墨家，对"辩"作了精细的研究，规定了"辩"的任务为："夫辩者，将以明是非之公，审治乱之纪，明同异之处，察名实之理，处利害，决嫌疑焉。"[①]提出了"辩"的原则为"摹略万物之然，论求群言之比"[②]。此外，对"辩"的思维形式（名、辞、说）与基本方法（"以类取，以类予"）作了探讨。荀子（约前298—前238年）则总结名、墨"辩"与"说"思想，把"辩"与"说"连称，意为推理、论证。许衡撰《辩说》一文，从其内容看，是谈推理、论证的逻辑问题。其主要思想有：

1. "辩"的目的是"信"

他说："辩欲其信也，辩而后信未若不辩而信；辩而不信尤不若不辩之为愈也。"[③]这是说，"辩"的目的是为了把问题

① 《墨子·小取》。
② 《鲁斋遗书》卷8。
③ 同上。

搞清楚，不产生怀疑，如果不“辩”就能搞清楚问题，那就不必去“辩”；如果通过“辩”还搞不清问题，仍然产生怀疑，那不如不去“辩”为好。

2. “辩”的要领是“自克”

他说：“辩之要在于自克，自克则喻，喻则无事于辩矣。”[①]这是说，“辩”的要领是自己能说服自己，只有自己能说服自己，才能把问题搞明白，问题搞明白了，那就不需要去“辩”了。

3. “辩”的原则和方法有：

(1) “偶或未喻，则尽其心善其性以悬道(导)之，犹或未喻，不强也。”[②]

这是说，在与别人讨论、辩论问题时，当别人搞不清楚你所讲的问题时，要善意地开导、比喻，帮助别人搞清楚问题，经过你的开导、比喻后，别人还搞不清楚时，那要适可而止，不要强加于人。

(2) “幸而开悟则为美而加敬焉，晦其迹使人不知其出于己也。”[③]

这是说，在与别人讨论、辩论问题中，对方通过你的言论有所开悟时，你更要谦虚谨慎，对对方更加赞美和尊重，不要宣扬自己。

(3) “得已而不肯自已者，是易言也。易言则难信，难信则人亦不信；病其不信也，力辩之，辩之愈力而愈不信，较

① 《鲁斋遗书》卷 8。

② 同上。

③ 同上。

胜不已而至于忿，争敌日益多，力日益困，至其败也。”[1]

这就是说，在与别人讨论、辩论问题中，该停止时不停止，就要出现轻浮之言，轻浮之言一出现，别人就更难信服你，别人愈不信服你愈要辩，这样下去，树敌越来越多，你的力量愈感到不足，结果就要遭到失败了。

同《辩说》的思想相联系，在《王生名字说》中，许衡还谈到推理问题。他说：“诚能因其所已知扩其所未知，因其所已能而推其所未能。”[2]他认为，人们可以用逻辑推理的方法，通过所已知的知识认识所未知的知识，通过所已能而掌握所未能。他的推理思想是十分明确的，难能可贵。

名辩思想在我国战国时期颇为盛行，但战国以后，没有得到充分的发展。许衡继承我国名辩思想的传统，撰写《辩说》一文，提出比较丰富的逻辑思想，特别是对“辩”的原则和方法问题提出了一些具有独到之处的见解，对我国逻辑思想的发展，作出了积极的贡献。

在认识论上，许衡没有建立起严密的思想体系。但他探讨的范围是相当广泛的。其思想表现出明显的二重性。一方面，由于他把先验的“理”作为认识的目标，主张诚为贵和圣人生知，使他的认识论表现出明显的先验论倾向；另一方面，由于他注重“行”，重视感性认识，又使他的认识论具有一定的唯物主义思想因素。许衡认识论的难能可贵之处，是他把“行”提到比较高的地位，并提出“合小智而成大智”和“取众人之知以为知”的光辉命题。这些思想，为人类认识的

① 《鲁斋遗书》卷 8。
② 同上。

发展，提供了新的真理颗粒，具有积极因素。

三、方 法 论

我国历史上朴素辩证法思想十分丰富，许衡继承了我国古代朴素辩证法的思想传统，并总结了自然和社会发展变化的经验，其朴素辩证法思想也相当丰富。

（一）“天下皆有对”的矛盾论

“有对”是中国哲学史上用来表达事物的矛盾性的范畴。事物的矛盾法则，即对立统一的法则，是自然界、社会和思维的根本法则。在我国哲学史上，关于事物的矛盾性的思想产生很早，早在商周之际产生的《易经》一书中，就已出现了阴(--)阳(—)的观念，把阴阳对立看作是宇宙间的根本对立。记载春秋时代历史情况的《国语》中，就记载了伯阳父论地震的著名言论，他把地震看成是阴阳两气作用的结果。春秋时期的《左传》，也提出“物生有两”[①]的矛盾命题。接着《老子》一书中对矛盾学说作了比较系统的论述。“有对”一词，《老子》、《易传》中都已出现，但作为矛盾范畴加以运用，实际上是从宋代的张载开始。张载提出：“有象斯有对，对必反其为。”[②]认为客观现象是对立相争的。程颢也认为，“天地万物之理，无独必有对，皆自然而然，非有安

① 《左传·昭公二十八年》。
② 《正蒙·太和》。

排也。”[1]南宋的朱熹继承张载、二程的思想，对矛盾学说加以发挥，提出矛盾的普遍性和复杂性问题。他说：“虽说无独必有对，然独中又自有对。”[2]许衡继承了宋儒的思想，对事物的矛盾性有较深的认识。他认为，“天下皆有对”，“大事小事虽秋毫未尝无对，人为不善便有凶祸相对”[3]。他还从不同的方面对事物的矛盾性加以论述。他说：

> 事物形虽同，中间势各异。[4]
>
> 天道二气，此一气消缩，彼一气便发达，此一气来，彼一气必往，无俱往并发之理。阴气之长，阳便伏，又严霜以肃之，使阳必伏。[5]
>
> 物产天地间，精粗据两偏。两偏互倚伏，一气常周旋。[6]
>
> 然委付一事，实为不可而其间节目又少有可，不可焉其可者已。在不可之中，不得为可其不可者，是又不可之不可者也。[7]

这里所说的“有对”、“各异”、“阴阳”、“两偏”、“可”与“不可”等，都是讲事物的矛盾性。他认为事物的矛盾表现于

① 《二程遗书》卷 11。
② 《朱子语类》卷 95。
③ 《鲁斋遗书》卷 2。
④ 《鲁斋遗书》卷 11。
⑤ 《鲁斋遗书》卷 2。
⑥ 《鲁斋遗书》卷 11。
⑦ 《鲁斋遗书》卷 7。

各个方面，所以说："天下皆有对。"即认为矛盾充满于世界。

（二）"阴阳刚柔相胜"的矛盾斗争和矛盾转化论

许衡认为，天下事是处于"刚柔相胜"的矛盾当中。他说：

> 天下事大抵只是阴阳刚柔相胜，前人谓如两人角力相抵，彼胜则此负，此胜则彼负。但胜者不能止于其分，必过其分然后止；负者必极甚然后复，各不得其分所以相报复，到今不已。……两人相角，能避其锋乃胜。①
>
> 两刚则不能相下，两柔则不能相济，物理是如此，阴阳亦如此。事之初，智勇者相合相资，事既定则相忌，到后来勇与怯者合，智与愚者合。又两雄难并居，久则忌。卓茂为大傅，理应如此。功臣多难全，不知时也。②

他认为，矛盾双方处在"角力相抵"的斗争之中，"彼胜则此负，此胜则彼负"，它们决不会永远保持平衡——"分"，"必过其分而后止"，即最终总是一方战胜另一方，打破这个平衡——"分"。任何矛盾，都是通过斗争而向另一方转化。他说：

---

① 《鲁斋遗书》卷 2。

② 同上。

事物形虽同，中间势各异。推迁无宁期，倏忽几易位。

用晦则日益明，外露则日益蔽。①

这里所说的“倏忽几易位”和晦则明、露益蔽等，都包含有矛盾转化的意义。

（三）“各有一件为主”和两物相依必立“椿主”的矛盾主辅说

许衡在探讨矛盾时，对主要矛盾和矛盾的主要方面有一定的认识。首先，他认为，在许多事物中总有一件为主；在许多矛盾中，总有一个矛盾是主要的。他说：

父道有阙，为子者当始终敬慎，三年无改父之道，可谓孝矣。在三年时方以恻怛哀慕为心，不暇改也，此以仁字为主。三年哀毕，视其所阙，徐而正之，以合于义，此以义字为主。天地间事如四时五行，各有一件为主，其他皆相辅以行，每事须观在何时便当，以一件为主。②

在这里，他提出事物或矛盾有主有辅的问题，并且提出，事情何时进行便当，要看主要矛盾而定。这一思想，是相当

① 《鲁斋遗书》卷 11。
② 《鲁斋遗书》卷 2。

精辟的。其次，他又认为，“两物相依附，必立一个做椿主”，即认为矛盾双方必有一个主要方面。他说：

两物相依必立一个做椿主，动也静也，圣人定之以中正仁义而主静，以静为主。内外也，上下也，本末也皆然，无物不相依附者。辨方正位，体国经野，是正外以正内也。今夫席不正不坐，事其大夫之贤，友其士之仁，外面检束使不致不正，这是从外以及内，却有由中以正外。如心正而后身修，身修而后家齐，此内外交相养也。亦必相辅成德，然必以心为主。①

凡阴阳消长皆始于下，故得下则长，失下则消。自始少而至长极，凡八消。则始消而至消尽，凡八长。盖消之中复有长焉，长之中复有消焉。长中之消，其消也渐微，消中之长，其长也亦渐微。②

他这里所说的“两物相依必有一个椿主”以及“长中之消其消也渐微，消中之长其长也亦渐微”，都是说矛盾双方必有一方为主要矛盾的意思。

（四）“刚柔相济”的矛盾和解论

许衡强调矛盾斗争“刚柔相胜”，但他又主张矛盾和解，

① 《鲁斋遗书》卷2。
② 《鲁斋遗书》卷6。

“刚柔相济”。他说：

> 君臣相得而刚柔相济，相得而内无难，相济则有成功。①
>
> 盖上下之交，内外之际，非平易安和之所也。故在《乾》则失于刚暴，在《坤》则失于柔邪，《震》动而无恒，《巽》躁而或屈，《离》与《艮》明止于一偏，《坎》与《兑》险说至于过极，皆凶之道也。然《乾》之健虽不中也，犹可胜任《坤》之顺。……以阴处阳，以柔乘刚，不正不中，悖忤时义，其义凶也。②
>
> 凡阳本吉，凡阴本凶。阳虽本吉，不得其正则害乎吉矣，得正矣，不及其中亦未保其吉也。当位居中能趋时义，然后其吉乃定。③

他又引用孔子的话说：“政宽则民慢，慢则纠之以猛，猛则民残，残则施之以宽，宽以济猛，猛以济宽，政是以和；斯不易之常道也。”④

他认为，单讲“猛”、“刚”、“阳”或单讲“宽”、“柔”、“阴”都是不行的，只有“刚柔相济”、“以阴处阳”、“以柔乘刚”、“宽以济猛”、“猛以济宽”才是天下“不易之常道”，他认为，“圣人以中道公道应物而已”⑤。他主张“刚柔相济”是

---

① 《鲁斋遗书》卷6。
② 同上。
③ 同上。
④ 《鲁斋遗书》卷1。
⑤ 同上。

着眼于矛盾的解决，而不在于矛盾的调和，所以，他这一思想并没有归结为矛盾调和论。他认为，“刚”、“阳”“有为”，“刚健则易行”，“刚健有可久”，所以，他主张在“刚柔相济”、“以阴处阳”中，要以刚、阳为主。他说：

以阳居之才可以有为矣，或恐其不安于分也，以阴居之不患其越也，或恐其懦弱昏滞未足以趋时也。四时之应否亦类此义。大抵柔弱则难济，刚健则易行，故诸卦柔弱而致凶者其数居多。①

又上卦之初，未至过极，故多为以刚用柔之义，以刚而用柔是有才而能戒惧也。②

夫刚健有可久之义，得中则有适时之义，兼二者而行，虽无应可也。③

任何矛盾，都是对立面的统一，都是既统一又斗争，而斗争是绝对的，统一是相对的。许衡的“刚柔相济”思想，主张“以阴处阳”、“以柔乘刚”、“宽以济猛”、“猛以济宽”，有过度地强调同一、调和的形而上学倾向。但是，由于他强调矛盾斗争，在“刚柔相济”、“以阴济阳”中主张以“刚”、“阳”为主，其着眼点在于矛盾的解决，所以，它仍然具有朴素辩证法的思想因素。

① 《鲁斋遗书》卷6。
② 同上。
③ 同上。

（五）“随时变易”的运动变化观

许衡认为，由于“天地二气相推”，“迁故恒久”，一切都处在运动变化之中，“随时而易”①。他说：

> 天无不覆，地无不载，大化流行，万物并皆生育于其间，大者大，小者小，各有生意而不相侵害，四时错行，日月代明，同运并行于天地间。一寒一暑，一昼一夜，似乎相反而实不相违悖。就其不害不悖说，是全体之分。如川水之流，脉络分明，而相继不息；就其并育并行处说，敦化纯一，根本盛大而流出无穷天地之道。②
>
> 花谢花开，时去时来，福才慰眼，祸已成胎。③

许衡把宇宙万物看成是不断变化的过程，这种变化，表现于“大化流行”、“四时错行”、“日月代明”、“一寒一暑”、“一昼一夜”、“川水之流”、“相继不息”等各个方面。他认为，一元之气的变化不仅表现于四时，而且表现于人，人处于从婴儿、少壮、老耄到死亡的变化之中，即所谓人生四变。他又说：

---

① 《鲁斋遗书》卷2。
② 《鲁斋遗书》卷5。
③ 同上卷11。

> 盖天地之为物，只是个诚一不贰，所以能常久不息，四时运行发育万物，有不可得而测度者。①

由于二气相推，宇宙间大化流行，天地万物处在不断运动变化之中。由于不断的运动变化，事物处于“日新日日新又日新”。他说：

> 说为人君的着实能一日之间洗去那旧染之污以自新，则当因这已新的而日日新之，又无时不新之，工夫不可略有些间断，这便是荀子“日新日日新又日新”。②
>
> 天有寒暑昼夜，物有生荣枯瘁，人有富贵贫贱。风雨露雷，无非数也。富贵福泽贫贱忧戚，亦无非数也。此天地所以造化万物，日新无敝者也。③

许衡从二气相推、大化流行引出宇宙万物不断运动变化的思想，又从宇宙万物不断运动变化思想中引出日新日日新又日新的结论，从而把宇宙万物看成是一个不断运动变化、丰富发展的过程。这一思想，具有丰富的朴素辩证法思想因素。

---

① 《鲁斋遗书》卷 5。
② 同上卷 4。
③ 同上卷 1。

（六）“日取其半，万世不竭”的变化无尽论

许衡不仅认为宇宙万物是不断运动变化、丰富日新的，而且气的变化是无穷尽的。他说：

> 积而至于九，至于十二，以至于无穷。则所谓纯阳纯阴者，正如一尺之箠，日取其半，万世不竭，其细微之极，非时不可取，而得也不可视而见也。是知天下古今未有无阳之阴，亦未有无阴之阳。此一物各具一太极，一身还有一乾坤也。[①]
>
> 天道二气，此一气消缩，彼一气便发达；此一气来，彼一气必往。[②]

在物质世界的发展中，具体事物有始有终，但物质并没有始终。许衡在宇宙万物运动变化、丰富日新思想的基础上，提出物质的气发展没有穷尽的见解，这一思想是很精辟的。

在方法论方面，许衡并没有建立系统的全面的思想体系，但他的矛盾观和运动变化、日新、无穷思想，却具有独到之处。矛盾即对立统一，指事物内部对立着的诸方面之间的互相依赖又互相排斥的关系。矛盾存在于事物发展的一切过程中，又贯串于一切过程的始终，是一切事物发展和变化的根本原因。在我国古代，矛盾观、变化观等朴素辩证法思想是很丰

① 《鲁斋遗书》卷 6。

② 同上卷 2。

富的，但是，由于他们受着时代的限制，其辩证法思想不是完全从对自然发展规律、社会发展规律和思维发展规律的概括和总结中得出结论，而是具有相当大程度的直观、猜测和解经的性质，因此，他们不可能解决矛盾同一的相对性和斗争的绝对性以及它们之间的辩证关系的问题，不可能认识到矛盾双方面的转化必须有一定条件的问题，也不能解决发展变化的动力问题，因此，他们的辩证法思想不能摆脱形而上学的影响，带有朴素的性质。许衡的辩证法思想也是如此，但是，他在肯定“天下皆有对”的基础上，对矛盾的斗争与转化问题、矛盾的主辅问题、矛盾的刚柔相济等问题展开了讨论，通过这些论述，使中国哲学史上的矛盾观进一步深化。在运动变化思想方面，虽然其思想展开得不够，但他提出“日新日日新又日新”的思想和气发展无穷尽的思想，使运动变化思想向更高度发展。所以，我们认为，许衡在方法论方面，有些问题表现出发前人所未发，论前人所未论，具有独到之处。他这些思想，对于我国朴素辩证法的丰富和发展，具有重要的意义。

四、人　性　论

人性论是中国哲学史上哲学家们探讨的重要问题之一。孔子提出“性相近也，习相远也”[①]的思想，开了我国人性论思想讨论的先河。孔子在这一思想中，虽然没有说明人的普遍的共同本质是什么，但他指出，人的共同本质（“性”）

---

① 《论语·阳货》。

是“相近”的，是由于后天的“习”（学习和环境的影响）才拉开了距离（“相远”）。这一思想，已接触到人性问题。孔子以后，学术界以孔子的人性论为基础，对人性问题作广泛的探讨，提出了不同的见解并展开争鸣。战国时期，孟子的学生公都子在同孟子讨论人性问题时，已经列举了四种不同的人性说，即性无善无不善说、性可以善可以不善说、有性善有性不善说、性善说。在这四种人性说中，以孟子的性善论影响最大。战国末年，又产生了荀子的性恶说，对思想界发生巨大的影响。在先秦，所谓“性”，一般是指人的自然属性或伦理道德范畴。到了汉代，董仲舒（前197—前104）为了论证封建等级差别的合理性，把人性分为三等，认为“圣人之性，斗筲之性，又不可以名性；名性者中民之性”[①]。董仲舒所提出的人性说，实际上是从维护封建等级制度出发，对历史上人性论的综合。唐代的韩愈（公元768—公元824）基本上是继承董仲舒的“性三品”说，不过，他对“性三品”说作了一些修正和补充，提出性与情的关系问题，认为善恶的根源在于性，而表现善恶则由于情。韩愈这一思想，为李翱（公元772—公元841）所发挥而提出性善情恶说。李翱认为，每一个人的性都是先天地符合封建道德准则的，只是因为感情的干扰才使人的善性得不到扩充，产生了恶。这些思想，成为宋儒的人性论之先导。在人性问题上，宋代理学家二程、朱熹等人的突出特点，就是把人性分为“天命之性”和“气质之性”，并在这一基础上提出“心统性情”、“道心”与“人心”、“天理”与“人欲”等问题，为封建纲常名教作论证，为

① 《春秋繁露·实性篇》。

地主阶级维护封建专制统治提供理论根据。许衡的人性论，可以说是对程朱理学的直接继承。

（一）本然之性与气禀之性

许衡继承朱熹的天理观和人性论，认为“性”是“虚”与“气”相结合的产物。他说：

> 合虚与气有性之名，虚是本然之性，气是气禀之性。又曰：仁义礼智信是明德，人皆有之，是本然之性，求之在我者也，理一是也。贫富贵贱死生修短祸福禀于气，是气禀之命，一定而不可易者也，分殊是也。又曰：性者即形而上者，谓之道，理一是也。气者即形而下者，谓之器，分殊是也。[①]
>
> 天生人物，既与之气以成形，必赋之理以为性。[②]

在这里，他从“合虚与气有性之名”的思想出发，把人性分为“本然之性”与“气质之性”。所谓“本然之性”，是指“虚”，是“理一”，是“形而上之道”，亦即“人皆有之”的“仁义礼智信”等封建道德规范。他认为，“本然之性”是“天命”的，即所谓“天命之谓性”[③]，“凡言性者便有命，凡言

① 《鲁斋遗书》卷2。
② 同上卷5。
③ 同上。

命者便有性”[1]。“本然之性”虽然是天命的，但“人皆有之”，即具备于每一个人“心”中，所以说“求之在我”。所谓“气禀之性”，是“禀于气”而产生的“性”，亦即“理”被“气”干扰而形成的“性”，即“分殊”，即“形而下之器”。许衡关于“本然之性”与“气禀之性”的说法，同朱熹所说的“天命之性”与“气质之性”大致相同。但是，由于许衡强调“本然之性”“求之在我”，表现出“理”在“心”中的陆学倾向，与朱熹思想又略有不同。

许衡认为，“为恶者气，为善者是性”[2]。虽然“本然之性”是纯善的，但气是恶的，所以，当“性”与“气”结合时，就由于受“气”的影响而偏离原来的善性而成为“气禀之性”。人所表现的善恶、贤愚，正是出之于此。他说：

> 人禀天命之性为明德，本体虚灵不昧，具众理而应万事，与尧舜神明为一。但众人多为气禀所拘、物欲所蔽，本性不得常存。[3]
>
> 明德虚灵，明觉天下，古今无不一般。只为受生之初，所禀之气有清者，有浊者，有美者，有恶者，得其清者则为智，得其浊者则为愚，得其美者则为贤，得其恶者则为不肖。若得全清全美则为大智大贤，其明德全不昧也。身虽与常人一般，其心中明德与天地同体，其所为便与天地结合。此大圣人也。……

---

① 《鲁斋遗书》卷1。

② 同上卷2。

③ 同上。

> 明德止存得二三分则为下等人，存得七八分则为上等人，存得一半则为中等人。明德在五分以下的则为恶……在五分以上的则为善……①

许衡在他提出的“本然之性”与“气禀之性”思想的基础上，从“为恶者气，为善者是性”的思想出发，认为“本然之性”是纯善的，而受“气”影响的“气禀之性”，“气”的影响越多，它的恶性、愚性就越大。他甚至具体提出“明德止存得二三分则为下等人，存得七八分则为上等人，存得一半则为中等人。明德在五分以下的则为恶……在五分以上的则为善”等思想。他这种从“气禀之性”的影响出发去定人们的社会地位和善恶，这明显是命定论和抽象人性论的混合。但是，他正是从这一思想出发，提出天理与人欲、道心与人心问题，为封建地主阶级“存天理，灭人欲”提供理论根据。

（二）“心统性情”说

在许衡的思想中，心、性、理三者是一回事。有人问他：“心也、性也、天也，一理也，何如？先生（按指许衡）曰：便是一以贯之。”②为什么心、性、天、理是一回事呢？他认为，“理”在自然中的体现，称之为“天”；在人身上的体现，则称之为心、性。

从心、性、理三者“一以贯之”的思想出发，他提出

---

① 《鲁斋遗书》卷3。

② 《鲁斋遗书》卷2。

“心统性情”的思想。他认为,“性”和“情”是不相同的。他说:

> 喜怒哀乐这四件是人之情,未与物接时都未发出来,乃是人之性。这性浑然在中,不可偏倚,故谓之中。及其既与物接,这喜怒哀乐发将出来,件件都中节,无所乖戾,故谓之和。①
>
> 自其德无不实而明无不照,这是圣人之德,天性本来有的,所以叫做性。②

这是说,“天性本来有的”,“未与物接时都未发出来”,称之曰“性”;“与物接”而“发出来”,称之曰“情”。“性”具有潜在性,“情”具有显露性。“性”是纯善的,而“情”可以表现为善,也可以表现为不善。所以必须使“情”服从于“性”。

无论“性”或“情”,都统于心。“性”是“心”之“体”,“情”是“心”之“用”。他说:

> 心统性情者也。性者心之体,情者心之用也。③

许衡关于“心统性情”的思想,提出了性与情的联系和矛

① 《鲁斋遗书》卷5。
② 同上。
③ 《鲁斋遗书》卷2。

盾，并提出“心统性情”的解决办法，为他提出人心与道心、人欲与天理，以及“存天理，灭人欲”的理论奠定思想基础。

（三）人心与道心、人欲与天理

程朱理学一个重要的特色，就是在理学唯心主义的基础上，提出人心与道心、人欲与天理思想，并鼓吹“存天理，灭人欲”，为封建专制统治作论证。他说：

> 贪字有合贪不合贪，读书穷理学圣贤，做底是合贪。声色臭味发于气，人心也，便是人欲；仁义五常根于性，道心也，便是天理。①
>
> 盖人之初心本自无恶，特以利欲驱之，故失正理。其始甚微，其终至于不可救。②
>
> 人禀天命之性为明德，本体虚灵不昧，具众理而应万事……但众人为气禀所拘、物欲所蔽，本性不得常存。或发出一件善念，便有被气禀物欲之私昏蔽了。故临事对人旋安排把捉，未临事之前与无人独处，却便放肆为恶。③

他认为，人心便是人欲，道心便是天理。人心与道心、人欲与天理是对立的，人心破坏道心，人欲破坏天理，要保全

---

① 《鲁斋遗书》卷 2。
② 同上卷 1。
③ 同上卷 2。

道心和天理，必须除去人心和人欲。他强调，必须使“心德纯正，私欲净尽”①，“存天理之本然而不使之须臾离道”②。

在人性论上，许衡基本上继承了程朱理学人性论的枝干，宣扬本然之性与气禀之性（按：实指程朱所说的天命之性与气质之性）、心统性情、人心与道心、人欲与天理等思想，并以之作为封建纲常名教的理论基础。在封建社会中，封建纲常名教是充满着阶级性的，许衡同程朱一样，都是以抽象的人性论为封建的纲常名教作论证，掩盖封建纲常名教的阶级实质，为封建地主阶级加强封建专制统治服务。但是，从儒学的发展来说，他的人性论认为“本然之性”具于每个人的心中，强调“求之在我”，表现出折衷朱陆的思想倾向，具有一定的新意。同时，从接续程朱学统和维持元朝治道说，他的人性论在当时又有一定的现实意义。

五、历　史　观

历史观是人们对社会历史总的看法，是世界观的不可分割的部分。许衡把他的自然观、方法论、认识论和人性论运用到社会历史问题的考察上去，便形成了他的历史观。

（一）天命与民心

所谓“天命”，是指上帝的意志和命令。天命的观念在中

---

① 《鲁斋遗书》卷5。
② 同上卷2。

国起源很早。古人对自然和自己的命运无能为力，因而把许多事情都归之于上帝的意志和命令，而统治阶级则以天命作为自己的统治工具，认为自己是受天之命当皇帝的，是天的儿子，自称为“天子”。“天命”在殷代就很流行。《尚书·汤誓》：“有夏多罪，天命殛之。”《诗·商颂·玄鸟》：“天命玄鸟，降而生商。”周代统治者继承了殷人的天命观，但当时已有人对天提出怀疑。由于科学发展水平的限制和统治阶级的提倡，“天命”思想在中国绵延不断。西汉的董仲舒为适应汉朝巩固封建专制主义中央集权的需要，提出天人感应神学目的论，并宣称：“天命成败，圣人知之。”①宋代的理学家大多发挥天命思想，如程颢说：“言天之自然者，谓之天道。言天付与万物者，谓之天命。”②南宋的朱熹说：“命，犹令也，性，即理也。天以阴阳五行化生万物，气以成形，而理亦赋焉，犹命令也。于是人物之生，因各得其所赋之理，以为健顺五常之德，所谓性也。”③他把人们的道德观念和人性善恶说成是先于自然的禀赋。许衡继承中国历史上的天命观，特别是继承宋儒二程、朱熹的思想，仍然坚持天命论。他说：

> 民生有欲，无主乃乱，上天眷命，作为君师，必与之聪明刚断之资，重厚包容之量，使首出庶物而表正万邦。④

① 《春秋繁露·随本消息》。

② 《二程遗书》卷11。

③ 《四书章句集注》。

④ 《鲁斋遗书》卷7。

> 纣天命未改，只得为君，一日天命改便是独夫。天地阴阳都是如此，精气行到他处，便得为君为长。①

从上述材料可见，许衡的天命思想是十分明确的。他提出天命观的目的，是为了论证君主统治来自天命。他虽然主张天命，但又强调“民心”。他继承了历史上儒家重民思想的传统，并总结他一生的实践经验，对人民的力量比较重视，认为君主接受天命和保持天禄，都必须以得民心为前提，即得民心者得天下，失民心者失天下。他引孔子的话说：

> 可嘉可乐的君子，有显显之美德，在外合乎百姓的心，在内合乎百官的心，故能受天之禄为天下之主。天既从而眷顾之，又从而申重之，即是天因其材而笃之的意思。②
>
> 盖天以至难任之，非予之可安之地而娱之也。尧舜以来，圣帝明王莫不兢兢业业，小心畏慎，日中不暇，未明求暇，诚知天之所畀，至难之任。③

许衡提出天命观，但他又强调“民心”的重要，强调君主必须按照“民心”兢兢业业对付“至难之任”。这一思想，降低了天命的作用，并给他的历史观带来积极因素。

---

① 《鲁斋遗书》卷 2。
② 同上卷 5。
③ 同上卷 7。

（二）王道与霸道

孔子提出："为政以德。"①主张用道德准则作为处理政务的指导方针。与德治相联系，他又主张推行"王道"，就是以仁义治天下，以德治来管理国家。与王道相联系，我国很早就出现了"霸道"。所谓"霸道"，是指古代国君凭借威势，利用权术、刑法的统治政策。王道与霸道是古代君主统治人民互相补充的两手，它又与义利之争密切联系。在我国历史上，学术界围绕着王霸、义利问题，展开了激烈的争论。南宋时期，朱熹提出，三代是"天理流行"的王道政治时代，自三代以后就是"人欲横流"的霸道政治时代。陈亮针对朱熹这一思想进行驳斥，他指出，以为古今异道，古者不尽可以为法，则汉唐与三代无异。在这个基础上，他又提出"王霸并用义利兼行"的思想。这一思想具有进步意义。在"王道"与"霸道"问题上，许衡基本上是继承了程朱等人的思想。许衡的"德治"、"王道"思想是十分明确的。他指出，物格而后知至，知至而后意诚，意诚而后心正，心正而后身修，身修而后家齐，家齐而后国治，国治而后平天下。所以他得的结论是："一切都要把修身做根本。盖身是天下国家的根本，有天下国家之责者，能修这身，则家可齐，国可治，而天下可平矣。"②他还指出：

---

① 《论语·为政》。

② 《鲁斋遗书》卷 4。

唯仁者宜在高位，为政必以德，仁者心之德，谓此理得之于心也。①

诚敬之德足以感人，不用赏赐人而人自然相劝为善，亦不用嗔怒人而人自然畏惧，不敢为恶，如怕那铁钺一般。②

他主张"为政必以德"，实行"德治"，如何去实现呢？他提出要以圣人去行道，即行"王道"。他说：

道必待人而行，若无有这等至德的圣人，必不能凝聚这等至道。③

道有大小，必待圣人然后行得。所谓道不虚行。④

制礼作乐，必是圣人在天子之位然后可也。⑤

他这里所说的"必待圣人然后行得"的"道"，就是"王道"。他整个思想是主张"王道"，对"霸道"则持批评的态度。他说：

世之诋霸者，犹以尚功利为言，殊不知霸者之所为，横斜曲直莫非祸端。先儒谓王道之外无坦途，

① 《鲁斋遗书》卷2。
② 同上卷5。
③ 同上。
④ 同上。
⑤ 同上。

举皆荆棘，仁义之外无功利，举皆祸殃。彼诋霸者以功利，何其僭誉之深耶，斯言其至矣。[1]

他认为，霸道所为莫非祸端，所以，单从功利的角度批评霸道是不够的，这样的批评不可能深刻。他对霸道问题虽然讨论不多，但这一思想是很明确的。

是奴隶们创造历史，还是少数英雄、天才人物创造历史，这是历史唯物主义与历史唯心主义的一个基本的分界线。许衡对"霸道"持批判态度，坚持儒家的"德治"、"王道"思想，提出"道""必待圣人而后行"，鼓吹王道政治，这实际上是主张少数英雄、天才人物创造历史，很显然，这是一种唯心主义的历史观。

（三）"数"和"变"与"一治一乱"

在历史观上，许衡提出"数"与"变"的思想。他说：

五帝之禅，三代之继，皆数然也。其间有如尧舜有子之不肖，变也。尧舜能通之以揖逊，而不能使己子不丹、朱商均。汤武遇君之无道，变也。汤武能通之以征伐，而不能使夏商之无桀纣。圣人遇变而通之，亦惟达于自然之数，一毫之己私无与也。[2]

---

① 《鲁斋遗书》卷 8。
② 《鲁斋遗书》卷 1。

这里所说的“数”是指必然，具有规律的意义，而“变”是指权宜之变动。他还认为，“变而通”，通过“变”而“达于自然之数”。许衡说“数”与“变”，虽然有必然和变动之意，但是，作为一个古代思想家，他不能正确地认识群众是真正的英雄与阶级和阶级斗争问题，所以，他不能真正地认识社会历史的发展及其规律性问题。因而在考察社会历史的运动时，却提出“一治一乱”循环的历史观。他说：

> 曾谓天下古今一治一乱，治无常治，乱无常乱，乱之中有治焉，治之中有乱焉。乱极而入于治，治极而入于乱。乱之终治之始也，治之终乱之始也。治乱相寻，天人交胜。天之胜，质掩文也，人之胜，文胜质也。天胜不已则复而至于平，平则文著而行矣。故凡善恶得失之应无妄然者，而世谓之治。非一日之为也，其来有素矣。人胜不已则积而至于偏，偏则文没不用矣。故凡善恶得失之迹若谬焉者，而世谓之乱。乱非一日之为也，其来有素矣。析而言之，莫非命也。命之所在，时也时之所向，势也。势不可为，时不可犯，顺而处之，则进退出处穷达得失，莫非义也。古之所谓聪明睿智者，唯能识此也。所谓神武而不杀者，唯能体此也。①

在这一大段话中，许衡指出历史有时有势，主张人们顺

① 《鲁斋遗书》卷9。

时势而动，反对横加己意去揠苗助长。他认为，一切“聪明睿智者”、“神武而不杀者”，都能认识到这个问题，即所谓识时势者惟睿杰。他这一思想具有合理因素。

在谈到人与时势的关系时，他提出文质关系的问题。认为“天人交胜，天之胜质掩文也，人之胜文胜质也”。文质的问题，是孔子早已提出并加以论述的问题，实质上是讲形式与内容的关系。孔子强调形式与内容的统一。许衡这里所说的文质关系，也是讲质地与文彩的关系，但他是用文质来说明“天人交胜”问题，并且认为“天之胜质掩文”，即“天胜不已则复而至于平，平则文著而行”；“人之胜文胜质”，即“人胜不已则积而至于偏，偏则文没不用”。很明显，许衡这里提出文质问题，是为了说明“一治一乱”的历史观，认为“平”（治）的时候“文著而行”，“偏”（乱）的时候“文没不用”。许衡这一思想，同孔子的文质统一思想不完全相同。

历史经验证明，人类历史是不断向前发展的。像任何事物发展都不是直线地上升一样，人类历史发展也是复杂的、曲折的，是螺旋式的，但它归根结底总是不断地向前发展。而且这个发展是有规律可循的。许衡把社会历史的发展，看成是周而复始的运动，并把它归结为“一治一乱”，“治无常治，乱无常乱”，“乱极而入于治，治极而入于乱”，否认社会历史发展是由低级到高级、由简单到复杂的螺旋式的上升运动，从而陷入历史循环论和历史唯心论。

（四）对历史人物的评价

许衡在对历史进行考察中，对不少历史人物作了评价，特别是对文王、孔子、卫武公这几位历史人物作了全面的评价。在这里，我们有必要从许衡评价历史人物的观点中，探讨许衡的历史观。

1. 对文王的评价

文王名姬昌，是我国西周王朝的奠基者。许衡把他说成与天地一体的大圣人。许衡说：

> 夫天道不已，文王纯于天道亦不已，可见天与圣人同一至诚无息之道也。①
>
> 文王之德穆穆然深远……文王为国君时，管着百姓每，他件件事都尽得那仁爱的道理，无一个人不得其所，所以说为人君止于仁。
>
> 文王为人子时，服事他父母早起晚息，念念不忘，尽得那个孝顺的道理，所以说为人子止于孝。
>
> 文王为人父时，抚养他儿子教训成就，都做个好人，尽得那慈爱的道理，所以说为人父止于慈。
>
> 文王与国人交接时，言语无一些虚作，所行事都件件着实，都尽得那信的道理，所以说与国人交止于信。
>
> 文王、武王之所以使人思慕不忘者，因他盛德至善的余泽及于后世……为百姓的，含哺鼓腹，安享太平之乐；耕田凿井，安享自然之利……②

① 《鲁斋遗书》卷 5。
② 《鲁斋遗书》卷 4。

他认为，文王是一个与天地同体的圣人。他之所以成为这样的圣人。这是因为：第一，他纯于至诚无息的天道；第二，他具有仁、孝、慈、信等伦理道德，是一个道德高尚的人；第三，他至善的余泽及于后世，使老百姓能“含哺鼓腹”地过太平日子；第四，他的功业为老百姓“思慕不忘”，为老百姓所拥护。

2. 对孔子的评价

孔子（前551—前479）是儒家学派的奠基人，是我国古代伟大的思想家、教育家和政治家。许衡对孔子的评价是：

> 帝王之道惟尧舜为极至，孔子则近宗其道；帝王之法惟文王为备，孔子则近守其法。天运有四时不同，孔子则法其自然之运。①
>
> 孔子之德广厚高明，辟（按：即譬）如那天地一般无有一物不持载于上，也无有一物不覆帱于下。孔子之德悠久盛大，辟如那四时之气交错运行无有差忒，辟如那日月之明昼夜更代无有穷已。②
>
> 圣人之德充积既极其盛，发见又当其可，是以佳声美名充满中国……日月之所照临，霜露之所坠落的去处，凡有血气而为人类者，一一尊之为君王，无有不敬的。③
>
> 于天地之化育，阴阳屈伸，形色变化，皆默契

---

① 《鲁斋遗书》卷5。
② 同上。
③ 同上。

于心，浑融而无间，故知天地之化育。[①]

许衡把孔子说成是继承尧舜文武道统的大圣人。这是因为：第一、宗尧舜之道，传文王之法，道德广厚高明；第二、法其自然，知天地之化育；第三、影响大，遍于日月所照；第四、为群众所拥护，凡有血气而为人类者，一一尊之为君王。

3. 对卫武公的评价

卫武公为春秋时期卫国的国君。许衡说：

卫武公他学问工夫譬如治骨角的，既切以刀锯，又磋以鑢钖。他自修工夫譬如治玉石的，既琢以椎凿，又磨以沙石，是说他治之有绪而益致其精的意思。

卫武公德之存于心的，瑟然严密而不粗疏，僩然武毅而不怠弛。

卫武公真是个有文章的君子，他德泽感人之深，人都仰慕他，虽岁月久远，终是忘他不得。

卫武公学问工夫已精，而益求其精。

卫武公修身工夫已密，而益求其密。

卫武公为学工夫已到自然，有那战惧的意思常常存在心里。

卫武公有是盛德至善，深入百姓的心，百姓每到老也忘他不得。[②]

---

① 《鲁斋遗书》卷 5。
② 《鲁斋遗书》卷 4。

许衡从道德、修身、为学和在群众中的影响来评价卫武公，从而对卫武公加以赞美。

4. 对春秋其他一些历史人物的评价

> 春秋上下二百余年，其中人才有一节一行之可称者，固难以指而数。若夫宏硕之器，明敏之识，端实之行，正大之议论，未尝不相望于世。今试举其材美之著者言之，如齐之鲍叔、管仲，晋之舅犯、先轸、郤克、赵衰，宋之华元，楚之子文、蒍贾，秦之百里奚，郑之子产，吴之季札，此数辈者，皆足以尊主而庇民，皆足以捍灾而制变，皆足以继绝世兴治平。若较之三代王佐之才，固未可同日语，若求之汉唐全盛之际，未见出其右者。①

除上面所述对文王、孔子、卫武公的比较详细的全面的评价外，他又列举了鲍叔、管仲、舅犯、先轸、百里奚、子产等十余人加以评价。他从尊主而庇民、捍灾而制变、继绝世兴治平、王佐之才等方面，对这些人的历史功绩加以肯定。

从以上许衡对文王、孔子、卫武公、管仲、百里奚、子产等历史人物的评价看，他对这些历史人物作肯定的评价，所坚持的标准，主要有以下几点。

（1）从继承尧舜文武的道统和与天地为一体来肯定他的地位和作用；

（2）从伦理道德广厚高明上来肯定他们的地位；

---

① 《鲁斋遗书》卷1。

（3）从为学修养和知识才能上来肯定他们的地位；

（4）从“庇民”、“捍灾”、为民造福上来肯定他们的地位；

（5）从“王佐之才”和继绝世、兴治平上肯定他们的地位；

（6）从社会影响巨大、余泽及于后世上来肯定他们的地位。

对于历史人物的评价，必须把他放在他当时所处的历史条件下，从他所面临的历史实际出发，看他的言论和行动，对生产力发展、社会进步和人民生活的改善是起积极作用，还是起消极作用。从上面论述可见，许衡把“庇民”、“捍灾”、为民造福作为评价历史人物标准之一，是有一定积极意义的。

哲学史是人类认识发展的历史，从我国的认识发展来说，许衡的哲学思想，是我国朴素唯物主义发展的最后一个圆圈中，从程朱理学到王阳明心学的过渡环节。在哲学上，许衡基本上是继承程朱理学的框架，但是，在新的历史条件下他所作的努力，又使他的思想表现出一定的新意。首先，在自然观方面，在当时折衷朱陆思想潮流的影响下，他的思想具有折衷朱陆的倾向，表现出以陆补朱的特点；同时，他接续程朱学统，阐发和宣传程朱理学，对于元朝建立治道、继承传统文化具有一定的现实意义。其次，在认识论方面，他注重“行”，重视感性认识，并在探讨认识的发展中，提出“合小智而成大智”和“取众人之知以为知”的思想，这些思想，具有一定的积极因素，为人类认识发展提供了新的真理颗粒；在方法论方面，他继承我国朴素辩证法的思想传统，对矛盾观作了比较深入的分析，并提出了“日新日日新又日新”的思想和气发展无穷尽的思想，对我国朴素辩证法的发展，作出了积极的贡献;在历史观方面,他把“庇民”、“捍灾”、为民造福作为评价历史人物的标准之一,具有一定的积极因素。因此,我们认为,尽管许衡的哲学体系是客观唯心主义,但是,从认识发展来说,他的哲学思想又具有一定的积极因素,对人类认识的发展提出某些真理的颗粒。

第三章　政治思想

许衡的后半生，正处在蒙古贵族征服整个中国，并建立元朝封建统治的时代。蒙古族在进入中原以前，虽然已进入封建制社会，但它的经济、政治、文化都比汉族落后。同时，他们历来处于游牧生活，同向来以“礼义之邦”著称的汉族广大的统治地区在生活习惯和行为风格上迥然不同。如何有效地建立治道，当时成为元朝最高统治者忽必烈面临的一个十分重要的问题。适应着这一历史需要，许衡通过《时务五事》等上疏，向忽必烈提出以爱与公得天下心和行汉法的立国规模，并提出执礼、守法、用人、践言、防欺、去邪、得民心、顺天道、重农桑、办学校等治道措施，还亲自指导宰相安童，参与制订朝仪和官制，主持制订历法。他所做的这一切，为元朝巩固和加强封建统治起了重要作用。他是元王朝，也是中国历史上杰出的政治家。

下面，我们从以爱与公得天下心、行汉法、正君践言、用人立法、定分守礼、防欺去邪以及齐家治国平天下等方面，对他的政治思想加以论述。

一、以爱与公得天下心

元朝的统治者在马背上取得了中国的统治权，但决不能在马背上巩固其统治，许衡深深地认识到这一点，他认为，“民志定则不乱，下知分则上安。夫天下所以定者，民志定也。”他指出，民志既定，“则士安于为士，农安于为农，工商安于工商，而在上一人有可安之理。”如果民志无定，则“民不安于白屋，必求禄仕，士不安于卑位，必求尊荣。四方万里辐辏并进，各怀无厌无耻之心，在上之人可不为寒心哉！”[①]所以，许衡认为，必须得天下心才能得天下，安得天下人心，必须施与爱与公。他说：

> 古今立国规模虽各不同，然其大要在得天下心。得天下心无他，爱与公而已。爱则民心顺，公则民心服，既顺且服，于为治也何有！然开国之始，重臣挟功而难制，有以害吾公，小民杂属而未一，有以梗吾爱，于此为计其亦难矣。自非英睿之君，贤良之佐，未易处也。势虽难制，必求其所以制；众虽未一，必求其所以一。前虑后顾，因时顺理。予之、夺之、进之、退之，内主甚坚，日戛月摩，周还曲折，必吾之爱、吾之公达于天下而后已，至是则纪纲

① 《鲁斋遗书》卷7。

法度施行有地，天下虽大可不劳而理也。

窃尝思之，民之戴君本于天命，初无不顺之心也。由使之失望，使之不平，然后怨怒生焉。……必如古者《大学》之道，以修身为本，凡一言也，一动也，举可以为天下法；一赏也，一罚也，举可以合天下公，则亿兆之心将不求而自得，又岂有失望不平之累哉？奈何此道不明，为人君者不喜闻过，为人臣者不敢尽言，合二者之心以求天下之心，则其难得也。[1]

任何国家政权都离不开人民群众，只有处理好与人民群众的关系，得天下心，才能够巩固和发展。相反，如果与天下人为敌，为天下人所憎，它就不能长治久安。许衡提出以爱与公得天下心的思想作为立国规模，作为元朝在中国建立治道、巩固和发展治道的战略决策。他认为，得人心则得天下，失人心则失天下，要得天下必得天下心。而要得天下心，必须施以爱与公。所谓“爱”，实际上就是讲“仁”，他说：“仁者性之至而爱之理也，爱者情之发而仁之用也。”[2]就是“为人上的爱养那百姓，每当如那慈母保爱小儿一般”[3]。可见“爱”指的就是“仁”，即仁爱之心。所谓“公”是什么呢？“公”是与“欲”相对立的宋明理学的用语。这一概念原出自荀子。他说：“并己之私欲，必以道，夫公道通义之可以相兼

① 《鲁斋遗书》卷7。
② 《鲁斋遗书》卷1。
③ 同上。

容者。”[①]北宋周敦颐认为，“公”是彻底无私的表现，他说：“无欲则静虚动直。静虚则明，明则通；动直则公，公则溥；明通公溥，庶矣乎。”[②]南宋的胡宏则不完全同意周敦颐的观点，他认为，“公”是合理的欲而不是无欲。他说：“夫可欲下之公欲也，而可蔽之使不见乎？”[③]许衡继承了理学家的思想，对“公”又作出了进一步的解释。他说：“公者人之所以为仁之道也，元者天之所以为仁之至也。仁者人之心所固有，而私或蔽之以隔于不仁。故仁者必克己，克己而公，公则仁，仁则爱，未至于仁则爱不可充体。”[④]根据宋儒和许衡的说法，“公”也就是与“欲”相对立的“仁”，并认为“未至于仁则爱不可充体”。“为人臣者常存心于君，以君心为心，承受不忘，愿国家之事都得成就，即是至公心，可谓仁也。……为人子者常存心于父，以父心为心，愿一家之事都得成就，即是公心，可谓仁也。”[⑤]可见，他所说的“爱”、“公”，实质上是讲“仁”，他要元统治者以爱与公得天下心，就是要他们以行仁政得天下心，所以他说：

为人君不止于仁，天地之心仁而已矣。[⑥]

天地只是个生物心，圣人只是个爱物心，与天地心相似。百端用意只是如此，礼乐刑政皆是也。政

① 《荀子·强国》。
② 《通书》。
③ 《知言》。
④ 《鲁斋遗书》卷1。
⑤ 《鲁斋遗书》卷2。
⑥ 《鲁斋遗书》卷1。

法家说便不如此，便失了圣人本心，便与事物为敌，一切以法治之，不复仁思。[①]

所谓“仁政”，是战国时期孟子提出的政治主张，它是继承和发挥孔子的仁学思想和礼治、德治的政治主张而提出来的。孟子认为，王者行政即“施仁”的过程，“有不忍人之心，斯有不忍人之政矣。”[②]孟子所说的“仁政”，是王者的仁义之心推己及人的结果，强调以仁义道德作为施政的根本。许衡所说的以爱与公得天下心，实质上是主张以推行儒家的“仁政”作为施政之根本。他的这些政见，虽然不过是儒家仁政思想的继续和发挥，但是，在当时蒙古贵族从马背征战转而巩固封建治道的情况下，他提出以爱与公得天下心的主张，并要元朝最高统治者要注意“重臣挟功而难制”和“小人杂属而无一”等问题，这些政见都是击中要害的。他还认为，要以爱与公得天下心，为人君者要喜于闻过，为人臣者要敢于尽言。他指出，“为人君者不喜闻过，为人臣者不敢尽言，合二者之心以求天下之心，则其难得也。”这些见解，是十分中肯的。

许衡提出以爱与公得天下心，主张实行仁政。但他又提出宽猛相济的思想。“宽猛相济”是儒家的历来主张。孔子主张“宽政”，认为“宽则得众”[③]。但他并不否认“猛政”的作用。他说：“善哉！政宽则民慢，慢则纠之以猛。猛则民残，

① 《鲁斋遗书》卷 2。
② 《孟子·公孙丑上》。
③ 《论语·尧曰》。

残则施之以宽。宽以济猛，猛以济宽，政是以和。”[1]他主张宽猛相济，用“宽政”（即“仁政”）去得众，得天下心，用“猛政”去纠正“宽政”之弊。总的来说，就是“宽以济猛，猛以济宽”。儒家所说的“宽猛相济”，实际上是统治阶级所施的“王道”与“霸道”两手。许衡继承儒家“宽猛相济”的思想，对上面引的孔子的“宽猛相济”的思想极为赞同，一再阐述，并主张“宽厚”与“包容”相结合。他说：

> 人要宽厚包容，却要分限严，分限不严则事不可立，人得而侮之矣。魏公素宽厚，及至朝廷事，凛然不可犯也，所以为当世名臣。今日宽厚者易犯，威严者少容，于事业之际皆有病。[2]

许衡的“宽猛相济”的思想并不系统，但其思想是很明确的。

许衡这些主张，虽然是为元统治阶级巩固治道服务，为地主阶级建立长治久安的封建专制统治效劳。同时，在阶级社会里，任何一个国家机器，都是一个阶级压迫另一个阶级的工具，所以，作为封建地主阶级统治工具的元王朝，决不可能对劳动人民施仁政，更不可能“爱民如赤子”。因此也得不了天下心，元朝最后的灭亡已完全证明了这一点。但是作为封建地主阶级的政治家，他针对着元王朝的统治者蒙古贵族在长期征战中，给生产带来破坏，给人民带来灾害的具体情

① 《左传·昭公二十年》。
② 《鲁斋遗书》卷 2。

况，提出以爱与公得天下心的主张，企图帮助他们从以征战为中心转到以推行仁政巩固封建统治为中心上来。这一思想，在当时具有重要的战略意义。特别值得指出的是，他在提出这一思想的时候，总结历史发展的经验教训和儒家重人思想的传统，强调人心背向对国家政权发展的作用，得出得人心者得天下的结论，把人民群众的历史作用提到比较重要的地位。作为一个地主阶级的政治家，他的思想自然打下了地主阶级的烙印，在理论上也不可能解决阶级与阶级斗争以及人民群众是真正的英雄等问题，不可能提出科学的政治思想。然而，他提出的以爱与公得天下心的思想，无论在政治实践上和理论上，都具有一定的意义。

二、行　汉　法

中国是一个多民族国家，以汉族为最大。汉族自称“华夏”，亦作“诸夏”。“华”意为“荣”①，“夏”意为“中国之人”②。“中国”是中原的意思。“夷”原是中国对东方各族的泛称，亦称“东夷”，后来泛指中国四方的少数民族，如东汉时期，把西南的少数民族称之为“西南夷”。长期以来，中国各民族之间有合作交往，互相融合，也有干戈相见，互相残杀。在中国境内的各个民族，经过长期的融合与斗争，逐步形成了一个多民族的大家庭(今天有五十六个民族)。如何加强民族团结，建立一个繁荣富强的中国，这是历来为人们所

---

① 《说文·华部》。

② 《说文·父部》。

关注的大问题。许衡所处的时代，正是宋金、宋元对峙与战争时期，民族问题十分尖锐，针对着这一现实情况，他总结历史上民族斗争与融合的经验教训，非常精辟地提出民族团结的问题。他说：

> 元者善之长也，先儒训之为大，徐思之，意味深长，盖不大则藩篱窘束，一膜之外，便为胡越，其乘隔分事，无有已时。何者？所谓善大则天下一家，一视同仁，无所往而不为善也。二小儿同父母兄弟也，或因小事物相恶骂，即咒其爷娘令死，不知彼父母亦我父母也。其愚如此，与世人何以异。世人只顾己便宜与否，不恤他人也。他人虽死丧患难不顾也，己安而已矣。安知谓大之一字，彼得所则己亦得所矣。①
>
> 直须眼孔大如轮，照得前途远更真。光景百年都是我，华夷千载亦皆人。痴阴冷堕云间雪，和气幽生地底春。此意若教贤会得，也甘颜苍乐苦贫。②

他从儒家"元"、"大"的思想出发，提出天下一家的思想，认为华夷千载亦皆人，要对他们一视同仁，不要自设藩篱，把他们"窘束一膜之外"。他提出的"中国夷狄君子小人

① 《鲁斋遗书》卷2。
② 《鲁斋遗书》卷11。

俱各得所”[①]以及“天下一家”、“一视同仁”、“华夷千载亦皆人”的思想，是他解决民族问题思想的基础。根据这一思想，针对着蒙古贵族入主中原并在中国建立治道的情况，他提出行汉法的政治主张。他说：

> 国朝土宇旷远，诸民相杂，俗既不同，论难遽定。考之前代，北方奄有中夏，必行汉法可以长久，故魏、辽、金能用汉法，历年最多；其他不用汉法，皆乱亡相继，史册俱载，昭昭可见也。国朝仍处远漠，无事论此，必若今日形势，非用汉法不可。陆行资车，水行资舟，反之则必不能行；幽燕以北，服食宜凉，蜀汉以南，服食宜热，反之则必有变异，以是论之，国家当行汉法无疑也。然万世国俗，累朝勋贵，一旦驱之下从臣仆之谋，改就亡国之俗，其势有甚难者。苟非聪悟特达，晓知中原历代圣王为治之要，则必咨嗟，怨愤喧哗，甚不可也。窃尝思之，寒之与暑，固为不同，然寒之变暑也，始于微温；温而热，热而暑，积百有八十二日，而寒气始尽。暑之变寒，其势亦然。以木之根，力可破石，是亦积之之一验也。苟能渐之摩之，待以岁月，心坚而确，事易而常，未有不可变者。[②]

在这里，许衡向元朝统治者提出“北方奄有中夏，必行汉

① 《鲁斋遗书》卷2。
② 《鲁斋遗书》卷7。

法”问题。他还引历史为证，认为魏、辽、金等朝“能用汉法”，所以“历年最多”，“其他不用汉法”的，“皆乱亡相继”。为什么一定要行汉法呢？他没有直接提出明确的意见，他只是说：“陆行资车，水行资舟，反之则必不能行。幽燕以北服食宜凉，蜀汉以南服食宜热，反之则必有变异。”并据此得出结论说：“以是论之，国家当行汉法无疑也。”这些话的意思是说，蒙古原来生活的远漠地区的具体情况与汉族统治的地区不同，决不能按照原来统治远漠地区的办法来统治汉族原来的统治地区，这样做决不能达到有效的统治目的。许衡这些意见虽然不是直截了当，但基本思想是正确的。因为蒙古长期处于远漠的游牧生活，虽然在征服中原以前已封建化，但经济、文化都还比较落后，而宋统治的广大地区，当时已进入后期封建社会，经济、文化乃至于科学技术，都处于国际先进水平。所以，当时处于比汉落后状态的蒙古族，要按照原来的生活方式和统治手段统治汉族统治地区，把汉族统治地区拉向倒退，实际上是不可能的。历史证明，凡是落后民族对先进民族的征服，虽然在某些时候某些方面对这一先进民族的发展有这样或那样的影响，但归根结底，它决不能把这一先进民族拉向倒退，而是自己为这一先进民族所改造、融化。当时蒙古族正是以落后的民族征服汉族这一先进民族，所以，许衡提出行汉法的主张，是符合当时元王朝巩固和发展封建治道的实际情况的。

对于推行汉法，许衡认为存在一定的实际困难。这些困难就是“万世国俗，累朝勋贵，一旦驱之下从臣仆之谋，改就亡国之俗，其势难者”。这就是说，作为征服者的蒙古勋贵改不了“万世国俗”的老习惯，放不下征服者的架子。根据这一情况，他主张用渐进的办法。他认为，“寒之与暑，固为不同，然寒之变暑也，始于微温，温而热，热而暑，积百有八十二日而寒气始尽，暑之变寒，其势亦然”。他认为，只要逐步推行，“渐之摩之，待以岁月，必坚而确，事易而常，未有不可变者。”他还得出结论说：“以北方之俗改用中国之法，非三十年不可成功。”的确，作为征服者的蒙古贵族，放弃“万世国俗”，以“下从臣仆之谋，改就亡国之俗”，是很不容易的。如果不考虑这一实际情况而急速推行，其结局必然是“欲速则不达”，所以，许衡提出采取渐进的办法逐步推行。这是完全符合当时的实际情况的。

中国是一个多民族国家，蒙古族是中华民族这个民族大家庭中的一员，蒙古贵族对中原地区的征服，如果从这一征服过程中的烧杀掠夺对生产的破坏和给人民带来灾难来说，这一征服本身不是进步的，当时在宋朝统治地区所发生的抗元斗争是应该肯定的。但是，对于经过征服以后，蒙古贵族在中国建立统治王朝是否合法的问题，它应该是不容置疑的。因为作为中华民族大家庭中的一员，汉族地主阶级可以当皇帝，蒙古贵族同样可以当皇帝；汉族地主阶级建立封建王朝，蒙古贵族同样也可以建立封建王朝。许衡是在蒙古贵族基本上征服了中国并建立元王朝以后成为元王朝的重臣，他对元王朝统治中国，建立封建治道，起了很重要的作用，可以说立了汗马功劳。对此，历来评议不一，非议之言颇多。各种非议之言，往往是同儒家所宣扬的“夷夏之辨”思想联系在一起。我们认为，根据“夷夏之辨”或所谓“正统”思想对蒙古贵族入主中原给予否定是不当的，从这一思想出发而否认许衡在元王朝发展中的作用也是错误的。作为地主阶级政治家的许衡，他的一切政治主张和政治活动，当然是为了巩固和发展元王朝的封建专制统治，为封建地主阶级政权的长治久安效劳，但是，当蒙古贵族从征服中国转向建立和巩固封建统治的时候，他提出行汉法的主张，要求相对处于落后状态的蒙古族以先进的汉族作为发展目标，以汉法为法，这对于社会进步，发展生产乃至于民族的融合都是有积极意义的。所以，许衡提出的行汉法，是一项进步的政治主张。

三、正君、践言

在治理国家中，许衡把“正君”提到非常重要的地位，他认为，君不正则民不正，不正君就不能把国家治理好。他说：

> 为人君的能使父慈子孝而一家之内皆仁，则一国的人皆兴起于仁；能使兄友弟恭而一家之内皆让，则一国的人皆兴起于让。若人君一身贪欲乖戾，则一国的人便都做出悖乱的事来，上以此感则下以此应……①
>
> 一句言语有差失足以败坏了事，人君一身行得好时，便可以安定其国。②
>
> 尧舜之为君，他躬行仁爱于上，天下的人见他所行的是仁，也都去学他行仁，这是尧舜帅天下

① 《鲁斋遗书》卷4。

② 同上。

以仁而民从之。桀纣之为君，他自行暴虐于上，天下的人见他所行的是暴，也都去学他行暴，这是桀纣帅天下以暴而民从。①

在封建社会里，封建君主具有至高无上的权力。君主的好坏，的确同国家发展有密切的关系，但是，归根结底，决定历史的是人民群众，决不是个别皇帝。许衡认为，君正民才正，君仁则民仁，君暴则民从暴。所以，他提出“正君”的主张。认为只有人君“先正身”，才可以“帅天下之人”。所谓“正君”，就是要封建君主以封建纲常名教规范自己，遵守君主职分。许衡关于“正君”的思想，强调在治理国家中，君主必须严于律己，以身作则，存在着对君主约束的一面。但是，他把封建君主说成是一言兴邦、一言丧邦的“英雄”，这无疑是对人民群众作用的贬低，显然是历史唯心主义的表现。

许衡从“正君”思想出发，提出了“践言”的思想。他指出，人君必须言行一致，以身作则，不然将失掉民心，自取灭亡。他说：

人君不患出言之难，而患践言之难；知践言之难，则其出言不容不慎矣。……况天下之大，兆民之众，事有万变，日有万几，而人君以一身一心酬酢之，欲言之无失岂易所哉！故有昔之所言而今日不记者，今日所命而后日自违之者。可否异同，纷更

① 《鲁斋遗书》卷 4。

> 变易，纪纲不得布，法度不得立，臣下虽欲黾勉而无所持循，汩没于琐碎之中，卒于无补。况因之为弊者，又日新月盛而不可遏，在下之人疑惑惊眩，且改其无法无信一至于此也。此无他，至难之地不以难处而易处之故也。苟从古昔《大学》之道，以修身为本，凡一事之来，一言之发，必求其所以然与其所当然。不牵于爱，不蔽于憎，不偏于喜，不激于怒，虚心端意熟思而审处之，虽有不中者盖鲜矣。①

他指出，作为君主，必须坚持“言行一致，表里相应”，所以，“人君不患出言之难，而患践言之难”，认识到这一点，出言时就必须谨慎。他认为，人君践言之所以难，可能是由于以下几个方面的原因造成的。一是“即位之始，多发美言，诏告天下，天下悦之”，但以后事实上又做不到，使人失望；二是“天下之大，兆民之众，事有万变，日有万几”，人君“以一身一心酬酢”，很难不产生过失；三是“昔之所言而今日不记者，今日所命而后日自违之者，可否异同，纷更变易”，使“纪纲不得布，法度不得立”，在这样的情况下，“臣下虽欲黾勉而无所持循，汩没于琐碎之中，卒于无补”；四是“为人上者多乐舒肆，为人臣者多事容悦”，人君的舒肆之欲心和人臣的容悦之私心结合在一起，“其所务者皆快心事矣。快心则口欲言而言，心欲望而动”，所以不可能兢兢业业以修身为本，做到一言一事“熟思而审处之”。据此，许衡认为，人君践言

① 《鲁斋遗书》卷7。

很难。所以，他把“践言”作为“为君难”的重要问题之一向元世祖提出来。由于践言难，他认为，君主必须“从古昔《大学》之道，以修身为本”，只有修好身，才能进而齐家、治国、平天下。在处事中，“凡一事之来，一言之发，必求其所以然与其所当然，不牵于爱，不蔽于憎，不偏于喜，不激于怒，虚心端意熟思而审处之”。他指出，只要做到这一点，处事不当是很少的。

在封建社会，封建帝皇是国家的最高统治者，他的言论和行动，对国家的兴衰关系很大，但是，由于如上面所说的种种原因，许多帝皇往往表现出言行不一，表里不一，言而不行，行而不果。而此，又往往给国家民族和人民带来灾难。因此，在元朝建国不久，许衡把人君践言问题作为巩固封建王权问题提了出来。践言是说履行自己所说的话的意思。我国古代的思想家就提出了这个问题。《礼记·曲礼上》说：“修身践言，谓之善行。”所以，所谓“践言”，是讲人的言行一致，言之必行，行之必果，是说人的思想作风问题。但是，由于封建皇帝具有至高无上的权力，“践言”表现于皇帝身上，就成为皇帝能否取信于民的大事，也是能否维护封建治道的大事。许衡把它作为封建君主加强治道的重要问题提出来，颇有新意。

儒家主张德治和王道，把修身作为齐家、治国、平天下的前提，许衡提出“正君”和“践言”，正是建立在这一思想基础之上。他把“正君”和“践言”作为加强封建君权的重要问题提出来，对于巩固和发展封建专制统治具有重要意义。他这一思想，可以看成是对儒家德治、王道思想的发挥。

四、用人、立法

许衡认为:“天下之务固不胜其繁也,然其大要在用人、立法而已。”[①]他把用人和立法作为加强封建专制统治的两件大事提了出来。

许衡认为,用人是为政的根本问题,“大抵人君以知人为贵,以用人为急,用得其人,则无事于防矣。”[②]为什么用人这么重要呢? 他说:

> 古者谓得士者昌,自用则小,意正如此。夫贤者识治之本,知事之要,与庸人相悬隔,盖十百而千万也。布之周行,百职具举。然人之贤否未能灼知其详,固不敢用,或已知其孰为君子,孰为小人,复畏首畏尾,患得患失,坐视其弊而不能进退之,徒曰知人而已。
>
> 生民休戚,系于用人之当否,用得其人则民赖其利,用失其人,则民被其害。自古论治道者,必以用人为先务,用既得人,则其所谓善政者始可得而行之。以美人行善政,其于为治也何有![③]

他指出,“贤者识治之本,知事之要”,如果用贤人,可

---

① 《鲁斋遗书》卷 1。
② 《鲁斋遗书》卷 7。
③ 同上。

以“百职俱举”，使民得其利，如果相反，“则民被其害”。所以，用人是与国家与人民休戚相关的事，“自古论治道者，必以用人为先务”。他强调，“人君为政在得贤臣为辅佐”[1]，所用的人必须是贤能的人。对于“那谗谮的人”，要斥逐他，“不使他在左右”，要一心一意地“贵重那有德的贤士大夫”，使“天下贤才皆有所勤勉而乐为我所用”。[2] 什么是贤人呢？他认为，贤人是指“有才德的好人”[3]。他具体论述道：

> 贤者以公为心，以爱为心，不为利回，不为势屈，置之周行，则庶事得其心，天下被泽，贤者之于人国，其重故如此。[4]
>
> 大圣大贤本末具举，极其规模之大，尽其节目之详，克勤小物而后尽大事，降此一等亦豪杰之士。
>
> 传记中人材杰然可观，以道理观之只是论材，圣人则圆融浑全，百理皆具。古今人材多是血气用事，故多偏；圣人纯是德性用事，只明明德，便自能浑成不偏。[5]

在许衡看来，所谓圣人贤人，是圆融浑全，百理皆具。以公为心、以爱为心的道德高尚、才华出众而又能“天下被其泽”的德才兼备的好人。他认为，人君为政必须用贤人，但

① 《鲁斋遗书》卷7。
② 《鲁斋遗书》卷5。
③ 《鲁斋遗书》卷4。
④ 《鲁斋遗书》卷7。
⑤ 《鲁斋遗书》卷1。

用贤决非易事。之所以不易，一是因为贤者不易为人知；二是因为即使贤者为人所知，被召之、命之，其言不被信任也会离去；三是因为小人从中作间。因此，人君用贤必须做到“任贤勿贰，去邪勿疑”①，“信任专一，小臣不得其间”②。关于如何去用人，他的具体意见是：

> 任用人材，兴作事功，自己已有一定之见，然不可独用己意，则排诅者必多，吾事败矣。稽于众，取诸人，以为善然后可。尧之禅舜也，以圣人见圣人，不待三载之久而后知也。尧一见便知之，然而不敢以己之意便以天位付之，必也宾于四门，纳于大麓，历试诸艰，使天下之人共知之，四岳十二牧共推之，若不出于尧之意也。然后居天位理天职，人无间言，后世称圣。后之任用人材，立事功者，皆独出己意，宪宗淮蔡成功，而裴中立不得安于朝矣，况大于此者乎？③

他认为，对于人才的选用，人君要有自己的主意，但不能光凭己意，必须“稽于众，取诸人”，甚至使之“宾于四门，纳于大麓，历试诸艰，使天下之人共知之”。这是说，除己意外，要听众人的意见，甚至使他在群众中和在实践中经受考验。只有这样，才能选择到贤能之人。他这些见解是正确的。

---

① 《鲁斋遗书》卷7。
② 《鲁斋遗书》卷5。
③ 《鲁斋遗书》卷1。

在用人问题上，许衡还提出一个重要问题，那就是以薪养廉、按格叙用、外设监司纠察污滥、内专吏部考订资历等问题。他说：

> 用人立法今虽未能遽如古昔，然已仕者，便当颁降俸给，使可养廉；未仕者，且当宽立条格，俾就序用，则失职之怨少可舒矣。外设监司纠察污滥，内专吏部考订资历，则非分之求渐可息矣。再任三任，抑高而举下，则人才爵位略可平矣。舍此则堆积壅塞，参差谬戾，苟延岁月，莫知所期。俸给之数，叙用之格，监司之条例，先当拟定。至于贵家世袭品官，任子驱良，抄数之便，宜续当议之，亦不可缓也。此其大凡，要须深探。古人所以用人立法之意，推而行之，则何难见之有！若夫得行与不得行，在上之委任者何如，而能行与不能行，又在执政者得人不得人尔，此非臣之所能及也。①

关于人才的选拔和使用，许衡除在上面论述了用人的重要，选用什么人和如何选拔人才外，在这里，他又论述了"颁降俸给使可养廉"、"宽立条格俾就序用"、"外设监司纠察污滥"、"内专吏部考订资历"乃至于"贵家世袭品官，任子驱良，抄数之便"等问题，从而形成了一个比较完整的用人思想。儒家所讲的政治，是人治政治，因此，用人和任贤是儒家历来所注重的思想。许衡在用人方面的突出之处，是

① 《鲁斋遗书》卷7。

他提出的对人才的选拔要“稽于众，取诸人”，“历试诸艰，使天下之人共知之”；对人才的使用要以薪养廉，按格叙用。他这些思想，给儒家的用人思想增添了新的积极的思想因素，在今天仍有一定的参考价值。

除用人外，许衡又强调“立法”。所谓“法”，是阶级统治的工具。从实质上说，有国家必然会有国家所立之法。但是，“法”作为一种思想体系而被提出来，我国是在春秋战国之际，春秋时期的管仲（？—前 645）、子产（约前 580—前 522）被认为是法家的先驱，而法家的始祖是战国时期的李悝（前 455—前 395），除李悝外，在战国时期，法家的主要代表有吴起（？—前 381）、慎到（约前 395—约前 315）、申不害（约前 385—前 337）、商鞅（约前 390—前 338）、韩非（约前 280—前 223）等人。他们都从当时的实际出发，对“法”作了论述。《商君书·修权》：“法者，君臣之所共操也。”《管子·心术上》：“杀戮禁诛谓之法。”《管子·任法》：“夫法者上之所以一民使下也。”《韩非子·难三》：“法者，编著之图籍，设之于官府，而布之于百姓者也。”在战国时期，儒家“隆礼”，提倡“仁义”、“德治”；法家“重法”，主张“不贵义而贵法”①，“以法为本”②，“以法为教”③，强调“耕战”。适应着当时政治斗争的需要，儒法两派出现了对立与斗争。但是，荀子则主张礼法兼施，认为“隆礼至法则国

① 《商君书·画策》。
② 《韩非子·饰邪》。
③ 《韩非子·五蠹》。

有常”[①]。汉武帝(前156—前87)采纳董仲舒“罢黜百家,独尊儒术”的建议,确立了儒家的独尊地位后,儒学成为地主阶级的指导思想。但是,地主阶级的政权,是地主阶级专政的工具,它不能不用法去体现地主阶级的意志,因此,从实际的政治应用说,整个封建社会,地主阶级在以儒家思想为指导思想的同时,又利用“法”作为统治工具。实际上是贯彻荀子的礼法兼施的思想。在这一问题上,许衡正是主张礼法兼施。对于法,他是很重视的。他说:

> 中书管天下之务,固不胜其烦也。然其大要在用人、立法而已。……夫治人者法也,守法者人也,人法相维,上安下顺,而宰执优游,廊庙之上不烦不劳,此所谓省也。[②]
>
> 奉法而国不异政,天下百姓皆知,从化而家不殊俗,人人为善,自然少有过失。[③]

他认为,执法可使“国不异政”、“人法相维”、“上安下顺”。可见,他把“法”作为安国家、安百姓的重要手段。中国古代有所谓“刑不上大夫,礼不下庶人”之说,许衡所讲的刑法,虽然有安百姓的一面,但主要还是对付老百姓的。他还认为,“法”虽然重要,但“法”毕竟是要通过强制的手段去达到目的。如果能提高人民对执法的认识,主动地去守法,

① 《荀子·君道》。
② 《鲁斋遗书》卷7。
③ 《鲁斋遗书》卷5。

那比用强制的手段去执行法好得多。他引孔子和曾子(前505—前436)的话说:“若论判断词讼,使曲直分明,我与人也一般相似,必是使那百姓每自然无有讼词,不待判断,方才是好。”①他又指出,“圣人不务听讼,只要使百姓每畏服,自然无讼。”②怎样使百姓“自然无讼”呢?他认为是“明自家的明德”③,即用加强自家道德修养的办法去解决。这一思想,在一定程度上体现了儒法相合。

任何国家政权,它的治国之道,为政之方,都必须有人去执行,所以,用德才兼备的人,是巩固和发展治道的重要问题。同时,任何国家都是阶级统治的工具,一定阶级代表国家实现阶级统治中,必须有代表本阶级意志的法律作为阶级统治的依据,不然就无章可循,无法可依,无所适从。因此,用人和立法,是一切国家政权所必须解决的问题。用人不当和无法可依,就不能巩固阶级统治。许衡把用人和立法作为地主阶级巩固和发展封建统治两大问题提出来,对元王朝巩固和发展封建专制统治具有重要意义。

五、定分、守礼

我国以血缘关系为纽带,以小农经济为基础的封建专制统治,是以等级制度为其基本骨架。儒家维护等级制度,为了维护等级差别,提出“分”、“名分”或“职分”思想。所

① 《鲁斋遗书》卷4。
② 同上。
③ 同上。

谓“分”，是指自己所具有而又区别于其他等级的“名分”、“职分”。《淮南子·本经篇》：“各守其分，不得相侵。”所谓“名分”，是指名位及应守的职分。《庄子·天下》：“《易》以道阴阳，《春秋》以道名分。”《吕氏春秋·审分》：“故人主不可以不审名分也，不审名分，是恶壅而愈塞也。”高诱注：“名，虚实爵位之名也；分，杀生与夺之分也。”所谓“职分”，犹职责，即应尽的职务。《三国志·蜀志·诸葛亮传》：“此臣所以报先帝而忠陛下之职分也。”可见，所谓“分”、“名分”、“职分”，运用于封建政治，都是讲不同等级或不同社会地位的人所具有的名位和职责。“分”是儒家思想的重要范畴。许衡继承了儒家这一思想，强调“分”和“职分”。他说：

> 有家有国所以立嫡嗣无所争者，出于无为而分定故也。如走兔在野，人竞逐之，积兔在市，过而不顾，此之谓分定。①
>
> 为人臣者，常存心于君，以君心为心，承受不忘……于自己为仁之分，各有所当职，常保守其分，不教亏失，可谓义也。为人子者常存心于父，以父心为心……于自己为子之分，各有所当职，常保守其分，不教亏失，可谓义也。②
>
> 天地间人各有职分，性分之所固有者，不可自泯也。职分之所当为者，不可荒慢也。人而慢之职，

① 《鲁斋遗书》卷1。
② 《鲁斋遗书》卷2。

虽曰饱食暖衣安于终身，亦志士仁人之所不取也。[①]

许衡认为，每个人由于所处的社会地位不同，都有与他所处的社会地位相应的名分、职分或行为界限，即所谓“定分”，每个人都“各有所当职”，都必须“常保守其分”。荒慢“职分”是“志士仁人所不取”的。“定分”则是维护等级制度和封建纲常名教的前提。

同“定分”相联系，他提出“守礼”的思想。所谓“礼”，是泛指中国奴隶社会和封建社会等级制的社会规范和道德规范。《说文解字》：“礼，履也，所以事神致福也。从示从豐，豐亦声。”“豐，行礼之器也。从豆，象形。”最初是指祭神的器物与仪式。周代除指仪式外，已含有规范和礼治的意义。《左传》记载：“礼，经国家，定社稷，序人民，利后嗣者也。”[②]“夫礼所以整民也。”[③]周统治阶级把“礼”发展成为“君君臣臣父父子子”的奴隶主贵族等级制度和以奴隶主贵族的血缘关系为纽带的宗法制度，成为维护奴隶主贵族等级统治的工具。孔子对“礼”十分重视。在《论语》中，“礼”字出现有 75 次之多，它涉及的范围很广，但主要是讲“周礼”，即作为周奴隶制上层建筑的社会组织、政治体制、社会秩序、社会制度和社会仪礼。孔子说：“礼乐不兴，则刑罚不中。”[④]“道德仁义，非礼不成。”[⑤]所以，他认为，

① 《鲁斋遗书》卷 1。
② 《左传 · 隐公十一年》。
③ 《左传 · 庄公二十三年》。
④ 《论语 · 子路》。
⑤ 《礼记 · 曲礼上》。

"不学礼，无以立。"[①]他主张"为国以礼"[②]，"约我以礼"[③]，做到"君使臣以礼，臣事君以忠"[④]。他指出："上好礼，则民莫敢不敬。"[⑤]"上好礼，则民易使也。"[⑥]孔子所讲的"礼"，虽然主要是讲"周礼"，但他并不是照抄"周礼"，而是对"礼"作一定的改造，特别是用"仁"来补充"礼"。孔子强调礼，但是在社会大动荡、大变动的春秋时期，"礼崩乐坏"，社会上出现了"君不君、臣不臣、父不父、子不子"的状况，因此，他提出"克己复礼为仁"的主张，并企图通过"正名"去"复礼"。孔子以后，"礼"作为封建社会的社会规范、道德规范，社会仪礼而继续传播。汉儒认为："夫礼者，所以定亲疏，决嫌疑，别同异，明是非也。"[⑦]"礼也者，理也。"[⑧]北宋李觏（1009—1059）说，"夫礼，人道之准也，教之主也"，"曰仁、曰义、曰智、曰信，礼之别名也。"[⑨]南宋朱熹则认为："礼谓天理之节文者，盖天下皆有当然之理，但此理无形无影，故作此礼文，画出一个天理之节文。"[⑩]在中国封建社会，所谓"礼"，是封建等级制度的社会规范、道德规范和社会仪礼，是儒家思想的重要组成部分。封建地主阶级在

① 《论语·季氏》。
② 《论语·先进》。
③ 《论语·子罕》。
④ 《论语·八佾》。
⑤ 《论语·子路》。
⑥ 《论语·宪问》。
⑦ 《礼记·曲礼》。
⑧ 《礼记·仲尼燕居》。
⑨ 《直讲先生文集·礼论第一》。
⑩ 《朱子语类》卷42。

进行封建专制统治中,除用“法”外,又用“德”和“礼”,它是封建地主阶级进行统治的重要手段。

许衡继承儒家重“礼”的思想,在“定分”思想的基础上,强调“守礼”的重要。他说:

> 夫有礼则安,无礼则危,君子所以终身守之者,诚知大中至正极不可去也。薄俗昏愚,鲜克由礼,昔为师友,今为路人,滔滔者皆是也。①

他把遵礼看成是关系到国家安危、君子守身、社会风俗、人际交往的大事,并对“礼”加以论述。他说:

> 凡天伦如父子兄弟夫妇长幼,礼应如法,不可妄意增损,简易者略之,细密者过之,皆非也。礼者,人事之仪则,天理之节文,圣人之于仪则节文,乃所以当然者不可易也。
>
> 礼只是个敬之节文,不可令人后来有悔心,亦不可使自已有悔心。……
>
> 古人所以作乐寓情性、风化于其中,非为钟鼓之铿锵也。小雅尽废,四夷交侵,礼坏乐崩,不能团结人心,人心无所系属,元气虚损,邪气乘之以入。三百篇古乐章也,与后世乐章大异,尤足见古人敦本业,厚人伦,念念在是,未尝流于邪僻也。伤

---

① 《鲁斋遗书》卷8。

人伦之废，哀刑政之苛，礼乐废故也。[1]

制作礼乐必须是圣人在天子之位，若非天子如何敢改论那亲疏贵贱的礼体，如何敢制作那服饰器用的等级。[2]

许衡认为，“礼”是“人事之仪则，天理之节文”，而且是“所以当然者不可易”的必然法则。所谓“人事之仪则”，是讲人际社会的仪式和规范；所谓“天理之节文”，是讲封建纲常名教的道德规范。所以，他所说的“礼”，实际上是指封建社会的社会规范、道德规范和人际社会的仪式，并认为，这是不可改变的必然法则。他指出，“礼乐”是圣人“积于中”而发的，但由于“礼”要区分等级，不是什么人都能作“礼”，只有处在天子之位的圣人才能“制作礼乐”。从实质上说，他所说的“礼”，是封建统治阶级为敦本业、厚人伦、统刑政维护等级制度而制作的统治工具。他在强调“立法”的同时又强调“守礼”，其目的都是为了加强封建等级统治。

封建统治是以宝塔型的等级制度表现出来的，所以维护封建等级制度，是维护封建专制统治的根本问题，许衡提出“定分”和“守礼”思想，其根本目的就是维护封建等级制度，加强封建专制政治。所以，“定分”和“守礼”，是他政治思想的重要组成部分，也是他儒家思想的重要体现。

---

① 《鲁斋遗书》卷1。

② 同上。

六、防欺、去邪

许衡在《时事五务》上疏中，把防欺、去邪作为"为君难"的重要问题提出来，他认为，作为封建专制国家最高统治者的帝皇，除践言、任贤、得民心、顺天道外，还必须"防欺"、"去邪"。不然他的统治就要为奸险之徒所破坏。

他认为，处于帝皇的地位是很容易受欺的。他说：

> 人之情伪，有易有险。险者难知，易者易知。易知者虽谈笑之顷，几席之间，可得其底蕴；难知者虽同居共事，阅月穷年，犹莫测其意之所向。虽然，此特系夫人之险易者然也。又有众寡之辩焉，寡则易知，众则难知。……故在上之人难于知下，在下之人易于知上，其势然也。处难知之地，御难知之人，欲其不见欺也，盖难矣。①

他认为，人之情有许多假象，有的易知，有的难知，就易知而论，"虽谈笑之顷，几席之间，可得其底蕴"；就难知而言，"虽同居共事，阅月穷年，犹莫测其意之所向"。同时，知还有众寡之别，寡则易知，众则难知，"在上之人难于知下，在下之人易于知上"。人君"处难知之地，御难知之人"，不被人欺是很难的。他认为，如果是一个京尹被欺，不过是"误一事害一人而已"，人君见欺其危害就不同了。他指出，像包孝

---

① 《鲁斋遗书》卷7。

肃这样刚严峭直，号为明察的人，在审案中还被欺过，何况处于高位的皇帝。他说：

> 臣谓此一京尹耳，其见欺于人不过误一事害一人而已，人君处亿兆之上，所操者予夺进退赏罚生杀之权，不幸见欺，以非为是，以是为非，其害可胜既耶？①

他认为，“人君处亿兆之上，所操者予夺进退赏罚生杀之权”，如果“不幸见欺”，其危害是很大的。所以人君要防欺。他说：

> 人君惟无喜怒也，有喜则赞其喜以市恩，鼓其怒以张势。人君惟无爱憎也，有爱则假其爱以济私，藉其憎以复怨。甚至本无喜也，诳之使喜；本无怒也，激之使怒；本不是爱也，强誉之使爱；本无可憎也，强短之使憎。若是则进者未必为君子，退者未必为小人，予之者或无功，而夺之者或有功也，以至赏之罚之生之杀之鲜有得其正者。人君不悟，日在欺中，方仗若曹摘发细隐以防天下之欺，欺而至此，欺尚可防耶？大抵人君以知人为贵，以用人为急，用得其人则无事于防矣。既不出此，则所近者争进之人耳，好利之人耳，无耻之人耳。彼挟诈用术，千

① 《鲁斋遗书》卷 7。

> 蹊万径，以蛊君心，于此欲防其欺，虽尧舜亦不能也。[①]

从上所述可见，许衡认为，人君要防欺，要坚持两点：第一，要有明确的喜怒爱憎，使"赏之罚之生之杀之"，"得其正"；第二，要"以知人为贵，以用人为急"，防止那些争进之人、好利之人、无耻之人"挟诈用术"，"以蛊君心"。

许衡还认为，人君在治理国家中，还会碰到奸邪之人，所以，不仅要防欺，而且要去邪。他说：

> 奸邪之人，其为心险，其用术巧。惟险也，故千态万状而人莫能知；惟巧也，故千蹊万径而莫能御。人君不察以谀为荣，以讦为公，以欺为可信，以佞为可近。喜怒爱恶。人主固不能无，然有可者，有不可者。而奸邪之人一于迎合，窃其势以立己之威，济其欲以结主之爱。爱隆于上，威擅于下，大臣不敢议，近亲不敢言，毒被天下而上莫之知，此前人所谓城狐也，所谓社鼠也。至是而求去之，不亦难乎。[②]

他认为奸邪之人心险、术巧，如果人主不明察，"以谀为荣，以讦为公，以欺为可信，以佞为可近"，就会使他们的计谋得逞，"窃其势以立己之威，济其欲以结主之爱，爱隆于上，

---

① 《鲁斋遗书》卷 7。

② 同上。

威擅于下，大臣不敢议，近亲不敢言，毒被天下而上莫之知”。他指出，这些人像“城狐”、“社鼠”一样给天下带来危害。所以，人主要巩固其统治必须“去邪”。

在封建社会，反映着统治集团中统治者之间的利害关系，统治者之间的尔虞我诈，争权夺利连绵不断。所以，防欺和去邪，是封建君主在加强封建专制统治中不能不正视的问题。元朝虽然建国不久，但尔虞我诈、争权夺利之风时有出现，许衡入朝后也深有体会，所以，他把防欺、去邪作为“为君难”的两大问题提出来，对元王朝巩固和加强封建专制统治，是十分必要的。

七、修齐治平的政治模式

修齐治平即修身、齐家、治国、平天下的简称。《大学》说：“古之欲明明德于天下者，先治其国；欲治其国者，先齐其家；欲齐其家者，先修其身；欲修其身者，先正其心；欲正其心者，先诚其意；欲诚其意者，先致其知；致知在格物。”《大学》把“格物”、“致知”、“诚意”、“正心”作为“修身”、“齐家”、“治国”、“平天下”的基础，从而形成了修齐治平的政治模式。《大学》以后，这一思想一直为儒家所继承和发挥，成为儒家政治思想的重要组成部分。许衡的修齐治平思想，也是对儒家思想的继承和发挥。他的修齐治平思想，主要有以下几点：

（一）修身是齐家的前提。他说：“齐家是整齐一家的人，身是一家的根本，若要齐一家的人，必须先修治自家一身，事事都合道理不可有些违背，所以说欲齐家先修其身。”① 如何去修身呢？他认为，必须经过“格物”、“致知”、“诚意”、“正心”，他指出，“心之所主既能端正，然后身之所行无有偏私，可得而修治矣，所以说正心而后身修。”②

（二）齐家是治国平天下的基础。中国封建社会是建立在以血缘关系为纽带的家庭的基础之上，国之本在家，所以，欲治其国先齐其家。他说：

> 家是指人君一家说，乃是一国的根本，若要使一国的人无一个不明其德，必先齐那一家的人，使他都明了明德，所以说欲治其国先齐其家。③
>
> 一家的人既能齐了，然后一国的人皆取法，我一家无所不治矣，所以说齐家而后治国。④
>
> 曾子引之（指《诗·周南·桃夭》）而言国之根本在家，能善处一家的人，使老安少怀，则一国之人自然观感而化。所以说宜其家人后教国人。⑤

（三）治国是平天下的根本。他认为，国是天下的根本，要平天下，首先要治其国。他说：

> 国是指人君所居的国，都说乃是天下的根本，古

---

① 《鲁斋遗书》卷4。
② 同上。
③ 同上。
④ 同上。
⑤ 同上。

> 时人君要使天下的人无一个不明其德，必先治那一国的人，使他都明了明德，所以说欲明明德于天下者先治其国。①
>
> 一国的人既能治了，然后天下四方的人又皆取法，于一国无有不平矣。所以说治国而后天下平。②

在一国之中，许衡强调君主权柄的重要。他认为："政柄是造命之所，君主当专之，人或窃之，不祥莫大焉。作福作威，岂凡人所专者。……在此地位一切当归之君主。"③他又指出，君主要掌握好权柄，治理好国家，必须掌握九件经常的道理。即：

第一件，当先修治自家的身子。
第二件，当尊礼有德的贤人。
第三件，当亲爱同姓的亲族。
第四件，当加敬那爵位隆重的大臣。
第五件，当体验分理庶务的群臣。
第六件，当子爱天下的百姓。
第七件，当招来那技艺百工。
第八件，当宽恤那远来的商贾宾旅。
第九件，当怀服天下诸侯之国。④

---

① 《鲁斋遗书》卷 4。
② 同上。
③ 同上卷 2。
④ 同上卷 5。

在这里所谓“九经”，是来自《中庸》引孔子的话，许衡继承和发挥这一思想，作为君主治理国家的基本道理。

（四）平天下是最高目标。许衡提出，心正而后身修，身修而后家齐，家齐而后国治，国治而后天下平①。把平天下作为政治的最高目标。他这一思想，强调政治的大一统局面和王者总大纲地位。他说：

> 春秋大一统，在天下尊王，在国尊君，在家尊父。②
>
> 北辰居中众星共，王者法天总大纲。③

许衡的“大一统”和“平天下”思想，是对孔子和儒家思想的继承，但它与孔子思想已有区别。孔子讲大一统和平天下，是针对着当时的分裂局面和走向统一而说的，许衡说的大一统和平天下，有“怀柔四夷”之义。

许衡是元王朝建立不久，元世祖采取措施巩固和发展封建专制统治时期的重臣，他从巩固地主阶级统治出发，为元世祖出谋献策，他所提出的政治主张，基本上是继承和发挥儒家的传统政治思想。但是，在新的历史条件下，他从当时的实际出发，也提出一些新的积极的主张。这些思想主要是：

① 他提出得人心者得天下和以爱与公得天下心的思想，帮助元统治阶级从多年征战中转到以德治巩固治道中来，对

---

① 《鲁斋遗书》卷 4。

② 《鲁斋遗书》卷 2。

③ 《鲁斋遗书》卷 7。

当时社会的安定和进步有一定作用。

② 他提出民族融合的思想，主张行汉法，帮助处于落后状态的蒙古贵族向当时处于相对进步状态的汉族看齐。对于加强民族团结和推动社会进步具有重要的意义。

③ 在选拔和使用人才的问题上，他提出对人才的选拔要"稽于众，取诸人"，"历试诸艰，使天下人共知之"；并提出对人才的使用要以薪养廉，按格叙用，具有重要的理论价值和实践意义。

④ 他指出"正君"、"践言"、"防欺"、"去邪"等思想，也有一些新的内容和积极意义。

我们认为，作为地主阶级的思想家、政治家的许衡，他的政治思想是地主阶级意志的表现，为地主阶级巩固封建专制政治服务。这一点是必须明确的。但是，任何人的思想的形成，受着各方面因素的影响，决不可能是铁板一块，所以，我们对许衡的政治思想也决不能持全盘否定的态度。在分析他思想的阶级实质的同时，对他思想中如上所述的合理的、积极的因素，也应该给予实事求是的肯定，给予批判的继承。

第四章　经济思想

儒家思想，具有轻经济而重伦理的特点，就大多数儒家学派的思想家来说，他们对经济思想的论述不够充分，许衡的思想也表现出这种状况，但他对爱民养民、减轻赋敛、发展经济、治生等问题，也作了论述。

一、爱民、养民

爱民、养民思想，是孔子先提出来的。他说："节用而爱人，使民以时。"[①]在"爱人"思想的基础上，他提出了养民、富民的思想。他认为，国家社会动乱是与统治阶级的剥削和人民的贫困分不开的。他说，"贫而无怨难"[②]，"好勇，疾贫，

① 《论语·学而》。

② 《论语·宪问》。

乱也。”[1]“放于利而行，多怨。”[2]他认为，“惠足以使人”[3]，要使人民服从你，社会安定，实现德治、王道，必须给老百姓一定的好处（“惠”）。他还进一步指出，国家的富足必须建立在人民富足的基础上才能实现。他说：“百姓足，君孰与不足？百姓不足，君孰与足？”[4]老百姓过着穷困的生活，要国家富强是不可能的。所以他主张实行养民、富民的政策。《论语》载：

> 子适卫，冉有仆。子曰：“庶矣哉！”冉有曰：“既庶矣，又何加焉？”曰：“富之。”曰：“既富矣，又何加焉？”曰：“教之。”[5]
>
> 其养民也惠，其使民也义。[6]

孔子以后，养民，富民成为儒家经济思想的重要组成部分。许衡继承孔子和儒家这一思想传统，提出“爱民”、“养民”的问题，他指出，“难君六目”，概括起来主要是“修德、用贤、爱民三者而已”[7]，“节用而爱民，使民以时。”[8]对于“爱民”、“养民”，他论述说：

---

① 《论语·泰伯》。
② 《论语·里仁》。
③ 《论语·雍也》。
④ 《论语·颜渊》。
⑤ 《论语·子路》。
⑥ 《论语·公冶长》。
⑦ 《鲁斋遗书》卷7。
⑧ 同上。

> 秦之苦天下久矣。加以秦汉之战，生民糜灭，户不过万，文帝承诸吕变故之余，入继正统，专以养民为务，其忧也不以己之忧为忧，而以天下之忧为忧；其乐也不以己之乐为乐，而以天下之乐为乐。今年下诏劝农桑也，恐民生之不遂；明年下诏减租税也，虑民用之或乏，恳爱如此，宜其民心得而和气应也。臣窃见前年秋孛出西方，彗出东方，去年冬彗见东方，复见西方，议者咸谓当除旧布新，以应天变。臣谓与其妄意揣度，曷若宜法文景之恭俭爱民，为理明义正而可信耶？天之树君，本为下民，故孟子谓民为重君为轻。[1]

> 今国家徒知敛财之功，不知生财之由，不惟不知生财，而敛财之酷又害于生财也。徒欲防人之欺，不欲养人之善，所以防者为欺也，不欺则无事于防矣。欲其不欺，非衣食以厚其生、礼义而养其心，则亦不能也。徒思法令之难行，不患法令无可行之地，上多贤才，皆知为公，下多富民，皆知自爱，则令自行，禁自止。诚能自今以始，优重农民，勿使扰害，尽驱游惰之民归之南亩，岁课种树，恳谕而督行之，十年以后，当仓库之积非今日比矣。[2]

在这里，他以汉文帝建立治道的历史经验，劝元世祖“以养民为务”，以天下之忧为忧，以天下之乐为乐，不要去

① 《鲁斋遗书》卷7。
② 同上。

相信那些迷信的言论。他进一步指出，“徒欲防人之欺，不欲养人之善”是不行的，要使人不欺，就要发展生产，使老百姓富起来，丰衣足食，并以礼义养其心。总之，他主张爱民，养民，富民。

许衡还认为，要养民，富民，做官的就“不当与民争利”[①]，就必须定民志，制民产，使民有恒产。他说：

> 上天下泽，履君子以辨上下，定民志，伊川传理甚详。民志不定，天下之争未已也。古时公卿大夫之下，位称其德，终身居之得其分也。……农工商贾勤其事而所享有限，故皆有定志而天下以治。后世自庶士以至公卿，日志于专荣，农工商贾日趋于富侈，亿兆之心交惇于利，天下纷然，虽英明之君有不得而理者矣。此趋竞之风不可遏，其君子则志欲无厌，其小人则故僻邪侈无不为也。尝谓中国之俗必土著，有恒产必使安其居，乐其俗，土田种树，父子兄弟嬉嬉于田里，不知有利欲之可趋也。……后世人岂必无恒心以安其分限，亦上之人区处不明有以驱之也。[②]

在这里，他对“农工商贾日趋于富侈，亿兆之心交惇于利”表示不满，主张定民志，制民产，使民有恒产以“养民”。这一思想，着眼于以血缘关系为纽带的小生产者的稳定，

---

① 《鲁斋遗书》卷4。
② 《鲁斋遗书》卷2。

有落后保守的一面，但他以“养民”和使人民安居乐业为目的，又有合理的一面。定民志，制民产，使民有恒产的思想，是他“爱民”、“养民”、“富民”思想的重要组成部分。

二、主张生财，反对聚敛

充足的财富储备，是保证国家正常活动的重要条件之一。许衡认为，财货虽是末事，但国家的用度必须依靠财货，缺少不得，所以他主张“生财”。他说：

> 财货虽是末事，然国家用度也少不得，若要发生此财货，自有广大道理。财货出于土田，须使百姓每都去耕种，不要闲了，这便是生之者众。百姓每纳得赋税与臣做俸禄，无有冒滥吃俸禄的人，这便是食之者寡。百姓每耕种要宜，赶趁时不要误了他，这便是为之者疾。国家用度时必须酌量撙节，有些余剩，这便是用之者舒。人君若能如此，则财自然常常足用了，这便是生财之道。①
>
> 仁德之君，知道此生财的道理，不专取民之财，使百姓每都富足，则百姓每都归向他，其身自然发达起来，这便是以财发身。无仁德的君，不知生财的道理，虽身弑国亡也不相顾，只管横取于民，积聚那财货起来，这便是以身发财。②

---

① 《鲁斋遗书》卷4。
② 同上。

他认为，不生财则国家用度无法维持，生财是完全必要的。但是，要生财就必须使老百姓不误农时，利用土地进行耕种，发展生产，同时注意“酌量撙节”，节约开支，决不能“横取于民”，聚敛钱财。他指出，有仁德的君则懂得生财的道理，使老百姓富足，“都来归向他”，足“以财发身”；无仁德的君则不懂得生财的道理，“虽身弑国亡也不相顾，只管横取于民”，聚敛财货，这是“以身发财”。根据这一思想，他反对聚敛。理由是：

第一，财聚则民散。他说：“人君以德为外以财为内，则百姓每都争斗劫夺，如何得相聚？所以说财聚则民散。若是以德为内，以财为外，则百姓每都爱戴归向，如何得离散？所以说财散则民聚。”①

第二，聚敛则民争夺。他说：“为人君的以德在外不去自明其德，以财为内专去聚敛那财，百姓每见在上的人如此，也都争斗劫夺起来，便是为人君的教他一般，所以说外本内末争民施夺。”②

第三，聚敛将失天命。他说：“凡有天下者，若能絜矩而散财得民，便得天命，而国家无难保矣。若不能絜矩而亡身殖货，便失了天命，而国家不可保矣。天命不常如此，为人君的岂不可思所以保之哉？”③

第四，财货不顺理进来，也将不顺理出去。他说：“人若

---

① 《鲁斋遗书》卷 4。

② 同上。

③ 同上。

有不顺理的言语出自于我，加于他人，他人也把那不顺理的言语加到于我。正似那财货一般，若有不顺理取将进来的，终也不顺理散将出去，这是必然之理。”①

从反聚敛的思想出发，他指出，国家不能要聚敛之臣，若要聚敛之臣不如要“盗臣”。他说：

孟献子说：养四匹马的人家是士初试为大夫的，他已有俸禄了，不当留心去养鸡豚。伐冰之家是卿大夫以上，丧祭得用冰的，他俸禄更加厚了，不当去养牛羊。这都是说，做官的不当与民争利。②

孟献子又说，有百乘的人家都是百姓每供给，不当养聚敛之臣。盖聚敛的臣剥民膏血以奉其上，不比盗窃之臣止盗府库之财而祸不及民。故君子与其有聚敛之臣，宁可有盗窃之臣。③

许衡认为，“百姓是国之本，财是百姓之心，多聚敛钱财，必损着百姓，必损着国家”。所以，财聚则民散，聚敛则民争夺，甚至要失去天命。他认为，对于国家来说，决不能让臣子去同老百姓争利。他甚至指出，要那些聚敛的臣不如要盗窃的臣，因为“盗窃之臣止盗府库之财”，并不祸及于民，而聚敛的臣则“剥民膏血”，损害那百姓的利益，使天下怨于上。

---

① 《鲁斋遗书》卷4。
② 同上。
③ 同上。

许衡提出的主张生财，反对聚敛的思想，虽然是从儒家仁政、德治的思想出发，把生财和反对聚敛作为德治思想的一个组成部分，但是，他提出仁德之君要“以财发身”不“以身发财”，注意生财，节用，不要去向百姓聚敛，“剥民膏血”，这些思想是有重要价值的，是对儒家经济思想的积极贡献。

三、本末之论与发展生产

本末是战国以后中国历史上对经济部门的一种划分。《盐铁论·本仪》：“古之立国家者，开本末之途，通有无之用。”“本”就是“本业”，又作“本务”或“本事”；“末”即“末业”，又作“末作”、“末事”、“末产”或“末生”。商鞅、《管子》的作者、荀子等都以农业（包括家庭纺织业）为“本”，以奢侈品生产和流通为“末”。韩非进一步以工商业为“末”。后来“本末”就逐渐形成为农业和工商业的通称。东汉末年的王符，对“本末”义作了进一步解释，认为“夫富民者以农桑为本，以游业为末；百工者以致用为本，以巧饰为末；商贾者以通货为本，以鬻奇为末”。可见，对“本末”的解释，其范围越来越大。许衡在论述经济时，也谈到本末问题。他说：

> 莫非惇本抑末以谨厚笃实为勤。则尚慕古人以敦本抑末实学为己任。①

① 《鲁斋遗书》卷 8。

有德则有人有土而后有财用，所以说德者本也，财者末也。[1]

学也天下之大事也，但问上之人好尚如何耳。贱工末技一日崇尚，尚且掀然于天下，况圣人大公至正之道？以此为学，庸可议乎？[2]

许衡所说的“本”，是指仁德，他所说的“末”，是指货财工商。他所说的“惇本抑末”，是儒家历来鼓吹的重伦理而轻经济的思想，认为集财货不能违反仁德。他提出惇本抑末，但他并不反对发展生产，他认为，发展生产增殖财货是必要的，不如此国家的用度就无法解决。他说：

人君于那百姓须在农闲时役使他，不妨误了他的农务，收取他当出的税粮又不过于厚，则百姓每都得安逸富足，乐于生业，故曰：所以劝百姓也。人君于那百工逐日看视，每月考较，均给与他廪食，必与他工作之高下相称，则惰者知勉，而能者知勤，故曰：所以劝百工也。人君于那远方宾旅，往则为之授节以送之，来则丰其供给以迎之，因能授任，以褒美其美，不强其所欲，以矜悯其不能，则天下之旅皆悦而愿出于其涂，故曰：所以柔远人也。[3]

人君于国中百姓能爱惜保养如父母爱子一般，

---

① 《鲁斋遗书》卷4。

② 《鲁斋遗书》卷2。

③ 《鲁斋遗书》卷5。

> 则百姓每蒙其恩泽，自然悦从，故曰：子庶民则百姓勤。人君于百工技艺能招徕安辑他，则百工每将他工作互相换易以生货财，国家用度自然充足，故曰：来百工则财用足。人君于那四方远人能柔而抚之，则凡为宾旅的闻风慕义，谁不来归？故曰：柔远人则四方归之。①

在这里，许衡不仅提出了不误“农务”，使百姓“安逸富足，乐于生业”等问题，而且主张招徕安辑“百工技艺”，“以生财货”。他认为，只有这样，才能增殖货财，使“国家用度自然充足”，使“四方归之”。许衡虽然提出惇本抑末，但是，这是在谈伦理道德与经济的关系时，强调仁德之重要而言。不过为了满足国家的用度，他对发展生产是很重视的。

在发展生产中，许衡又强调要正确处理好地力、人力和用度三者之关系，做到“取之有度，用之有节”，他说：

> 地力之生物有大数，人力之成物有大限。取之有度，用之有节，用常足；取之无度，用之无节，则常不足。生物之丰歉由天，用物之多少由人。
>
> 天地间为人为物者皆有分限，分限之外不可过求，亦不得过用。暴殄天物，得罪于天。②

所谓“大数”，是指地力的生物有一定的限度，所谓“大

---

① 《鲁斋遗书》卷5。

② 《鲁斋遗书》卷1。

限”，是指人创造物质财富受客观环境影响也有一定限度，所谓“取之有度，用之有节”，就是要人们从实际出发，根据主客观创造物质财富的可能性来安排消费。这一思想的提出，说明他对经济问题的研究已有一定深度。

四、“治生”的经济思想

经济思想方面，难能可贵的是，许衡提出了“治生”的主张。《通鉴说》：

> 又言为学者治生最为先务，苟生理不足则于为学之道有所妨，彼旁求妄进及作官嗜利者亦窘于生理之所致也。士君子当以务农为生，商贾虽为逐末，亦有可为者。果处之不失义理，或以姑济一时，亦无不可。若以教学与作官规图生计，恐非古人之意也。①

所谓“治生”，是指谋生计。《史记·淮阴侯列传》：“（韩信）始为布衣时，贫无行，不得推择为吏，又不能治生为商贾，常从人寄食。”从这条材料所说的韩信“不能治生为商贾，常从人寄食”看，“治生”正是谋生计之意。

在我国历史上，儒家重伦理道德而轻经济，在经济领域，他们又重“本”（农业）而抑“末”（工商业），认为为学而搞经济谋利有伤于义，儒者不足取，而去经商牟利，更有害于

① 《鲁斋遗书》卷13。

义，是绝对不能干的。这一思想，使他们为学一般限于政治伦理范围，使治学的视野不宽，对科学和经济问题研究不足。在这里，许衡认为，“生理不足则于为学之道有所妨”，所以他指出，“为学者”要以“治生最为先务”。他所说的“治生”，主要是指“以务农为生”，即搞农业，对于商贾，他认为，“商贾虽为逐末”，但如果“处之不失义理，或以姑济一时”，亦并不是不可为的。在这里，许衡明确地提出了两个问题：第一，为学要以“治生”为前提，没有一定的经济保证，即解决生计问题，为学或教育就搞不下去；第二，为了“治生”，为学者可以去搞农业，甚至也可以去经商。

许衡“治生”思想，把谋生计和务农、经商等经济问题提到了相当重要的地位，这在一定程度上是反儒家忽略经济，轻视商贾的思想潮流，引起人们对经济问题的重视，开拓了学术研究的视野，为儒家经济思想增添了新的积极因素，具有开创之功和补白之绩。它在我国经济思想史中的作用是应予肯定的。

在我国历史上，儒家重仁德而轻经济，在谈到经济时，又重本而抑末，其经济思想屈从于伦常道德和专制政治，这一思想，不利于促进经济的发展。许衡的经济思想从整体来说，并没有跳出儒家以仁德和政治谈经济的框架，也没有形成体系，但他除继承儒家的养民、富民、为民制产、轻赋薄敛思想外，还对经济问题作深入的探讨，提出一些颇有见地的思想。这主要是：对“生财”问题进行探讨，提出要“以财发身”不要“以身发财”的思想；对经济与政治的关系问题进行探讨，提出“财聚则民散”，“财散则民聚”的思想；对地力、人力和用度的关系问题进行探讨，提出了“取之有度，用之有节”的思想;对经济与人们生活的关系问题进行探讨,提出了“治生”的思想。这些思想,都在不同程度上为我国古代经济思想增添了新内容,做出了积极的贡献。这里特别要提出的是,许衡提出的“治生”思想,把人们的经济生活提到非常重要的地位,这一思想,不仅认为为了谋生计要搞被称为“本”的农业生产,而且还可以去搞被人们认为是“末”的商业。他的“治生”思想,在一定程度上突破了儒家重伦理政治而轻经济生活,重“本”而轻“末”的思想框架,为我国封建社会的经济思想增添了新的积极的内容,无论从理论上还是在当时的实践上,都具有一定的积极意义。

第五章　处世哲学与伦理思想

许衡继承了儒家的“中庸之道”和伦理学说，并在一生的实践中总结了处世和待人的经验，他的处世哲学与伦理思想十分丰富。

一、“中庸”思想

“中庸”是儒家的伦理思想。孔子思想中，“中庸”是同“仁”和“礼”密切联系的重要哲学范畴。在《论语》中，孔子谈到“中庸”的只有一处，即：“中庸之为德也，其至矣乎！民鲜久矣。”①但是，它贯穿于孔子思想的各个方面，在孔子思想中占有重要的地位，仅次于“仁”和“礼”。它是孔子的世界观，又是孔子的方法论。更重要的，它既是孔子待人接

① 《论语·雍也》。

物的基本道德,也是待人接物的基本原则。因此,孔子不仅把它称为“德”,而且称之为“至德”。可见孔子对它的重视。

孔子提出“中庸”思想,从社会根源来说,它是当时社会矛盾尖锐复杂的情况下,要求解决矛盾、调和人际关系的思想表现。从思想根源来说,同商周以来的“中和”、“中德”思想有密切关系。“中和”思想起源很早,在商周时已比较盛行。《左传·成公十三年》记载:“吾闻之,民受天地之中以生,所谓命也。是以有动作礼义威仪之则,以定命也。”这里的“中”是指中和之气,黎民庶姓皆为中和之气所生。“中德”思想也比较古老,西周初年,武王之弟康叔到封地就国之前,周公有一段训诰说:“尔克永观者,作稽中德。”①意思是说,到封地后要以“中德”思想作为处理一切政务的指导思想。处理事情要适中、有度。孔子的“中庸”思想,可以说是对“中和”、“中德”思想的继承和发展。

“中庸”的内涵是什么呢?《礼记·中庸》记载孔子的话说:“舜其大智也与!舜好问而好察迩言,隐恶而扬善,执其两端,用其中于民,其斯为舜乎!”《论语》也载帝尧和孔子的话说:“允执其中”②,“过犹不及”③。关于“中”,《说文》在“中”字解中也说:“中,正也。”南朝梁皇侃对《论语·雍也》“中庸之为德”作注解说:“中,中和也。”《说文》说:“庸,用也。”《尔雅·释诂》说:“庸,常也。”可见,所谓“中”是讲“中正”、“中和”;所谓“庸”,是讲“常”和

---

① 《尚书·酒诰》。
② 《论语·尧曰》。
③ 《论语·先进》。

"用"。总而言之,"中庸"是讲"中常之道",也是讲人们常用的掌握事物之"度"("中")的道理。对于"两端"的解释,郑玄在注解《中庸》时引用《论语》的话说:"两端,过与不及也。"这就是说,两端就是"过"与"不及"两个方面,就是事物的矛盾对立方面。由此可见,上面所引孔子说的"执其两端,用其中于民"和"允执其中"、"过犹不及",就是要求把握矛盾的对立面,取其"中道",把事情做得适度。关于孔子"中庸"的涵义,历来人们认为,宋朝的朱熹所作的解释较为符合孔子思想的原意。朱熹在《论语集注》中说:"中者,无过无不及之名也;庸,平常也。"[①]他在《中庸章句》注中又说:"中者,不偏不倚,无过不及之名。"[②]朱熹把"中"解释为"不偏不倚,无过不及",就是扣紧了"中德"、"中和"、"中道"和"允执其中"。他把"庸"释为"平常",就是认为"中庸"是用"中"之常道。

许衡继承了孔子和后儒的"中庸"思想,并且把它运用到实践中去。他对"中庸"的作用很重视,认为这是一种切实可行的圣学,不是什么"空言"。他说:"盖《中庸》一书所言圣学,始终之要尽在这一章里,读者当身体而力行之,不可视为空言可也。"[③]他引程子的话强调"中庸"的重要性。他说:

这个中庸的道理,推开去则充满于六合,收敛

① 《论语集注·雍也》。
② 《中庸章句》第二章注。
③ 《鲁斋遗书》卷5。

> 来则退藏于一心中间。意味无有穷尽。都是着实有用的学问，不比那虚无寂灭之教不可见于行事。善读这书的玩味思索于其中，义理件件看得明白，以之修身而身修，以之治人而人治，自少至老终身受用，有不能尽者矣。[①]

他认为，"中庸"不同于"虚无寂灭"的佛老之言，而是实实在在的学问，"以之修身而身修，以之治人而人治"。因为它是"中"，"中者，不偏不倚，无过不及之谓"，"故于时义而易合，时义既合，而吉可断矣。"[②]这是说，用"中庸"去处世，就会得好的结局（"吉"）。他还认为，有德的君子用"中庸"去治理天下，其德"恭敬隐微深密"，"天下的人观感盛德，自然平治矣"，"此乃圣人至德渊微的效验，乃中庸之极功也"[③]。在他看来，"中庸"的作用是不可限量的。那么什么是"中庸"呢？他说：

> 程子解中庸说，这里具于人心，无所偏倚，所以名之曰中；行之日用不可改易，所以名之用庸。[④]
>
> 中庸是说事行得恰好之处。子思说人心本自广大，君子不以一毫私意自蔽。以推致吾心之广大，而

---

① 《鲁斋遗书》卷 5。
② 《鲁斋遗书》卷 6。
③ 《鲁斋遗书》卷 5。
④ 同上。

于析理又必到那精微处，不使有毫厘之差；人心本自高明，君子不以一毫私欲自累，以推极吾心之高明，而于处事又必由那中庸处，不使有过与不及之谬。①

中庸即是那不偏不倚无过不及，平常的道理。子思引孔子话说，天下之理过则失中，不及则未至，惟有这中庸的道理不失之太过，不失之不及，所以为至。②

程子又说，中者是天下共由的正道，庸者是古今常行不变的定理。如父子之亲，君臣之义，夫妇之别，长幼之序，朋友之信，天下之人谁能不由此道理行？从古至今谁能变易得？所以说中者天下之正道，庸者天下之定理。③

由上面材料可以看到，许衡与孔子和后儒一样，仍然把中庸看成是不可变易的不偏不倚、无过不及之定理和达道。他还认为，这个中庸，在未发时是“天命之性”，“天下万事万物之理皆从此出，道之体也”，是“天人之大本”。发的时候“皆中节之和”，“便是率性之道”，是“天下古今所共由之路”④，是“至德”。

“中庸”之道是“至德”，对人们非常重要，但是，并不

---

① 《鲁斋遗书》卷5。

② 同上。

③ 同上。

④ 同上。

是什么人都能行“中庸”的，只有君子圣人“能之”[①]。他说：

> 子思引他祖孔子的言，说，君子之人中庸之道身体而力行之，日用常行无不是这个道理，故君子中庸。小人之人中庸之道不能身体力行之，日用常行却违背这个道理，故曰小人反中庸。[②]

许衡继承了孔子和后儒的“中庸”思想，承认人们在待人接物中存在着矛盾对立，但他不主张扩大矛盾、激化矛盾，而是主张在“中德”、“中和”、“中道”、“中正”的基础上，也就是在适度和合理的情况下解决矛盾。这一思想，反映了封闭式农业社会追求自我满足、协调平衡和求静不动的特点。它虽然具有调和矛盾、缺乏进取精神的一面，但它强调适度、合理，提倡中和之美、崇德利用，又有一定的积极意义。

“中庸”思想是许衡处世哲学、待人哲学和伦理思想的理论基础。

二、处世思想

许衡继承儒家的“中庸”思想和伦理观念，在长期的实践中，总结了一套处世思想。

---

① 《鲁斋遗书》卷5。

② 同上。

(一)顺理 不偏

处理问题,许衡强调"为其所当为",做到"身之所为坦然安舒,无所入而不自得"①,"无有慕外之心"②,做到"顺理"而行。他说:

> 大抵圣贤成事,只是将好恶、黜陟、杀生、予夺布摆得是,上下顺理。③
>
> 一件事摆到跟前,心里便有处置使心定,心既定更休动便是静,能心静不乱便是能安,能安呵便是能处置,便理合得,那不合怕的不怕,不合喜的不喜,不合怒的不怒,不合忧的不忧。④
>
> 天下只问是与不是,休问乐与不乐,若分明知得这壁是那壁不是,虽乐亦不从也。⑤

许衡强调,处理事情只要看是不是"为其所当为",是不是顺理,是不是应该如此,不要去考虑怕不怕、喜不喜、怒不怒、忧不忧、乐不乐。这是说,处理问题要看是不是合理,是不是正确,只要是合理的,正确的,就应该办,决不能从个人的思想情绪和利益得失出发。根据这一思想,他

---

① 《鲁斋遗书》卷5。
② 同上。
③ 《鲁斋遗书》卷2。
④ 《鲁斋遗书》卷3。
⑤ 《鲁斋遗书》卷2。

提醒人们处理问题要防止片面（“偏”）。他说：

> 人若偏于所好，虽其人有所恶的，恶也不知了。人若偏于所恶，虽其人有可好的，美也不知了。若其于所好的人却能知其恶，于其所恶的人却能知其美，这等好恶不偏的人，天下不可多得。①
>
> 人的情有所向，便不无陷于一偏，所以俗言说，那溺爱不明的人，他的儿子虽是不肖也不知，只说是好；那贪得无厌的人，他的苗虽是茂盛也不知，只说不茂盛。这都是偏之为害，家所以不齐了。②
>
> 人于贫贱的人固当怜悯，若只管随其情之所向，不知这样的人也有不当怜悯处，一向怜悯他，这便是哀矜，陷于一偏。平常的人固当简慢，若只管随其情之所向，不知道这样的人也有不当简慢处，一向简慢他，这便是傲惰，陷于一偏。③

在这里，他列举了各种“偏”的情况，并从“中庸”思想出发，强调全面地看问题，主张两点论，反对一“偏”（即片面性）。他认为，人如果易于“偏”，就不知道好恶、美丑，就会身不修，处事不当。所以，他把防偏作为处世的重要问题提了出来。

顺理和不偏，就是要求人们在处事时要尊重客观规律，全

---

① 《鲁斋遗书》卷 4。
② 同上。
③ 同上。

面地看问题，按理办事，不要片面地处理事情。这是一种正确的处事态度，应予肯定。

（二）正己 有为

在处世中，许衡强调要严于律己，认为只有“正己”才能去“正人”，只有“自加提策”才能有所作为，他说：

> 有位的君子必须自家有这等善处，然后可以责那下人之善，若自家无善呵，便如何去责得他；自家无这等恶处，然后可以正那下人之恶，若自家有此恶呵，如何去正得他。①
>
> 日用间若不加提策，则怠惰之心生焉，怠惰之心不止，于悠悠无所成，而放僻邪侈随至矣。②

他认为，一个人生活在社会中，要真心做点事情，必须从“正己”开始，严格要求自己，只有这样，才能立志把事情做好。他说：

> 志伊尹之所志，学颜子之所学，出则有为，处则有守，丈夫当如此。出无所为，处无所守。所志所学将何为？③

① 《鲁斋遗书》卷4。
② 同上。
③ 《鲁斋遗书》卷1。

许衡的“正己”、“有为”思想，提出一种大丈夫的精神气概。他要求人们“志伊尹之所志，学颜子之所学”，严于律己、正己，自加提策，做到“出则有为，处则有守”。这一思想，虽然打上了封建地主阶级的阶级烙印，但人贵有一点精神，他强调人们要具有“律己”、“有守”、“正己”的大丈夫精神，是难能可贵的。

（三）慎独 不遽

“慎独”是儒家的用语。指当独处而无人觉察时，仍谨慎地使自己的行为符合道德标准。《礼记·中庸》：“莫见乎隐，莫显乎微，故君子慎其独也。”东汉郑玄注：“慎独者，慎其闲居之所为。”[①]宋明理学家们把“慎独”作为人们自我修养的方法。许衡继承宋明理学的思想，对慎独颇为重视，并加以论述。他说：

> 独是自家心里独知处，好善恶恶，实与不实，他人所不及知，是我自家心里独知道这等去处。君子必要谨慎以审其几微，所以说君子必慎其独。[②]
>
> 君子于自己独知之地，内自省察无有不善的疾病，方能无慊于心，这君子众人所以不能及者……
>
> 君子之人不待动而应事接物之时方才敬谨，于

---

① 郑玄《礼记注》。

② 《鲁斋遗书》卷4。

那未动时其心已敬谨了。不待发言时方才诚信，于那未言时其心已诚信了。[①]

许衡同宋明理学家一样，把"慎独"作为修养方法，强调"谨慎以审其几微"，做到"内自省察无有不善"，"未言时其心已诚信"。他指出，要做到"谨慎"、"诚信"，就必须"审而后发"，遇事不遽。他说：

审而后发，发无不中。否则触事遽喜，喜之色见于貌，喜之言出于口，人皆知之，徐议其故，知无可喜者，则必悔其喜之失，甚至先喜后怒，先喜是，则后之怒非也。[②]

汲汲焉毋欲速也，循循焉毋敢惰也。非止学问如此，日用事为之间皆当如此，乃能有成。

祸福荣辱死生贵贱，如寒暑昼夜相代之理，若以私意小智妄为迎辟，大不可也。

毁不可遽，誉亦不可遽，喜不可遽，怒亦不可遽。处人须要重厚待人，须要久远，顾岁晏如何耳。一时一暂便动摇去，从他做毁誉，后段便难收拾。[③]

---

① 《鲁斋遗书》卷5。
② 《鲁斋遗书》卷7。
③ 《鲁斋遗书》卷1。

遽是急速之意。他认为，欲速则不达[1]，人们要有孜孜不倦的精神，不可怠惰，但不能急速、冒失地处理事情，必须做到“汲汲焉毋欲速也，循循焉毋敢惰也”。无论碰到什么事情，如喜怒、哀乐、毁誉之类，都必须谨慎对待，做到“审而后发”，做到“发无不中”。他指出，人们处理事情，胆要大，心要小。所谓胆大，是“勇于义也”，所谓心小，就是“事事谨慎也”。

许衡慎独、不遽的思想，是要人们加强自身的修养，小心谨慎，从容不迫地去对待事情，这一处事态度，基本上是正确的。

（四）不骄　不怒

谦虚谨慎、平心静气地处理问题，不骄傲、不迁怒，这是许衡处世的重要态度之一。关于不骄，他说：

> 天地间当大著，心不可拘于气质，局于一己，贫贱忧戚不可过为损获，贵为公相不可骄，当知有天地国家以来多少圣贤在此。位贱为匹夫不必耻，当知古昔志士仁人多少屈伏甘于贫贱者。无入而自得也，何欣戚之有？[2]
>
> 此知之过而不择手，善行之过而不用其中，不

① 《鲁斋遗书》卷 7。
② 《鲁斋遗书》卷 1。

当强而强者也，圣人岂肯为此事哉！[①]

在这里，他把人放在时间和空间中加以考察，从宇宙之大、历史发展之长、圣人辈出等方面，说明任何人都没有骄傲的理由。并指出，“不当强而强”的事是圣人所不为的。他这些见解是颇为深刻的。他不仅主张不骄傲，又主张不迁怒。有人问他不迁怒的事，他说：“是圣人境界之事也。”当问他怎么才能做到不迁怒时，他说：“且自忿思难为始。”[②]他认为，不迁怒是修身的重要问题之一，必须注意。他说：

> 曾子说经文所言修身在正其心者为何？盖恼怒、畏怕、欢喜、愁虑这四件是人心里发出来的情，人人都有，但当察个道理上，不当恼怒却去恼怒，则恼怒便偏了；不当畏怕却去畏怕，则畏怕便偏了；不当欢喜却去欢喜，则欢喜便偏了；不当愁虑却去愁虑，则愁虑便偏了。这四件偏了，心使不正，如何能修得自家的身子。[③]

他在这里所说的“不怒”，并不是说人完全没有怒，或该怒的不怒，而是说不当怒的不要去怒。他认为“恼怒”、“畏怕”、“欢喜”、“愁虑”是人心里发出来的“情”，并且把反对

---

① 《鲁斋遗书》卷5。
② 《鲁斋遗书》卷2。
③ 《鲁斋遗书》卷4。

“不当恼怒却去恼怒”、“不当畏怕却去畏怕”、“不当欢喜却去欢喜”、“不当愁虑却去愁虑”作为自家修养的基本要素，并作为他的处世态度。

许衡的处世思想，是建立在“中庸”思想和伦理观念的基础之上的，它受着封建伦理道德的限制，但是，这些思想毕竟是他长期实践经验的总结，它有许多合理成分。他提出的顺理、不偏，正己、有为，慎独、不遽，不骄、不怒等思想，对于指导人们的处世实践，有一定的积极意义。

三、待人哲学

在处理人际关系上，就君臣关系和宗法关系说，孔子讲的是等级统治，并不主张平等，但在处理一般的人与人的关系上，他主张坚持平等原则，强调“修己”和“爱人”。就“修己”来说，孔子强调“修己以敬”，坚持“恭、宽、信、敏、惠”[①]五种美德，做到“居处恭、执事敬、与人忠”[②]，即严格地要求自己，主动克服自己不符合于“礼”的要求。就“爱人”来说，孔子主张推己及人，做到“己所不欲，勿施于人”，“博施于民而能济众”。许衡的待人哲学，基本上是继承孔子这些思想，但他总结了实践经验，对这一思想有一定的发挥。

① 《论语·阳货》。

② 《论语·子路》。

（一）推己及人

推己及人是许衡待人哲学的中心思想。有人问他“推己及人恕也，以己及人仁也”的问题，他说：“推字譬之身上有些痛，从上至下遍身寻觅捝著，所谓推己，犹自用功夫。”[①]他又说：

> 如人以横逆加于我，我心里不欲他如此，则推己之心以度人，知道他的心与我一般，我也不以此横逆加于人，这便是忠恕之事。[②]
>
> 自家不能有善而无恶，却要去责人之善，正人之恶，这便是所存乎身的不恕了，如何能晓谕得他人，使他为善而不为恶？必无此理。[③]

这是说，如果不要别人“横加于我”，我也不要“以此横加于人”，如果自家“不能有善而无恶”，就不能去“责人之善，正人之恶”。总之，就是要推己及人，将心比心。

（二）责己责人　成己成人

从推己及人出发，他认为，只有责得自己才责得别人。

---

① 《鲁斋遗书》卷 2。
② 《鲁斋遗书》。
③ 《鲁斋遗书》卷 4。

他说：

> 责得人深者必自恕，责得己深者薄责于人，盖亦不暇责人也。自责以至于圣贤地面，何暇有工夫责人。见人有片善早仿学他，盖不见其人之可责，惟责己也。①
>
> 责己者可以成人之善，责人者可以长己之恶。②

在这里，他把责人与责己联系起来，认为“责得人深者必自恕”，“责己者可以成人之善”。这些思想是比较深刻的。与此思想相联系，他又说到成己成物问题。他说：

> 每事须要成人之事，在己者虽不得可也。今人只是成己，虽稍知自克终不能克也，只要成己事，他人事虽坏了，不恤也。己欲立而立人，己欲达而达人，成己便成物。③
>
> 恐害己者心思所以害人也，岂知利人则未有不利己者也。至于推动公事已得大情，适当其法，不旁求深入，是亦利人之一端也。彼俗吏不达此理，专以出罪为心，谓之阴德。予曰：不然。履正奉公，嫉恶举善，人臣之道也。有违于此，则恶者当害之而

① 《鲁斋遗书》卷1。
② 同上。
③ 《鲁斋遗书》卷2。

反利之，善者当利之而反害之，显不能逃于刑赏，幽不能欺于神明，顾阴德何有焉？[①]

责人与责己、成人与成己思想，可以说是推己及人思想的进一步发挥，是孔子"己欲立而立人，己欲达而达人"，"己所不欲，勿施于人"思想的继续。在阶级社会中，任何人都处在一定的阶级地位中生活，人与人的关系，决不是抽象的关系。所以，在阶级社会里，要完全做到"己欲立而立人，己欲达而达人"，"己所不欲，勿施于人"，是不可能的。但是，决不能说这一思想的提出是毫无意义的。因为作为一个思想家，他以代表全民利益的姿态提出这一思想，的确存在着欺骗劳动人民的一面，起着麻痹劳动人民阶级意识的作用，然而它又具有鼓励人民去除恶务善，追求树立美好人格的一面。许衡提出的责人责己、成人成己思想，同样具有这样的性质。一方面，作为封建社会的思想家，他提出的这些道德型的人际关系思想，显然具有阶级性，存在着麻痹劳动人民阶级意识的一面，但这些思想，作为人们的行为规范和处世态度，它又具有一定的积极意义。因此，我们对许衡所提出的这些思想，既不能全盘肯定，又不能全盘否定，而是经过"扬弃"，吸收其积极的思想因素。

（三）絜矩之道

絜矩是儒家的伦理思想。絜，有约束、固执等义；矩，制

---

① 《鲁斋遗书》卷 1。

作方形的工具，引申为法度、规范。所谓“絜矩”，是指遵循和执行道德规范。《礼记·大学》：“上长长而民兴弟，上恤孤而民不倍，是以君子有絜矩之道也。”又说：“所恶于上毋以使下，所恶于下毋以事上，……此所谓絜矩之道。”东汉郑玄注：“絜犹结也，絜也。矩，法也。君子有絜法之道，谓常执而行之，动作不失之。”许衡继承这一思想，对“絜矩”作了论述。他说：

> 絜是度，矩为方的器具。孝弟慈三件上行下效，可见人同此心，是指君子在上，必当因其所同推以度物，使天下之人各遂其愿也。都尽得那个孝弟慈的道理，不可使他有一个不得其所，所以说君子有絜之道也。①
>
> 曾子复解絜矩二字的意思说，假如不欲在上的人以无礼使我，便以我的心度量在下的人，知他的心与我一般，也不敢以此无礼使他。如不欲在下的人不忠于我，便以我的心度量在上的人，知他的心与我一般，也不敢以此不忠事他。②
>
> 如不欲前面的人以不善待我，便以我的心度量后面的人，也不敢以此不善先加于他；如不欲后面的人以不善待我，便以我的心度量前面的人，也不敢以此不善及于他。③

---

① 《鲁斋遗书》卷1。
② 《鲁斋遗书》卷4。
③ 同上。

> 如不欲右边的人以不善加于我，便以我的心度量左边的人，也不敢以此不善交于他；如不欲左边的人以不善加于我，便以我的心度量右边的人，也不敢以此不善交于他。①

许衡引曾子的话作结论说："人能把此心度量这上下四旁处，得他都要均齐方正，不使有一物不得其所，这便是絜矩之道。要平天下需用这道理。"②可见，在许衡看来，"絜矩"是以推己及人、将心比心去推行封建伦理规范的原则，是伦理型的人际关系所应遵循的一个原则。

儒家注重伦理道德，他们所谈的待人哲学，基本上是伦理型的。许衡继承这一思想，其人际关系思想也是伦理型的。其中心思想是推己及人，成己成人，责己责人，"己欲立而立人，己欲达而达人"。它是以血缘关系为纽带的封闭式的宗法社会和小农经济的思想反映，它与在商品经济发展的情况下，所形成的经济型的人际关系迥然不同。

四、义　利　观

义利观是儒家思想的重要组成部分，也是儒家价值观的思想核心。"义"和"利"问题，中国的古代经典《周易》就已提出。它说："利者义之和也。"又说："利物是以和义。"③

---

① 《鲁斋遗书》卷 4。
② 同上。
③ 《周易·乾卦·文言》。

但是，把义和利作为伦理观和价值观中一对范畴，并加以论述，则是从孔子开始。

孔子说："君子喻于义，小人喻于利。"[①]他这里所说的"君子"和"小人"，并不是阶级意义上的"君子"和"小人"，而是指道德、人格上的"君子"和"小人"。这里所说的"义"，是指以"礼"为准绳的人们行为的伦理规范。他说："君子义以为质，礼以行之。"[②]"礼以行义。"[③]《中庸》也说："义者，宜也……礼所生也。"可见，行"义"须按"礼"，符合"礼"的就是"义"，不符合"礼"的就是"不义"。这一思想，后来进一步发展，认为凡符合国家民族整体利益的就是"义"，不符合国家民族整体利益的就是"不义"。这里所说的"利"，是指人的物质利益和生活待遇。孔子指出，君子懂得大义，而小人只懂得小利。他提出"义"高于"利"的思想，认为人们在处世中，首先要看到的是符不符合"义"，而不是先看有没有"利"。孔子这一思想，为后儒所继承和发挥，成为儒家伦理观与价值观的重要组成部分。围绕着义和利问题，历史上多次展开论战，其中以南宋时期陈亮和朱熹关于义与利、王与霸之争最为突出。在义与利问题上，许衡继承了孔子和儒家思想，提出自己的义利观。

许衡认为，"义"就是"宜"，"仁者便有义，义是分别事理使各得其宜"[④]，而利则是人们的物质利益和生活待遇。关

① 《论语·里仁》。
② 《论语·卫灵公》。
③ 《左传·成公二年》。
④ 《鲁斋遗书》卷5。

于“义”与“利”的关系，许衡说：

> 后世臣子谋于君，只说利害。若如此以利害相恐动，则利害不应时，都不信了……人只有当言义理可与不可，当与不当……人只当于义理而已，利害一切不恤也。①
>
> 庸人之目见利而不见害，见得而不见失，以纵情极欲为益己，以存心养性为桎梏，不丧德殒身而不已。为君子所为见微而知著，遏人欲于将萌。②
>
> 恐害己者，心思所以害人也。岂知利人则未有不利己者也。③

对于“义”与“利”的关系，许衡认为，“义”比“利”重要，“利”要服从“义”。如果都去讲“利”，那么，当碰到利害不符时，就不相信了。他认为，一个人考虑问题，应该是考虑“义理可与不可，当与不当”，不要去考虑利害的问题。那种“见利而不见害，见得而不见失”的人，必然是“以纵情极欲为益己，以存心养性为桎梏”，必然是人欲存而天理无。这种人，不懂得利人可以利己。人是社会的一分子，人们生活在社会上，不能不考虑社会的整体利益，但是，没有一定的物质利益人们就不能维持其生活，合理的个人物质利益是完全必要的。许衡的义利观，把义与利对立起来，认

① 《鲁斋遗书》卷 1。
② 同上。
③ 同上。

为人们只要讲义而不要去讲利。这是对孔子义利观的简单继承,虽然他提出的利人则利己的思想有某些积极因素,但从总体上说,他的义利观并没有太多新的东西。

五、纲常思想

纲常指儒家的"三纲五常",即"三纲"、"五常"的合称。"三纲"是指封建社会中三种主要的道德关系。《白虎通·三纲六纪》:"三纲者,何谓也? 君臣、父子、夫妇也。"《礼记·乐记》:"然后圣人作为父子君臣以为纪纲。"孔颖达疏引《礼纬含文嘉》:"君为臣纲、父为子纲、夫为妇纲。"纲是提网的总绳。为纲,是居于主要或支配地位的意思。"五常"指仁、义、礼、智、信五种道德规范。西汉董仲舒《举贤良对策一》:"夫仁、谊(义)、礼、知(智)、信五常之道,王者所当修饬也。"儒家把它同"三纲"结合起来,作为维护封建等级制度的道德教条,简称之为"三纲五常"或"纲常"。许衡对封建社会的纲常名教十分重视。他说:

> 父子之亲,君臣之义,与夫妇长幼朋友,亦莫不各有当然之则,此天伦也。苟无学以明之,则违远人道与禽兽殆无少异。
>
> 自古及今,天下国家惟有三纲五常,君知君道,臣知臣道,则君臣各得其所矣。父知父道,子知子道,则父子各得其所矣。夫知夫道,妇知妇道,则夫妇各得其所矣。三者既正,则他事皆可为之。此

或未正，则其变故有不可测知者，又奚暇他为也。[①]

他认为，三纲五常是人间大道，是人区别于禽兽的根本标志，若按三纲五常，“他事皆可为之”，如果不按“三纲五常”办事，其变故“有不可测知者”。在君臣、父子、夫妇的关系中，他强调以君、父、夫为纲。他说：

天下皆以阳者为天为君为夫，阴者为地为臣为妇。阳尊而先，下求于阴，天先乎地，君先于臣，夫先乎妇者，合乎理也。其在下阴求乎阳止有二焉，一则为臣在遭难中不能自保者，一则童蒙求师发蒙者，除此皆不可言求也。[②]

从这些材料可以看到，许衡几乎是重复了儒家历来所鼓吹的天尊地卑、阳尊阴卑以及君为臣纲、父为子纲、夫为妻纲等封建纲常思想。他对封建君臣关系论述说：

臣子执威权未有无祸者，岂惟人事，天道亦不许。夫月阴魄也，借日为光，与日相远则光盛，犹臣远于君则声名大，威权重；与日相近则光微，愈近愈微。臣道阴道，理当如此。大臣在君侧而擅权，此危道也。古人举善荐贤，不敢自名，欲恩泽出于

① 《鲁斋遗书》卷1。
② 《鲁斋遗书》卷2。

君也。刑人亦然,恩威岂可使出于己,是生多少怨敌,危亡可立待也。故月星皆借日以为光,及近日则失其光。此理殊可玩索。[1]

在这里,他把封建帝皇比做太阳,认为臣下们像星星月亮一样,是靠太阳来发光,并说离太阳越近发的光越暗淡,他用这些所谓"天道"思想,警告那些"在君侧而擅权"的大臣。这些思想的实质是鼓吹事君以忠,维护封建皇权的至高无上地位。

对于孝父为中心的宗亲关系。他说:

正伦理笃恩义,家人之道也,人之处家,在骨肉父子之间,大抵以情胜理,以恩夺义,惟刚正之人,则能不以私爱失其正理……

兄弟同受父母一气所生,骨肉之至亲者也。今人不明义理,悖逆天理,生虽同胞,情同吴越,居虽同室,迹如路人,以至计分毫之利而弃绝至恩,信妻之言而结为死怨,岂知兄弟之义哉。[2]

在家事兄之弟,即是国之所以侍奉尊长的道理。[3]

事亲大节目是养体、养志、致爱、致敬四事,中

---

① 《鲁斋遗书》卷 1。
② 同上。
③ 《鲁斋遗书》卷 4。

致爱致敬尤急，所以孝只是爱亲敬亲两事耳。①

中国封建社会是建立在以血缘关系为纽带的宗法制度的基础上的，“孝父”是封建伦常的核心，“忠君”则是孝父的延长和放大。在这里，许衡论述了以“孝父”为核心的宗亲关系，为他的伦常思想打下了思想基础。

在封建纲常中，“纲”与“常”是密切联系的，没有“纲”就不能表现“常”，没有“常”也不能维护“纲”。许衡对封建道德十分重视，作了多方面的论述。他说：

苟志于仁矣，无恶也。志于仁则事有本，故能立人，而无仁如礼乐何？礼乐无所措矣。无本不立。②

孔子告哀公说，天下古今人所通过的道理有五件，所以行这道理却在于知仁勇三者之德。那五件是天下的达道，相临而为君臣，君臣有个义的道理；相生而为父子，父子有个亲的道理；相配而为夫妇，夫妇有个别的道理；同气而为兄弟，兄弟有个序的道理；同道而为朋友，朋友交接有个信的道理。这五件是人人之所固有，人人之所通行。所以为天下之达道也。③

这知仁勇三件乃天下古今所同之理，所以说天

① 《鲁斋遗书》卷1。
② 《鲁斋遗书》卷2。
③ 《鲁斋遗书》卷5。

下之达德。然要行这三达德，又只在一件，是那一件？不过是诚而已。[1]

许衡的道德观念以“仁”为本，以孝悌、忠恕、礼义为重点。道德是社会关系的产物，许衡所说的道德，是封建地主阶级的立身根据和行为准则。他把这些道德观念和封建的“三纲”结合，形成了一套维护封建专制统治的伦理纲常。

六、修养观

“修养”是儒家伦理观的重要组成部分。儒家鼓吹德治、仁政，把“正心”、“修身”看成齐家、治国、平天下的前提。许衡完全继承了这一思想，把“修身”提到非常重要的地位。他说：

自天子而下，诸侯卿大夫以至于庶民百姓，贵贱虽不同，一切都要把修身作根本。盖身是天下国家的根本，有天下国家之责者，能修这身，则家可齐，国可治，而天下可平矣。《大学》之教最要紧还在修身上，所以说壹是皆以修身为本。[2]

身为国家天下的根本，身若不修，则其根本先乱了，如何得齐家、治国、平天下。[3]

---

① 《鲁斋遗书》卷5。
② 《鲁斋遗书》卷4。
③ 同上。

> 孔子道修身在正心。这个是《大学》一个好法度，能正心便能修身，能修身便能齐家，能齐家便能治国，能治国便能平天下。那诚意格物致知都从这上头做根脚来。[1]

许衡认为，没有“修身”，就不会有德治和仁政，也不可能有齐家、治国、平天下。所以，“修身”是一个根本性的问题。为什么要修身呢？这是因为，“理”和“天命之性”虽然是纯善的，但“气”和“气质之性”有善有不善。由于，“天命之性”受“气质之性”的影响，所以，只有通过内在的修养，去掉“人欲”，保持“天理”，才能使人保持封建的纲常名教，成为符合封建道德的善人。可见，他的修养观，是建立在他的理学唯心主义和人性论的基础之上的。

从上述思想可以看出，他所说的“修养”的基本内容，实质上是存天理灭人欲的道德修养活动。他说：

> 巧言令色，人欲胜天理灭矣。人但当修心自理，不问与他合与不合，果能自修，天下人皆能合。若只以巧言令色求合，则其所合者可知矣。[2]
>
> 幽暗之中细微之事，人以为可忽者，殊不知其迹虽未形而几则已动，人虽不知而己独知之，则是天下之事，更无有著见明显而过于此者。所以君子之心，既常戒惧，而于幽暗之中、细微之事，虽人所

① 《鲁斋遗书》卷 3。
② 《鲁斋遗书》卷 1。

不知而己所独知之地，尤必极具谨慎而不敢忽。所以遏人欲于将萌，而不使其潜滋暗长于隐微之中，以至离道之远也。①

子思说君子因道不可离，心里常存敬畏，于那目所不见之处，虽是须臾之顷，亦戒慎而不敢忽；于那耳所不闻之处，虽是须臾之间，亦恐惧而不敢慢，所以存天理之本然，而不使离道于须臾也。②

很显然，他的所谓修养，就是通过"修心自理"、"遏人欲于将萌"，"存天理之本然"，使人们不可"离道于须臾"。这是一个存天理、灭人欲的伦理修养活动。他这里所说的伦理修养活动，就是《大学》所说的"在明明德"、"在亲民"、"在止于至善"。他对《大学》这三句话作了解释，通过解释发挥其思想。

对于"大学之道在明明德"他解释说：

大学之道是《大学》教人为学的方法，明是用功夫明之，明德是人心本来元有的光明之德。夫子说，古时大学教人的方法，当先用功夫明那自己之德，不可使昏昧了。③

对于"在亲民"他解释说：

① 《鲁斋遗书》卷5。
② 同上。
③ 《鲁斋遗书》卷4。

> 亲字本是新字，民是指天下百姓说。夫人为学既明了自己明德，又当推此心使那百姓每各去其旧染之污，以明其明德，也都一般不昏昧。[1]

对于“在止于至善”他解释说：

> 止是必到这里不改移的意思，至善是说极好的去处。夫人之学明自己的明德，新百姓每日明德，都要到极好的去处，不可改变些，方是成功。这三句是《大学》一部书的纲领，所以叫做三纲领。[2]

由此可见，他所说的“明明德”，就是用功夫明自己本心原有的光明之德（即“明德”），并推而至于百姓，使百姓也去掉“旧染之污”，明本身之明德。这样使每个人都至善，达到那极好的去处。这一思想，实质上就是孟子所说的致吾之知，不假外求的内心的修养功夫。人之所以能致吾之知，不假外求，这是因为“天理”具于人心，只因为受不善之“气”的影响不能显现出来，所以要去掉污染而把“天理”解放出来。他的修养过程，也就是人们掌握“天理”的过程。

处世思想是人们待人、处事所持的态度，所守的原则的思想表现。许衡继承儒家的中庸思想和处世思想，并总结了长期社会实践的丰富经验。在处世方面，他提出顺理、不偏、

---

① 《鲁斋遗书》卷 4。
② 同上。

正己、有为、慎独、不遽、不骄、不怒以及推己及人、责己责人、成己成人、絜矩之道等思想，虽然存在着浓厚的封建地主阶级的思想意识，但也有不少积极的内容，有些内容在今天仍有借鉴意义。在伦理观方面，他的义利观提出利人则利己思想，有某些积极因素。但是，从总体来说，他的伦理观基本上是对儒家思想的重复，是封建地主阶级意志的表现，缺乏新的积极因素。不过，值得指出的是，在天理与人欲问题上，许衡虽然有所谈及，但他主要是运用于人们的思想修养方面，并不注重利用它对百姓的所谓“人欲”进行压抑。这一点，他同南宋程朱和明代王阳明有明显的不同之处。

第六章　科学与文化思想

许衡对天文历法造诣很深，对医学、文化、诗词、历史也颇有研究。在这里，我们对他这些思想加以论述。

一、天文历法

我国是世界上天文历法发展最早的国家之一，从殷商时代遗留下来的甲骨文片看，我国早在三千多年前，就已经有丰富的天象记载。殷商以后，经过三千多年的发展，到元代，已经具有较高的水平。元代的天文学，除继承中国历史上丰富的天文学遗产外，又吸收了阿拉伯人的天文知识，成果甚丰。在元代，许衡、郭守敬、王恂等人，天文学的造诣很深，在发展天文历法上做出积极的贡献。

元初所沿用的《大明历》是金天会五年（公元 1127 年）在宋《纪元历》的基础上稍作修改而成的，大定二十年（公元

1180年)又重修。但由于用了一百多年,基本数据未变,随着年代增长,已经出现了历法与天象不符,发生了节气差错、日月食不准等弊端。至元十三年(公元1276年),元朝政府下令修改历法。《考岁略·续》记载:

> 丙子年六十有八,六月,召订历法。帝以承用《大明历》岁久浸差,命王恂与江南日官更造新历,以枢密副使张易董其事。易、恂奏,历家徒知历数,罕明历理,宜得耆儒许衡商订之。乃召至大都。

又据《元史》记载:

> 国家自得中原,用金《大明历》,自大定是正后六七十年,气朔加,时渐差。帝以海宇混一,宜协时正日。十三年,诏王恂定新历,以为历家知历数而不知历理,宜得衡领之,乃以集贤大学士兼国子祭酒,教领太史院事,召至京。①

由于王恂等人的推荐,既明历理又通历数的天文历法专家许衡,被朝廷任命为集贤大学士兼国子祭酒,教领太史院事,担任元王朝这次制订历法的总的负责人。在封建社会,历法关系到政治活动、经济生活和农业发展,制定历法是一件大事。许衡被委以这一重任之后,对此事十分重视,运筹帷

① 《元史·许衡传》。

幄，想办法把这件事做好。据《元史》记载：

衡以为冬至者历之本，而求历本者在验气，今所用宋旧仪，自汴还至京师，已自乖舛，加之岁久，规坏不叶，乃与太史令郭守敬等新制仪象圭表，自丙子之冬日测晷景，得丁丑、戊寅、己卯三年冬至加时，减大明历十九刻二十分，又增损古岁余岁差法，上考春秋以来冬至无不尽合。以月食衡及金木二星距验冬至日，躔校旧历，退七十六分；以日转迟疾中平行度验月，离宿度加旧历三十刻；以线代管窥测赤道宿度；以四正定气之损益限以定日之盈缩，分二十分限为三百六以定月之迟疾；以赤道度九道定月行；以迟疾转定度分定朔而不用平行度；以日月实合时刻定晦而不用虚进法；以躔离朓朒定交食。其法视古皆密，而又悉去诸历积年月日法之傅会者。①

《考岁略·续》又载：

戊寅春二月，拜集贤大学士兼国子祭酒，教领太史院事……乃与王恂等奏，请建司天台于大都，新制仪象圭表，皆铜为之。又增铜表，高至四十尺，则景长而真。复请于上都洛阳等处分置仪表，各选监候官分道测验。从之。至是诏设史院，命公领

① 《元史·许衡传》。

其事焉。

由上述材料可以看见，许衡等人在制新历的过程中，主要抓以下几项工作。

（一）天文仪器的创制

制订历法是一个科学实践活动，没有通过科学试验以取得精密的数据，就不可能制订科学的历法，由于宋、金留下来的一些天文仪器大都毁坏，或已不准确。所以，从着手制订新历开始，他们花了三年时间，制造各种精密仪器。他们先后创制了简仪、仰仪、圭表、景符、窥几、正方案、候极仪、立运仪、证理仪、定时仪、日月食仪、悬正仪、座正仪等仪器。据《元史》记载，这些仪器“皆臻于精妙，卓见绝识，盖有古人所未及者”[①]。这些仪器的精密程度，已经达到比较高的水平。在这些仪器中，以简仪、仰仪、圭表、景符、窥几最为突出。

简仪是对我国古代重要的天文仪——浑仪进行了重大改革后创制的，用以测量日、月、星辰在天体上的位置。元以前用的浑仪，把测量赤道坐标、地平坐标和黄道坐标等三种不同坐标的机构都装在一个系统内，结果使一个地面的空间安装了大小八、九个圆环，不仅使用不方便，而且妨碍视线。许衡等创制的简仪精简了黄道坐标，而把地平坐标与赤道坐标分成两个独立的装置。简仪由四根斜立的支柱托着一根正

① 《元史》卷48《天文志》一。

南北方的轴，围绕着这根轴的是赤道双环。赤道双环的两面刻着度数，最小分格是三十六分之一度。赤道双环的中间夹着窥管，窥管可以绕着赤道双环的中心旋转。只要转动赤道双环和窥管，就可以观测空中任何一个方位的天体，并从环面的刻度上读出天体的赤纬数值，赤经数值则由旋转南端的赤道环上读出。紧挨着赤道里面，固定着百刻环，环上刻着十二个时刻，以测定时间。为了便于赤道的旋转，简仪还应用了滚珠轴承装置，使之转动灵活。这一滚珠轴承技术，比达·芬奇发明滚珠轴承要早四百多年。许衡等创制的简仪是我国科学史上的重要科技成果，比世界上同类仪器要早三四百年。可惜清初时被法国传教士纪理安（当时在清朝钦天监任职）别有用心地将它作为废铜烧毁。现陈列于南京紫金山天文台的一具简仪，为明正统年间（1437—1442 年）所造，因为受过八国联军破坏，已经不很完整。

仰仪是铜制的中间空的半球面仪器，像一口朝天的火锅。半球的大圆面上刻着东、南、西、北和十二时辰，半球面上刻有与观测地纬度相应的赤道坐标。大圆面上用杆子架着一块板，板上有个小孔，小孔的位置正好在半球面的球心上，太阳光通过小孔，就在半球面上投下了一个圆形的倒像，映在坐标上，就可以观测出太阳在天空上的位置。仰仪是用来观测太阳在天空的位置，并可用以观察日食，能够比较准确地求得日食的时刻、方位和食分。

圭表也叫“土圭”，原是我国古代观测天象最常用的器具。包括圭和表两部分：表是直立的标杆，圭是平卧的尺。表放在圭的南北端，并且同圭相垂直。我国春秋时期已经使用圭表测量连续两次日影最长或最短之间所经历的时间，以定回归年的长度。春秋以后,人们用圭表比较普遍。人们根据正午时落在圭上的表影长度,测定夏至、冬至等节气的时刻。过去的旧表,长仅八尺,测量时日影较短,而且表影边缘模糊不清,往往容易发生差错。许衡等人对圭表作了一些改革,称为高表,把表柱增高至四十尺,推算节气的误差减小。现存河南登封元代观星台的石圭,由三十六方表石圭面和砖砌圭座组成,长三十一点一九米,宽零点五三米,高零点五六米,石圭水平程度较好,石圭方位经七百年后与当地子午线方位仍相符合。

景符和窥几都是高表的辅助仪器。景符是用来确定圭面日影长度,可准确到上下不差二毫米。窥几是用来确定星、月影长度。

(二) 开展天文观测活动

在天文仪器制成后,许衡等人便奏请元世祖准建观测台,开展观测活动。据《元史》记载,郭守敬上奏元世祖:"唐一行开元年令南宫说天下测景,书中见者凡十三处。今疆守比唐尤大,若不远方测验,日月交食分数时刻不同,昼夜长短不同,日月星辰去天高下不同。即目测验,人少,可先南北立表,取直测景。"[①]元世祖批准他们的奏疏,他们便着手建观测台和开展观测活动。先后在全国各地修建观测台二十七所,最北的为北海测景所,在北纬 64°5′的地方,即在北极圈附近;最南的为南海测景所,在占城(今越南南方)。现在的河南阳

① 《元史》卷 164《郭守敬传》。

城测景处，地处河南省登封县东南十五公里的告成镇（即古阳城），就是当时二十七所测景台、站之一。他们在天文观测活动中，关于“黄赤大距”和二十八宿距度的测定，取得了重大成就。所谓“黄赤大距”（现代天文学上称“黄赤交角”），就指的是赤道（地球自转时通过地心同自转轴垂直的平面，叫做赤道）平面和黄道（古代称太阳运行轨道为黄道，实际上是地球绕太阳公转的轨道）平行的交角。它是天文学上最基本的数据之一，它的准确程度对天文历法的推算有很大的关系。他们利用新的天文仪器经过长期观测，得出“黄赤内外度，据累年实测，内外极度二十三度九十分”的数据。以现代通行的六十进位制换算，应为二十度三十三分五秒三，比起实际数字二十三度三十一分五十八秒五来（现代黄赤交角为二十三度二十七分），误差数仅为一分六秒八。古代天文学能推算得如此精确，是很难得的，这是当时世界上唯一精确的数据。二十八宿距度的测量，也是天文学上一个非常重要的问题，它是恒星位置观测的基础。古代天文学家在观察天象时，在二十八宿中，各选择其中一个星作为计算各宿间距离的标杆，它叫做“距星”，两距星间的距离称为距变。元以前经过五次测距，虽然一次比一次精确，但仍有很大误差。以北宋崇宁年间的一次为例，其绝对误差总和为 $4°32'$，平均为 $9'$。经过许衡、郭守敬等人用新创制的仪器进行观测，其精确程度大为提高，其绝对误差总和为 $2°10'$，平均只有 $5'$。

（三）设司天台，开展研究活动

天文仪器制成后，除开展天文观测活动外，许衡等又于至元十五年（公元1279年）在大都（北京）城东修建了一座观测天象的司天台——灵台。灵台同各地修建的测景台不同，它除陈列各种新研制的天文仪器外，又广泛收集关于天文学的图书资料，为研究工作提供有利条件。所谓"灵台"，实际上是当时在世界上设备最完善的天文台。"灵台"建成后，他们以"灵台"为中心开展研究活动。在研究活动中，他们在通过观测活动获得第一手材料的基础上，参考历代天文历法，充分吸收前人研究的成就，总结前人研究天文历法的经验教训，"正讹完缺"，不附会前人，力求实事求是地研究问题，解决问题。把研究工作提到新的水平，使研究活动取得新的成果。

许衡、王恂、郭守敬等人，经过四、五年的努力工作，终于在至元十八年（公元1281年）编出了新的历法，许衡亲撰《更历疏》，并率太史院诸臣杨恭懿等入朝上奏，向元世祖作详细汇报。元世祖大喜，特将新历赐名为《授时历》，这是因为古语"历象日月星辰，敬授人时"①而得名。翌年（1282年），元朝政府诏令天下，正式实行"授时历"。

《授时历》是一部精密度很高的历法，《元史》说："自古及今，其推验之精，盖未有出于此者也。"②它确实是我国古代最卓越的一部历法。

《授时历》的制订是一项大规模的科学实践活动，参加这一科学实践活动的人很多，它的制成，是我国人民集体智慧的结晶。在这项科学实践活动中，起主要作用的，当然是"既明历理又通历数"，并负责总的领导工作的许衡，如果不

---

① 《书经·尧典》。

② 《元史》卷52《历志》。

是“既明历理又通历数”并擅长管理工作的许衡运筹帷幄、精密筹划，制订新历工作就不能取得这么大的成就。除许衡外，在制订新历工作中起重要作用的应是郭守敬，他擅长天文学和数学，又注重实践，长于制造仪器。在制订新历的科学实践中，他创造和改进了简仪、仰仪、高表、候极仪、景符和窥几等十余件观测天象的仪器，以及玲珑仪、灵台水浑等表演天象的仪器，另外，他还在全国各地设置观测站，进行规模巨大的大地观测活动。郭守敬这些工作，对《授时历》的精确性起很重要的作用。在制订《授时历》中，王恂的作用也是不容忽视的。王恂精通历算之学，在《授时历》中提出了“招差法”（即三次内插公式）和“弧矢割圆术”（即球面直角三角形解法），解决了《授时历》制订中许多技术问题和计算问题。《授时历》的制订工作，正是由于以许衡为首的天文历算专家们的共同努力，所以取得了巨大的成就。

关于《授时历》所取得的成就，郭守敬在向元世祖上疏中说：“臣等用创造简仪高表测其实数，所考正者凡七事，……所创法凡五事。”①

所考正的七事是：“一曰冬至”，即精测了至元十七年（公元 1280 年）冬至发生的时刻；“二曰岁余”，即结合以前各历史志中所纪示的冬至时，确定一年为 365.2425 天；“三曰日躔”，即测定了至元十七年冬至时太阳的位置所在；“四曰月离”，即测定了至元十七年冬至时月亮亲近地点的距离；“五曰入交”，即至元十七年冬至时月亮离黄白交点的距离；并进一步利用这三个数据确定了朔望月、近点月和交点月的日

① 《元史》卷 164《郭守敬传》。

数；“六曰二十八宿距离”，即测定了二十八宿距星的度数；“七曰日出入昼夜刻”，即测定了二十四节气时大都的日出、日入时刻。

所创法的五事是：“一曰太阳盈宿”，即求出太阳每日在黄赤道上运行的速度；“二曰月行迟疾”，即求出月球每日绕地球运行的速度；“三曰黄赤道差”，即由太阳的黄道经度推算赤道经度；“四曰黄赤道内外度”，即由太阳的黄道经度推算赤道纬度；“五曰白道交周”，即求月亮和赤道的交点。

《授时历》最积极的成果是它有很高的精确程度。它以365.2425日为一年，以29.530593日为一月。推算节气之法是以全年的二十四分之一为一个节气，以无中气之月为闰月。《授时历》还正式废除了上元积年日法，采取了近世截元法，这是中国历法史上的一次重大改革和取得的重大成就。它关于365.2425日为一年的推算，比地球围绕太阳公转一周的实际数字只差26秒，与1582年罗马教皇格里高利十世颁布的、现在世界上通用的《格里高利历》是一致的，但在时间上却比他们早三百余年。所以，《授时历》的产生，标志着我国科学家在许衡的直接领导下在天文历法方面所取得的重大成就。

二、医　学

元朝是我国医学发展的重要时期。由于医学发展，医学上的分科也由金时的十种而达到元时的十三种，计有：大方脉科、杂医科、小方脉科、风科、产科兼妇人杂病科、眼科、口齿兼咽喉科、正骨兼金镞科、疮肿科、针灸科、祝由科等。

在元代，在内科方面的著名医生有李杲（1180—1251）、朱震亨（1281—1358）、葛乾孙（1305—1352）等人。李杲长于创新治疗伤寒、痈疽、眼目病，著有《伤寒会要》、《脾胃论》；朱震亨治疗以养阴为主，精于伤寒、肺痨、妇科，著有《格著全论》、《局方发挥》、《伤寒辩疑》、《本草衍义补遗》、《外科精要新论》等书；葛乾孙精于医肺痨，著有《十药神出》，又收集名医药方，著《瑞竹堂验方》十五卷。在外科方面主要是危亦林（1277—1347），他集五代祖传医方，著《世医得效方》十九卷，主要是治疗骨折、脱臼，特别是在治疗脊柱骨折方面达到很高的水平。在针灸学方面主要是滑寿，著《十四经发挥》三卷，对十四经穴循行部位、所主病症和奇经八脉都研究。在营养学方面，他编有《饮膳正要》一书，在这本书中，他对饮食卫生、育婴妊娠、食品营养、疾病治疗、植物品种等都作了研究。

许衡是一位学识渊博的学者，他对医学也有研究，而且颇有造诣。

（一）对内科造诣颇深

他对内科，特别是对脉理，有深入的研究。《鲁斋遗书》中的《与李才卿等论梁宽甫病症书》一文，就是研究内科和脉理方面的著述。他说：

> 梁宽甫证候右胁部也，嗽而唾血，举动喘促者，肺诊也。发热脉数，不能食者，火来刑金，肺与脾俱虚也。脾与肺俱虚而火乘之，其病为逆，如此者例不

可补泻。盖补金则虑金与火相持而喘嗽益增，泻火则虑火不退位而痃癖反盛。正宜补中益气汤先扶元气，久以治病药加之。闻已用此药而不获效，意必病势苦逆而药力未到也。当与宽甫熟论，远期秋凉，庶就平复，则肺病恶春夏火气，至秋冬则退也。止宜于益气汤中，随四时阴阳升降浮沉温冰寒热，及见有症增损服之。或觉气壅，间服加减积术，凡或有饮河间服局方积木汤，数月后庶逆气少回，逆气回则治法可施。但恐今日已至色青色赤脉弦脉洪则无及矣。①

许衡认为，梁宽甫的病是肺病，由于“脾与肺俱虚”，单纯用补或泻的办法都是不行的，“补金则虑金与火相持而喘嗽益增”，“泻火则虑火不退位而痃癖反盛”。治疗这种病的办法，“正宜补中益气汤先扶元气，久以治病药加之”，数月之后，“逆气回则治法可施”。他还认为，在补中益气的过程中，益气汤应“随四时阴阳升降浮沉温冰寒热”而用药。许衡提出这一治疗方案，是深入研究医理而提出来的。他指出：“近世任医有主河间刘氏者，有主易州张氏者。张氏用药依准四时阴阳升降而增损之，正内经四气调神之义，医而不知此意行也。刘氏用药务在推陈致新，不使少有拂郁，正造化新新不停之义，医而不知此无术也。然而主张氏者或未尽张氏之妙，则瞑眩之剂终莫敢投，至失机后时而不救多矣。主刘氏者或未悉刘氏之蕴，则劫祸目前，阴损正气，遗祸于后者多

① 《鲁斋遗书》卷8。

矣。能用二家之长而无二家之弊则治庶几乎。”[①]对于当时流行的“河间刘氏”和“易州张氏”两大派医术，他认为各有利弊，而且在运用中又很难掌握其“妙”和“蕴”，因而提出“用二家之长而无二家之弊”的主张，这一见解是十分精辟的。根据这一见解，他认为对梁宽甫疾病的治疗方针应是：“仿刘氏推陈致新之意，少加消导药于益气汤中”，这样地去治疗，“庶有暂缓之期也”[②]。从上述材料可以看到，许衡的内科医理、脉理是很高明的。

许衡对脉理的精通，还表现于他对自己脉的看法上。据《考岁略·续》记载：“辛巳，年七十三，病革，医者诊之曰：偏阴偏阳之谓疾，今六脉皆平，先生其少瘳乎？公曰：久病而脉平者，不治。吾殆将不起矣。遂不服药。”[③]从久病脉平而断定“将不起”，如果不是对脉理有相当的研究，是不会这样下断语而拿自己的生命开玩笑的。

（二）对保健学的研究

这里所讲的保健学，是指对人们身体保健的学问。对此，许衡也有所研究。其思想主要有以下几点。

1. 关于老年人的进食问题

他认为，老年人由于气弱，要精食、少食，“不宜多食粗粝”的食物。但要吃饱。他说：

---

① 《鲁斋遗书》卷8。

② 同上。

③ 《许文正公遗书·考岁略·续》。

养老须酒食之精者，老人宜少食精粹，不宜多食粗粝，盖气弱而不服粝食故也。古人于饮食必谨慎，气体系然，不得不谨食。不饱则气不充，气不充则体为弱。古人谓养老为大事。[①]

2. 人的精神耗散则为疾病所侵

人的身体与精神是密切联系的，有健康的精神才有健康的身体，人的精神耗散则为疾病所侵。他说：

草木到秋精气展尽，里头缩，故风霜亦摇落之。人的精神耗散，故疾病侵之。[②]

3. 要对症下药

中医认为，外感病症的病因不出风、寒、暑、湿、燥、火六气，要根据病出于哪一种气而对症下药，许衡在《六气不用味》一文中，提出针对六气之性质不同而对症下药的问题。他说：

风关酸咸热关辛，火家甘味不须存。湿甘辛味兼咸味，燥用甘咸亦未闻。更有寒酸同一理，司天司地亦不分。[③]

---

① 《鲁斋遗书》卷2。
② 同上。
③ 《鲁斋遗书》卷11。

（三）为吴氏《伤寒辨疑论》作序

医治伤寒病的权威，历来认为是东汉时期杰出的医学家张机，即张仲景（二世纪中至三世纪），南郡涅阳（今河南南阳）人。他以《内经》等古典医籍的理论为依据，广泛吸收当时医家治疗传染病的医疗方法，结合个人的心得，并使之提高到一定的理论高度，创造性地著作《伤寒杂病论》。此书经后人整理为《伤寒论》及《金匮要略》二书。该书在治疗伤寒等急性热病方面，首创太阳、少阳、太阴、少阴、厥阴等六级辩证的辩证论原则和方法；在内、外、妇、儿科杂病方面，阐述了阴阳、表里、虚实、寒热等八纲辩证和汗、吐、下、和、湿、清、补、泄等多种治疗原则，奠定了中医学术沿着辩证论治疗原则发展的基础。他的治学态度、学术思想和学术成就，在中医学术的发展上，发生很大的影响，被后世称为"医圣"、"医方之祖"。宋朝国医吴敏修著《伤寒辨疑论》，实际上是对《伤寒论》要点的阐释，该书在元朝印行时许衡为之作序曰：

> 先朝国医吴敏修著《伤寒辨疑论》，实是仲景伤寒之要，先生犹子璋乱后独有其书，顷尝幸得而详读之，概见先生医学之妙。尝谓医方有仲景犹儒学《六经》也，必有见于此然后可与议医。然其文古，其义隐，学者读之茫茫不可涯涘。今是书辨析疑似，类括药证，至发先贤之未发，悟后人之未悟，虽以愚

之不敏，一读且有开益，彼专门业医者，得是说而推之，则所谓茫乎不可涯涘者，当了然矣。①

他把张仲景的著作在医学界的地位与《六经》在儒家的地位相比，对张仲景给予很高的评价。又认为，张仲景的书"其文古，其义隐，学者读之茫茫然不可涯涘"，所以，吴敏修所著的《伤寒辨疑论》，确有"发先贤之未发，悟后人之未悟"的作用，可以帮助人们掌握张仲景的《伤寒论》。他这个评价是实事求是的。

许衡并不是专门研究医学的，也不靠行医为业，但他读了不少医学书籍，生活阅历又比较广，从上所述可见，他的医学造诣颇深。他的哲学思想表现出一些积极因素和对现实采取一些求是态度，是同他的科学思想，包括医学思想分不开的。

三、文化思想

文化是人类创造的，有广义和狭义之分。所谓广义文化，指的是人类创造的一切劳动成果的总和。它包括人类所创造的一切物质的、非物质的和介于二者之间的劳动成果。所谓狭义文化，主要是指作为观念形态的与精神生产有直接关系的精神生活、精神现象和精神过程。我们通常所说的文化思想，是指人们对文化的理性认识。许衡作为一个学问渊博的学者，天天同文化打交道，逐步形成了他对文化问题的

① 《鲁斋遗书》卷 8。

一些基本看法，因而形成了他的文化思想。

（一）文德统一

儒家注重德治，把伦理道德放在非常重要的地位，在文化方面，他们强调文德统一。孔子说："弟子，入则孝，出则悌，谨而信，泛爱众，而亲仁；行有余力，则以学文。"①"志于道，据于德，依于仁，游于艺。"②他所说的"文"，是指文艺、美学、音乐等表现形式。他所说的"德"，是指以"仁"为核心的伦理道德。孔子认为，文与德必须统一。文艺、美学、音乐等不能离开伦理道德思想。他说："巧言令色，鲜矣仁。"③孔子这一思想，为后儒所继承，文德统一思想，成为儒家的一个传统思想。许衡继承儒家这一思想传统，对文德统一问题也有所论述。他说：

> 天下有道，行有枝叶，天下无道，辞有枝叶。愚谓有道则人皆修行，无道则行实既不克，必修饰言辞。圣人所谓巧言鲜仁者与？④
>
> 读魏晋唐以来诸人文字，其放旷不羁诚可喜，身心即时便得快活，但须思虑究竟是如何果能终身为乐乎？果能不隳先业而泽及子孙乎？天地间人各有

① 《论语·学而》。
② 《论语·述而》。
③ 《论语·学而》。
④ 《鲁斋遗书》卷2。

职分，性分之所固有者，不可自泯也。职分之所当为者，不可荒慢也。人而慢人之职，虽曰饱食暖衣安乐终身，亦志士仁人之所不取也。故昔人谓之幸民。凡无检束无法度艳丽不羁诸文字，皆不可读，大能移人性情。圣人以义理诲人，力挽之不能回，而此等语一见之入骨髓，使人情志不可收拾。从善如登，从恶如崩，古语有之，可不慎乎！①

德行是学问中大节目，不可须臾离也。圣人言论句句是尊德性，有一失坠，万事隳败。②

在这里，许衡坚持了文德统一的思想，他认为，“德行是学问中大节目，不可须臾离也。”只管发表议论，不去行动，这是“天下无道”的表现，“巧言”是“仁”德缺少的表现。对于魏晋唐以来诸文人“放旷无羁”的文字，他指出，读这类文字可以使人身心快活，但它缺乏义理，皆不可读。许衡对魏晋唐的文化评价是不全面的，这个时期是中国文化发达的时期，许衡对此缺乏认识，而片面地用“德”来否定当时的文化，这是欠妥的。但是从总体来说，许衡重视继承历史上的文化传统，也重视发展文化科学事业，而且为发展文化科学作出积极的贡献。他强调文德统一，特别是强调在文化中坚持封建的伦理道德原则，认为没有体现封建伦理道德的文化是不可取的。这是儒家重德思想的表现。

---

① 《鲁斋遗书》卷 1。

② 《鲁斋遗书》卷 2。

（二）文质统一

在文化上，孔子还主张文质统一。他说："质胜文则野，文胜质则史。文质彬彬，然后君子。"[①]文与质的关系，实质上是文彩与质地的关系。按照孔子的意思是说，质地超过文彩，就未免粗野；文彩超过质地，又未免于虚浮。文彩和质地配合适当，这才是君子。后来子贡对孔子文质统一的思想作了进一步的阐明。他说："文犹质也，质犹文也。虎豹之鞟，犹犬羊之鞟。"[②]强调文彩和质地同样重要。如果去掉有文彩的毛，虎豹的皮革就和犬羊的皮革一样了。据此，历来认为，所谓文质关系，实质上是形式与内容的关系。许衡继承了孔子文质统一的思想，对文质关系问题，也有论述。他说：

> 君子所行的道理虽是淡薄，其中意味深长而人自不能厌斁它，虽是简略不烦，而其中自有文彩不乱。这淡、简、温即是絅之袭于外而不厌，而文且理，即是锦之美在中也。[③]
>
> 论古今文字曰：二程朱子不说作文，但说明德、新民。明明德，是学问中大节目，此处明德，三纲五常九法立，君臣父子井然有条，此文之大者。细而至于衣服饮食起居洒扫应对亦皆当于文理。今将一

---

① 《论语·雍也》。
② 《论语·颜渊》。
③ 《鲁斋遗书》卷5。

世精力专意于文，铺叙转换极其工巧，则其于所当文者，阙漏多矣。今者能文之士道尧舜周孔曾孟子之言，如出诸其口，由之以责其实，则霄壤矣。使其无意于文，由圣人之言求圣人之心，则其所得亦必有可观者。文章之为害，害为道优孟学……所谓出言有章，止在于事物之间……①

在这里，他提出"文且理"的思想，主张文学既要有形式("文")，又要有内容("理")。他指出，"出言有章，止在于事物之间"，如果离开实际，"一世精力专意于文，铺叙转换极其工巧"，不当文的文之，当文的阙漏其文，那定是有害的。所以他认为，文和质必须统一，既不能离文而质，也不能离质而文，二者必须统一起来。

（三）师古随时

任何民族和国家，都有他的传统文化。所谓传统文化，是指在一定的民族或国家中（国家可以由若干个民族组成），经过长期积淀而延传下来的，它体现着一定的民族或国家的观念形态、生活方式、心理结构、风俗习惯、思维方式等生存式样系统。传统文化渊源于过去，影响于现代，贯注于未来。任何时代的人，都不可能不继承传统文化，但是，任何时代的人，对传统文化的继承，都不可能兼收并蓄，而是从时代的实际出发，采取不同的态度，这就使传统文化不能不反映

① 《鲁斋遗书》卷2。

时代的特点，贯注时代的新气息。许衡对于传统文化，提出了“师古”和“随时”的思想。他说：

夫人患不博古，而博古者或滞于形迹而不可用于时人；患不知今，而知今者或狃于苟简而有害乎道。二者虽有，皆未也。惟学古适用，随时中理，其庶几乎？……

夫人之学，贵于师古，师古者或滞于形迹而不适于用也；贵于随时，而随时者或狃于苟简而不中于理也。二者其可谓善学乎？惟师古适用，随时中理然后可与论学。①

《春秋》坏于《三传》，此说固矣。然尽去《三传》而不读，吾恐拟议之失又甚于《三传》。《书》义坏于汉儒之《序》，此说固矣。然尽欲去之而不读，吾恐逆度之差，又甚于汉儒之《序》。程朱以来讲明究析，其可信可疑，亦略有说。盖自焚灭之后，历千余岁，其间变故又复不少，遗脱舛误，焉能尽如洙泗之旧！虽《语》《孟》二书亦有可疑，学者但当求其旨意，以身体之，日积月累，庶或有益，至于此等拟议，姑阙之可也。②

对于传统文化的态度，他提出“师古”和“随时”的思想。关于“师古”，他对于《春秋三传》、两汉经学、宋明理学都持肯定的态度，批判那些对传统文化持怀疑态度的人。但

① 《鲁斋遗书》卷 8。
② 《鲁斋遗书》卷 9。

他认为,“师古”不能“滞于形迹而不适于用”,所以他又提出“随时”,然而他又认为,“贵于随时”决不能“狥于苟简而不中于理”。正确的态度应该是“师古适用,随时中理”。许衡这一思想,既考虑到对传统文化的继承问题,即“师古”;又考虑到继承传统文化必须从现实的需要出发,不能兼容并包,此即“随时”。

(四)同人于野,不同人于宗

一切文化都具有连续性和广泛性的特点,它不是一个时代的人或少数人所能完成的。在学术、文化中搞宗派,只会有损于学术和文化的发展。许衡对学术、文化上搞宗派的恶劣作风,持批评态度。他说:

> 同人于宗吝,同人于野亨。同人于宗,同者几人,则其所失者多矣,所以孤立无援。人要与天下人同,何必同宗……伊洛诸先生有同人于宗之弊,其气类同者则推尊标榜,无所不至,其不同者,则摈斥不能合。谓其同者皆善类,不同者皆恶人也,宁有是理!此所以百年孤立,常有仇乱,惜哉!圣人不如此,出门同人,同人于野,中间有三五个违悖不合离弃者,不能为多助之害,当知此。①

许衡所说的“同人于宗”,是说团结一宗派中的人;“同

① 《鲁斋遗书》卷2。

人于野”，是说团结天下的人。他认为，搞学术、文化，必须团结天下的人，不能搞宗派。根据这一思想，他对“伊洛诸先生”提出批评，指出他们有“同人于宗之弊”。他们在学术上搞宗派，“其气类同者则推尊标榜，无所不至，其不同者，则摈斥不能合”。他们排斥异己，还标榜什么“同者皆善类，不同者皆恶人”。许衡认为，他们这样做法，同者少，失者多，最终必然“孤立无援”。“伊洛诸先生”是不是“同人于宗”，在学术、文化上搞宗派，我们这里不论，但许衡主张在学术上要“同人于野”，反对“同人于宗”，这一思想是正确的。

（五）折衷经史

所谓“经”，是指儒家经典。六经之说始见于《庄子·天运》篇，即在《诗》、《书》、《礼》、《易》、《春秋》五经之外，另加《乐》经。后世学者，或认为《乐》经因秦焚书而亡失，或认为儒家本来没有《乐》经，《乐》就包括在《诗》、《礼》当中，所以汉代是把《诗》、《书》、《礼》、《易》、《春秋》称为五经，并设五经博士。唐代把《周礼》、《礼记》、《仪礼》、《公羊传》、《谷梁传》、《左传》与《诗》、《书》、《易》合称为“九经”。唐文宗刻石经，将《孝经》、《论语》、《尔雅》列入经部。宋代又将《孟子》列入，因有十三经之称。所谓“史”，是指记载过去事迹的书，即史书。古代的经史很难严格区分，“经”必然反映当时的社会政治、伦理状况，对后代来说就是历史。“经”中的《春秋》本来就是当时的历史。而后来的史，必然以“经”为是非，离不开“经”。与许衡同时代的刘因（1247—1293）看到了这一点，明确提出返求六经和“古无经史之分”思想。

刘因一名骃，字梦吉，保定容城(今河北徐水)人。与许衡、吴澄(1249—1333)同为元代三位著名学者。他同许衡有交往，但处世态度有所区别。许衡出仕元朝，官至左丞、集贤大学士兼国子祭酒，而刘因则不肯为世用，元至元十九年曾被擢为承德郎右赞善大夫，但不久就辞归，居家讲学，不愿出仕。据说，许衡应召赴京时，路过刘因家乡，刘因说：“公一聘而起，无乃速乎?”许衡回答说：“不如此则道不行。”后来，元朝任命刘因为集贤院学士，刘因不肯接受，有人问他为何不接受，刘因回答说：“不如此，其道不尊。”又据说，许衡“自请罢中书政事教国子”，刘因则“以欺世自免诮之”[①]。可见，他们对世用某些问题的态度确持不同见解。在处世上虽有不同意见，但在折衷经史问题上则趋于接近。从学术上说，刘因应承于朱学的范围，但他不死守朱学门户，其思想强调返求六经和杂糅陆学。他的返求六经思想，认为理学出自汉、唐训诂，读书“必先传注而后疏释，疏释而后议论”[②]，而对六经本身则应避免“求名而遗实”。这是说，理学根于六经，学问要以六经为根本，而六经又在于求实。同返求六经思想相联系，他又提出“古无经史之分”的思想。他认为，《诗》、《书》、《春秋》原来就是史，只因为“圣人删定笔削”[③]，才立为“大经大典”。他返求六经，主张推六经之旨以求实学，而“古无经史之分”思想，则把儒家经典贬

① 《宋元学案》卷90、91。

② 畿辅本《刘静修先生集》卷1。

③ 同上。

为历史记录。这些言论，在当时是大胆的有见地的。

在经与史关系问题上，许衡提出折衷经史的思想。他说：

> 阅史必须有所折衷，六经语孟乃子史之折衷也。譬如法家之有律令格式，赏功罚罪，合于律令格式者为当，不合于律令格式者为不当。诸子百家之言合于六经语孟者为是，不合于六经语孟者为非，以此衷考古之人而去取之，鲜有失矣。①

许衡提出折衷经史思想，是建立在“古无经史之分”的基础上，就此一点说，他同刘因的“古无经史之分”思想有一定雷同，但他提出“诸子百家之言”要以“六经”为标准区分是非，肯定了六经在思想中的支配地位，这却比刘因思想逊色。不过，许衡折衷经史思想的提出，把不可侵犯的“经”与记录过去事实的史看成为不可分的，这在一定程度上抹去了“经”的尊严，对思想的启蒙有一定的意义。

许衡和刘因折衷经史的思想，后来为王阳明（1472—1529）、章学诚（1738—1801）所继承和发挥。王阳明在《传习录上》说：“《春秋》亦史，《五经》亦史。《易》是包羲氏之史，《书》是尧舜以下史，《礼》、《乐》是三代史。”章学诚则认为，“《六艺》者，圣人即器而存道”②，故相对于道而言，“《六经》皆器”③。但由于《六经》融入了“时会”的

① 《鲁斋遗书》卷1。
② 《文史通义·内篇·原道下》。
③ 《文史通义·内篇·原道中》。

内容,并"皆先王得位行道,经纬宇宙之迹,而非托于空言者",所以"《六经》皆史","皆先王之政典也"[①]。王阳明的"《五经》皆史"和章学诚的"《六经》皆史",其形式相似,但他们的思想实质却不同。王阳明说"《五经》皆史",是说《五经》不过是历史资料,"道"在心中,强调"心"的决定作用。章学诚提出"《六经》皆史","《六经》皆器",是要说明"道"在历史事实本身,不在《六经》,《六经》不过是三代以前的历史事实的评论或记录。同时也是说明史料与史观的统一,思想与现实的统一。王阳明的"《五经》皆史"和章学诚的"《六经》皆史"思想,是渊源于刘因的"古无经史之分"和许衡的折衷经史思想,许衡提出的折衷经史思想,可以说是王阳明"《五经》皆史"和章学诚"《六经》皆史"思想的思想先驱。

(六)尊儒非道

所谓儒家,是指由孔子所创立,以崇奉孔子学说为宗旨的学派。战国时期,孟子继承孔子思想,以"心"释"仁",强调"天人合一",主张通过内心的修养达到对仁义道德的体认,并把修身与齐家、治国、平天下结合起来,主张通过"德治"去实现王道。这一思想,发挥了孔子"修齐治平"之方和"内圣外王"之道,对中国伦理道德和封建政治的发展影响很大,历来被认为是儒家思想的正统派,致使后人把儒家思想称之为孔孟之道。儒家在先秦只是"百家"中的一家,

---

① 《文史通义·易教上》。

到了汉代，从汉武帝接受了董仲舒“罢黜百家，独尊儒术”的建议，确立儒家的独尊地位以后，儒家思想成为封建地主阶级的指导思想。所谓道家，是先秦老子、庄子关于“道”的学说为中心的学术派别。道家之名，始见于司马谈《论六家要旨》，称为“道德家”。《汉书·艺文志》称为“道家”，列为“九流”之一。传统的看法是，老子是道家的创始人，庄子则继承和发挥了老子的学说。道家学说的内容以老庄的自然天道观为主，强调人们在思想、行为上要效法“道”的“生而不有，为而不恃，长而不宰”。政治上主张“无为而治”，“不尚贤、使民不争”。在伦理上主张“绝仁弃义”，认为“夫礼者忠信之薄而乱之首”。与儒、墨之说形成明显的对立。道家也是先秦“百家”中的一家，在汉初十分活跃，当时的黄老思想（有人称为“新道家”）就是以道家思想为主而兼容儒学，它在当时社会生活中起了非常重要的作用。汉武帝树立儒家独尊地位之后，道家思想仍然存在，如在魏晋玄学中，道家居非常重要的地位，但是，道家思想不是统治阶级的指导思想。在元代，居统治地位的是儒家思想，但道家思想仍有影响。儒家和道家，都是中国文化的重要组成部分。许衡站在巩固和维护封建治道的立场，持的是尊儒非道的态度。他说：

老氏讲道德仁义礼智，与吾儒全别，故其为教大异，多隐伏退缩，不肯光明正大做得去。吾道大公至正，以天下公道大义行之，故其法度森然，明以示人，虽然三代以前忠厚笃实，必不如老氏所说。老氏，衰世之书也，其流必变作刻薄。知老氏之所长复知老氏之短可也。后世浅薄不如三代笃实，或可以老氏济之，如文帝子房之所为是也。

老氏以道德仁义皆失，然后至于礼，礼为忠信之薄而乱之首，又谓以智治国国之贼，不以智治国国之福……孟子开口便说仁义，盖不可须臾离也。道指鸿荒之世，又谓上德不德，皆所见之异，不必概举。①

在这里，许衡站在"吾儒"的立场对道家进行批评。他指出，道家所讲的"道德仁义礼智"与儒家完全不同。他对二者作比较说，道家"为教大异，多隐伏退缩，不肯光明正大做得去"，而儒家之道"大公至正，以天下公道大义行之，故其法度森然，明以示人"，甚至得出结论说："老氏，衰世之书也。"他指出儒道两家在对待"道德仁义礼智"上的不同，这在一定程度上符合事实，但他把道家说得一无是处，把儒家说成光明正大，还把什么"衰世之书"的罪名加在道家头上，这未免带有学派的偏见。上面我们谈到许衡主张"同人于野"，不主张"同人于宗"，反对"伊洛诸先生"在学术、文化上搞宗派，但在这里，他自己却犯了这个毛病。

许衡的尊儒非道思想是相当明确的。对于道家，不仅对它的"道德仁义礼智"加以非议，而且对它的天道观也加以非议。他说：

庄子好将来，大见趋及义理粗浅处，彻说得不

① 《鲁斋遗书》卷1。

知大小无边际，缄滕得深密，教人窥测不着，读此等书便须大着眼目与看破，休教被他瞒了引了。[①]

对于儒家思想，他却尊崇备至，我们从他给儿子师可的信中可以看到。他说：

小学四书，吾敬信如神明，自汝孩提，便令讲习，望于此有得，他书虽不治无憾也。今殆十五年矣，尚未成诵，问其旨意，亦不晓知，此吾所以深忧也。高疑来，闻汝肯自勉励，胜于前日，我心甚喜，未识其果然乎！韩遵道今在此，言论意趣多出小学四书，其注语或问，与先正格言诵之甚熟，至果数万言犹未竭，此亦笃实自强故能尔。我生平长处在信此数书，其短处在虚声牵制。[②]

对于道家的书，他提出要“大着眼目与看破，休教被他瞒了引了”，对于儒家的书，他却“敬信如神明”，并宣称他生平长处就是“信此数书”，他的尊儒非道思想，可说是昭然若揭了。儒家和道家，是中国传统文化的两个重要的组成部分，虽然它们的历史作用不完全一样，但是，道家在中国文化的发展中也起过积极的作用，这是完全可以肯定的。许衡坚持尊儒非道思想，对道家持完全否定的态度，这一观点是不正确的。

---

① 《鲁斋遗书》卷1。
② 《鲁斋遗书》卷9。

在文化观上，许衡提出的文德统一思想、文质统一思想、师古随时思想、同人于野不同人于宗思想，有一定的积极因素，但他的尊儒非道思想基本上是不可取的。

四、诗　　词

关于元代的诗词，顾奎光在《元诗选序》中说："元诗尤繁富，观诸作者多宗温（庭筠）、李（商隐），间学长吉（李贺），其病为纤浓、为繁缛。""元诗矫宋流弊，而失于多学晚唐，然其佳者则婉转惆怅，附物切情，工整而流逸，清新而秀丽，虑周藻密而不淡于粗疏，意深韵远而不失之径直。"①从总体来说，元曲（包括散曲和戏剧，而戏剧又包括杂剧和南戏）在我国文学史中占重要的地位，与"唐诗"、"宋词"并称，特别是戏剧中的杂剧，是我国戏剧史上创造性的发展，具有强烈的现实性、人民性和高度的艺术性，堪称我国文学艺术发展史上的一支绚丽夺目的花朵。但是，从诗词来说，没有什么突出的成就，在中国古典文学史上并没有占重要地位。不过，诗词的作家却不少，许衡、耶律楚材、刘秉忠等，是元代早期的主要代表。许衡的大部分诗词著作，都收集在《鲁斋遗书》卷十一中，其中包括：四言诗一首；五言古风九首，五言律诗十七首，五言绝句三首；七言古风二首，七言律诗二十二首，七言绝句五首；乐府五首。从艺术表现形式和思想内容来说，主要有以下几个方面的特色。

---

① 顾奎光：《元诗选序》、《元诗选》卷首。

（一）深于寄托　工于比兴

比兴是文学写作的两种手法。比是譬喻，朱熹说："以彼物比此物也。"兴是寄托，即"把事托于物"；朱熹则说是"先言他物以引起所咏之词也"。比、兴的文学手法，是中国古代诗歌一种悠久的艺术传统，从《诗经》起就开始运用。儒家诗论则把"比兴"列为"六义"的两类。唐代的著名诗人陈子昂、李白、白居易等，也都极力主张诗歌要有"兴寄"、"美刺比兴"，如白居易称赞张籍的乐府说："风雅比兴外，未尝著空文。"①即认为他的作品用比兴的艺术手法，而且社会内容很充实。许衡继承了中国传统艺术的比兴手法，其诗词深于寄托，工于比兴。他的四言诗《梦中》说：

> 花谢花开，时去时来。福才慰眼，祸已成胎。得未足慕，失未可哀。得失在天，敬听天哉。②

在这首诗中，他用自然界的"花谢花开，时去时来"的譬喻，来说明"得未足慕，失未可哀"。在五言律诗《夜雨》中说：

> 苦雨变秋霖，潇潇入夜深。乱敲惊叶脱，清响

---

① 《读张籍古乐府》。

② 《鲁斋遗书》卷11《梦中》。以下凡引诗词均见《鲁斋遗书》卷11，以下只注篇名。

杂蛩吟。往事百年梦，故乡千里心。西风助凄切，不管客难任。

在这首诗中，他用“苦雨变秋霖，潇潇入夜深。乱敲惊叶脱，清响杂蛩吟”的诗句，来形容他“往事百年梦，故乡千里心”的心态。在七言律诗《病中言》中说：

人人都畏死来催，我道人生死是归。但使墙阴无隐恶，不忧心外有危机。得生本自神先宅，未死谁知鬼已依。此理分明是天命，便须相顺莫相违。

花递香风入短棂，草抽新绿倚紫荆。正忧多病作身累，还喜幽居见物情。花为可观遭夭折，草因无用得欣荣。世间巧拙俱相样，不许区区智力争。

在这里，他用“此理分明是天命，便须相顺莫相违”来表达人们对死亡的寄托，用“还喜幽居见物情。花为可观遭夭折，草因无用得欣荣”来寄托“多病”之身。

许衡在诗词中所表现的比兴手法是十分明显的。不过，他在诗词中的比兴表现形式同唐代的陈子昂、李白、白居易等有所不同，陈子昂、李白、白居易等人作为艺术上形式主义的反对者，他们实际上强调的是诗歌所寓含的社会政治内容和政治倾向，而不是比兴寄托这种艺术手段本身。许衡的比兴艺术手段，主要是寓言个人的心态和处境。

（二）淳厚朴实　向往自然

许衡虽然是元朝的重臣，但由于种种原因，他在朝时间并不长，很大部分时间是在家乡过田园式的教书生活，这就逐渐形成了他淳厚朴实、向往自然的性格，因而使他的诗歌也具有这样的特点。在淳厚朴实方面，他的诗句如：

裸袒游市门，逢人遽侵侮。俄而被捶挞，号痛泪如雨。若辈懵不灵，妄动招危倾。云何大夫士，亦甘此由行。行路细如缕，间关何权数。久久成拙谋，一往竟不悟。我始窥其端，居宽尚盘桓。盘醒非懦怯，后事当无难。

物产天地间，粗粗据两偏。两偏互倚伏，一气常周旋。善善不可缓，安安贵能迁。人生喻此意，自当心乾乾。

万物备吾身，身贫道未贫。观时见物理，主敬得天真。心爽星辰夜，情欣草木春。自怜丧乱后，能作太平人。

事物形虽同，中间势各异。推迁无宁期，倏忽几易位。智者识机微，安焉处平易。人生贵无私，莫使闻见累。①

这些诗句，如“居宽尚盘桓”、“善善不可缓，安安贵能

① 《观物》四首。

迁”、“身贫道未贫”、“人生贵无私”等等，都具有淳厚朴实的特色。他的向往自然的思想也是很明显的。如：

我生爱林泉，俗事常鞅掌。十年苦烦剧，一念愈倾仰。峰峦看画图，云烟入想象。久成心上癖，欲忍不可强。荷有敬斋公，恒以善相长。携我游黄华，一洗尘虑爽。行行叹奇绝，举目皆胜赏。镜台耸百崄，瀑布落千丈。石苔积重痕，溪风动幽响。使我躁竞息，使我心志广。恍如梦中身，翱翔千古上。回首声利场，谁能脱尘网。我志得仁心，动作皆可像。还家拟邻居，求田冀接壤。便许朴纯质，于此静中养。①

大山如蹲龙，小山如踞虎。烟岚郁苍翠，远近互吞吐。我来苏门居，遨游成乐土。策杖望朝云，卷帘看暮雨。佳意豁尘腥，胜概入谈尘。使我郁陶消，使我劳瘵愈。生平鄙吝心，一洗出千古。回首声名人，何殊坐囹圄。远投非素怀，况有跋涉苦。吟鞭袅春风，迟迟如去鲁。芳菲二三月，追游盛梅坞。归来愿无违，一觞相对举。

我爱林虑山，不处要路津。兹焉几千古，绝彼朝市尘。我来成素交，澹澹日益亲。形骸两相忘，谁主复谁宾。充然乐我饥，怡然栖我神。朝光连暮色，佳意含余春。心境一融会，世味殊未真。奕奕草木光，熙熙禽鸟驯。众物欣有托，吾庐行亦新。诗书

① 《游黄华》。

咏而归，况有耆德邻。①

在这里，他写的“我生爱林泉，俗事常鞅掌。十年苦烦剧，一念愈倾仰”，“我来苏门居，遨游成乐土”，“我来成素交，澹澹日益亲。形骸两相忘，谁主复认宾。充然乐我饥，怡然栖我神”等诗句，表现了他对大自然的爱好、向往。

（三）语言秀丽　婉曲含蓄

诗这一文学形式，高度集中地反映社会生活，饱含作者丰富的思想和情感，富于想象，语言凝练秀丽，婉曲含蓄，形象性强。许衡不仅思想深邃，而且语言丰富，他写的诗词具有语言华丽、婉曲含蓄的特色。如：

扶杖古城荒，飘然意可伤。道宫烟锁树，农舍雨倾墙。捕吏翻疑寇，平人却笑狂。长吁空仰首，天际正苍苍。②

山云突起凌碧虚，怪状奇态成须臾。惊风急雨迸飞雹，飘骤散落千万珠。半空光冷掣电火，平地声者轰雷车。神龙奋怒乃若此，不识造化将何如。默知嘉禾伤淹没，坐看积潦横穿窬。小民咨嗟复愁叹，谩执欲议尤当途。当途于今藐房杜，机略自知天下无。有才足使人羡慕，有势足使人奔趋。暇考阴阳

① 《别西山》。

② 《游北观》。

论调燮，暇纾征敛矜号呼。今年金缯满千驮，明年好上登封书。

青山偃蹇与世疏，只将秀色供吾徒。知君如我有三癖，深深远讨否不如。金灯峰上诗千首，挂镜台前一杯酒。人间万事尽浮云，故人曾为相思否。云边鸾凤玉鞭鸣，跛鳖蹒跚叠茧生。天末碧云凝远思，夕阳无语下西城。①

上面诗中的“道宫烟锁树，农舍雨倾墙”，“山云突起凌碧虚，怪状奇态成须臾，惊风急雨迸飞雹，飘骤散落千万珠”，“云边鸾凤玉鞭鸣，跛鳖蹒跚叠茧生”等诗句，情感丰富，语言秀丽，也富于想象。这两首诗，都是从写境入手，表现出自然景象，但都婉转地讲了“捕吏翻疑寇”、“有势足使人奔趋”、“今年金缯满千驮，明年好上登封书”等社会问题，充分表现出婉曲含蓄的特色。

（四）生活味浓　现实性强

现实生活是艺术的源泉，由于许衡相当大一部分时间是生活在乡里，对人民的生活和社会现实了解比较深，他的诗词的一个重大的特色是在于反映现实的真实性和深刻性，生活味浓，现实性强。如：

干戈姿烂熳，无人救时屯。中原意失鹿，沧海

① 《吴行甫雨雹韵》。

变飞尘。我自揣何能，能存乱后身。遗芳藉远祖，阴理出先人。俯仰意油然，此乐难拟伦。家无担石储，心有天地春。况对汝二子，岂复知吾贫。大儿愿如古人淳，小儿愿如古人真。生平乃亲多辛苦，愿汝辛苦过乃亲。身居畎亩思致君，身在朝廷思济民。但期磊落忠信存，莫图苟且功名新……斯言殆可书诸绅。①

初来识君面，此行见君心。匡时有长策，虑远忧且深。俗亲取近效，雅意入幽沉。人生贵所依，所依贵知音。知音得长布，身将比黄金。我本贫贱士，多思委相寻。未得办一饭，胡为遽分襟。征鸿出远塞，西风动疏林。春去溅万里，何以酒同斟。含情望无极，白云障孤岑。②

雨水添新涨，陂湖没旧痕。入迷堤口路，船上树头村。岁事知前误，秋耕来可论。谁怜徭役外，天亦吝深恩。③

在这几首诗中，他描写了社会动乱、自然灾害，表现了对儿子的训导和对朋友的情谊，具有浓厚的生活趣味，又表现出很强的现实感。它所讲的虽然是一般的现实问题，但它却根源于社会，具有很强的生命力。

---

① 《训子》。
② 《送窦清叔》。
③ 《北门观涨》。

（五）思念乡土 同情人民

对乡土的怀念和对人民的同情，是许衡诗词的另一个特色，也是他诗词的力量之源。在这一方面，他有感而发，表现出了丰富的思想和情感，写了不少好的作品，他思念乡土的诗如：

> 娇儿未成人，病苦不肯退。忧伤动中怀，惨惨心欲碎。老妻情更恶，中夜泣相对。何如早还归，山阳坟陇在。平生所愿心，展转不得遂。十年误同游，回首只多愧。病速肝肺深，因觉妻子累。悠悠故乡情，滴滴眼中泪。狐死知首邱，人生恋乡土。我心久焦劳，宿疾安能愈。所望还故乡，微骸近先祖。肮脏足叹嗟，西风动环宇。
>
> 归兴不可遏，归程待何时。悠悠故乡心，一夕千里驰。西风动霄汉，惨惨令人悲。况我多病身，天涯久栖迟。交游义虽忘，岂忍轻别离。重念邱陇远，娇儿正愚痴。因循死异邑，后世将何遗……①

这些诗句，表现出他对乡土的思念，虽然有些诗句，是宗法伦理思想的表现，内容不完全健康，但是，热爱乡土是爱国的一个组成部分，从总体来说，他对乡土的思念之情是无可非议的。而他以“身在朝廷思济民”的诗句对儿子加以

---

① 《有感》。

训导，是必须加以肯定的。在同情人民方面，他的诗还有不少。如：

> 秋稼方成实，连宵雨未休。肯楼十日限，都解万民愁。无相逢奎见，云占遇甲收。西南风未起，空忆霁光浮。①
>
> 苦雨伤秋稼，朝云忽放晴。碧空云尽卷，沧海日初升。久客天涯兴，耕夫陇上情。鸡豚并社酒，处处是欢声。②
>
> 瘴厉蟠空久不开，垄苗枯死旱为灾。苍生梦寐思霖雨，谁似当年传说才。③

这几首诗，是在发生自然灾害时对人民的同情心，以及在久旱逢雨后的欢乐心情。这是他关心人民疾苦，对人民富有同情心的思想表现。

---

① 《秋雨思晴》。

② 《喜秋晴》。

③ 《大暑登东城》。

第七章 教育思想

许衡从三十二岁走上教育生涯，至七十三岁逝世，共四十一年。在此四十一年间，除担任中书左丞四年，参与制定朝仪、官制一年，以集贤大学士兼国子祭酒“教领太史院事”的身份负责制定历法四年外，其中三十年时间，基本上都没有脱离教育生涯。在教育工作方面，他担任过朝廷的集贤大学士兼国子祭酒，“俾主教事”，又担任过地方（西安市）的“京兆提学”；他教过朝廷办的“太学”，而更多的时间是从事地方民办的私学教育。长期的教育管理工作和教师生涯，使他具有十分丰富的教育经验。他总结了这些教育经验，形成了一套比较系统的教育思想。

一、教育宗旨

许衡的教育宗旨包括两个方面的思想，一是“明人伦”，一是“治生”。

所谓人伦，是封建社会所指的人与人之间的关系和人们应遵守的行为准则。《孟子·滕文公上》：“使契为司徒，教以人伦：父子有亲，君臣有义，夫妇有别，长幼有序，朋友有信。”封建社会所说的人伦，是指君臣、父子、夫妇、长幼、朋友关系的行为准则。

许衡把明人伦作为教育的宗旨之一，是同他注重伦理道德，主张德治、王道的思想联系在一起的。他对“明人伦”十分重视，甚至把“教”字理解为“明人伦”。认为“教之一字为人伦生，如本末字为木设，源流字为水设，而后世皆通用之，教之一字，亦犹是也。学者当知教之所自；不知教之所以设，则差之岂但千里之遥哉”[①]。在这里，他从文字学上考证“教”的宗旨是明人伦。对此，他还进一步论述。他说：

> 学则三代共之，皆所以明人伦也。人伦明于上，则小民亲于下。舜明于庶物，察于人伦。后世君臣父子兄弟夫妇朋友此五者，祸乱相寻，只是人伦不明，故致如此。且如大舜处顽、嚚、傲三者之间，孜孜如此。只是人之大伦合如此，故无怨尤，爱之则喜而不忘，恶之则劳而弗怨，人只于处明得，然后尽得人道。[②]
>
> 学则三代共之，皆所以明人伦也。司徒之职，教

① 《鲁斋遗书》卷2。

② 《鲁斋遗书》卷1。

以人伦而已。凡不本于人伦,皆非所以为教。[1]

从上面材料可以看到,许衡所说的人伦,是指君臣、父子、兄弟、夫妇、朋友五者之间的关系的行为准则,特别是君臣、父子、夫妇三者关系的行为准则。这些都是人心中所固有的,容易为人们所接受。他强调指出,教育的宗旨是"明人伦",不明人伦的教育就谈不上教育。他对"明人伦"的作用估计很高,认为"人伦明于上,则小民亲于下",君臣、父子、夫妇三者的关系"既正","则他事皆可为之"[2]。这是说,只有明人伦,才能使老百姓守治道,使封建统治得到巩固,他甚至把"明人伦"看成人与禽兽区别的根本标志。他说:

父子之亲,君臣之义,与夫妇、长幼、朋友,亦莫不各有当然之则,此天伦也。苟无学以明之,则违远人道与禽兽殆无少异。[3]

明伦。明者明之也,伦者伦理也。人之赋命于天,莫不各有当然之则……三代圣王,设为庠序学校,以教天下者,无他,明此而已。盖人而不能明人之伦理,则尊卑上下,轻重厚薄,淆乱而不可统理,其甚者,至于父不父,子不子,君不君,臣不臣。夫妇长幼朋友,各不居其夫妇长幼朋友之分。

① 《鲁斋遗书》卷1。
② 同上。
③ 同上。

岂止绪乱而不可统理，将其祸乱相寻，沦于禽兽而后已。此所以古之教者必以明伦为教，而学者必以明伦为学。[①]

人与禽兽的根本性的区别，是人能创造生产工具，并利用生产工具进行有一定目的的劳动。劳动是类人猿变为人的根本条件。中外历史证明，对于这一问题，古代的思想家没有、也不可能认识到。在一定经济关系下建立人的行为准则，即伦理道德，这也是人与禽兽差别的重要标志之一。中国古代思想家中，已有人初步说到这方面的问题，在这里，许衡更明确地指出这一点，并以之作为教育必须"明人伦"的重要根据。这一思想的提出，是很有见地的。

儒家讲修身，其着眼点是齐家、治国、平天下。"明人伦"也是为了齐家、治国、平天下。所以，在教育宗旨上，他们一方面强调"明人伦"，另一方面又强调"风化"。许衡说："窃闻提学官师表之任也，仪形多士，检正学业，实风化人才之所。"[②]他把提学官府视为"风化人才之所"，所谓"风化"，就是以封建伦理道德教育感化人，使社会中人人都遵守人伦道德，建立一个人人都按照封建伦理准则办事的社会风化。

许衡教育宗旨中另一个思想是"治生"。关于他的"治生"思想，我们在分析他的经济思想时已说过，因为这一问题同教育关系密切，在这里有必要再加以阐明。

---

① 《鲁斋遗书》卷3。
② 《鲁斋遗书》卷9。

所谓“治生”，是指谋生计，即解决经济生活问题。在这里，许衡把解决经济问题作为办教育的前提，认为不解决经济问题就不可能去办学。为了解决这一问题，可以去搞农业，也可以去搞工商业。他指出，经商虽然被认为是逐“末”，但只要“不失义理”，或者是“姑济一时”，经商也未必不可。在这里，许衡所说的为学要以“治生”为前提，而“治生”则“农工商贾而已”，这是从教育事业目的说的，而不是说教育者要去牟取私利。他指出：“若以教学与作官规图生计，恐非古人之意也。”他还举诸葛孔明治成都来说明这一问题。他说，诸葛孔明治理成都时，身为将相，但“死之日廪无余粟，库无余财”，廉洁达到如此地步。但他却使“桑土子弟衣食自有余”。这是说，诸葛孔明“治生”所考虑的是“桑土子弟”，考虑的是老百姓，而不是他本人的私利。

儒家的教育思想，在“君子喻于义，小人喻于利”[①]和“正其谊(义)不谋其利，明其道不计其功”[②]思想的影响下，在教育思想上重义轻利，以讲利为耻，主张清贫教育；其教育内容注重读经修身，轻视对经济问题的探讨。这一思想，不仅影响办学条件的不断改善，阻碍了教育的发展，而且使教育难以不断地适应经济发展的需要，影响经济的发展，因而使教育的路子越走越窄。许衡“治生”思想的提出，把解决教育的经济生活问题，搞农工商贾问题与教育密切联系起来，它必然会促进办学条件的改善、教育事业的发展、教育视野的拓宽和教育内容的扩大。所以，他把“治生”思想作为教

① 《论语·里仁》。
② 《汉书·董仲舒传》。

育的宗旨之一，是我国教育史上的一个创造，是当时教育要求不断发展，教育内容要求不断拓宽的理论概括。

教育是一种社会现象，它是按照一定的目的要求，对受教育者的德育、智育、体育诸方面施以影响的一种有计划的活动。一定社会的教育是一定社会的生产力、生产关系和政治的反映，同时又对它们给予影响和社会作用。在阶级社会里，一切剥削阶级都利用教育巩固他们的政治经济制度。中国封建社会是建立在以血缘关系为纽带的宗法制度和小农经济的基础之上，封建的纲常名教是维护封建政治经济制度的意识形态的核心，许衡强调以“明人伦”和“治生”作为教育的宗旨，是为了使教育为巩固封建的政治经济制度服务。

二、教育的价值与功能

从巩固封建政治经济制度的需要出发，许衡认为，教育的价值与功能，主要有两个方面，一曰变气质，二曰育人材。

把教育的价值与功能理解为变气质，这是宋明理学一个重要的思想。这一思想，是同他们的人性论有密切关系的，因为他们把人性分为“天命之性”与“气质之性”，认为人人都有生来十分完善的道德品质，只是由于受气质的偏蔽，才使这种完善的道德品质不能表现出来。所以，“为学首在变化气质”，去蔽起善，好让人们完善的道德品质完全表现出来。朱熹说：“古之圣王，设为学校，以教天下之人，使自王世子、王子、公侯、卿大夫、元士之嫡子，以至庶人之子，皆以八岁而入小学，十有五岁而入大学。必皆有以去其气质之偏，物欲之蔽，以复其性，以尽其伦而后已焉。”[①]朱熹认为，教育的价值和功能，就是“去其气质之偏，物欲之蔽”，恢复其“天命之性”。在教育的价值和功能问题上，许衡完全继承了朱熹的思想，把“变气质”作为教育的重要的价值和功能之一。他说：

> 论生来所禀气阴阳也。盖能变之物，其清者可变而为浊，浊者可变而为清；美者可变而为恶，恶者可变而为美。纵情欲，则清美变为浊恶；明明德，则浊恶变为清美。天生圣人，明德全明，不用分毫功夫，于天下万事，皆能晓解，皆能了干。见天下之人，皆有自己一般的明德，只为生来的气禀拘之，又为生以后耳目口鼻身体的爱欲蔽之，故明德暗塞，与禽兽不远。圣人哀怜，故设为学校以变其气，养见在之明，开未开之明，使人人明德，皆如自己一般，此圣人立教之本意。[②]

同朱熹的思想一样，许衡认为，人之气有清浊、美恶之分，而且可以改变。人人生来都有十分完善的道德品质，“只为生来的气禀拘之，又为生以后耳目口鼻身体的爱欲蔽之”，所以“明德暗塞，与禽兽不远”，圣人“哀怜”之，才设立学校，“以变其气”，“养见在之明，开未开之明”。圣人办学的“本意”，就是变化人们的“气质”，使人们都明明德，具有十

① 《朱子大全》卷15《经筵讲义》。

② 《鲁斋遗书》卷3。

分完善的道德品质。许衡认为,“变气质”是教育非常重要的价值和功能。

在许衡思想中,教育另一个重要的价值和功能,就是育人才。当然,育人才也包含着要变化人们的气质,使所“育”的人才为道德完善的人才,但作为人才,它包含着德、才、体等诸方面的条件,它容摄的内容更广。

无论中外古今,学校的设立都是为了培养人才。不过,在不同的时代,培养人才的含义和内容不一样。从世界教育发展的历史看,学校最早是在宫廷中出现,即宫廷学校,它所培养的是统治阶级所需要的人才。在春秋以前,中国也是“学在王官”。当时的学校分为“小学”和“大学”两级,“小学”习书、数,“大学”习礼、乐、射、御。商周的等级制度是很森严的,根据《尚书·大传》记载,唯有“王太子王子、群后之子(“国子”)”以至“卿大夫、元士之嫡子(“世子”)”,才能入学。卿大夫,元士之庶子(“余子”)只有伴读的资格。在国都以外,有所谓“乡学”的设置,“乡学由地方官吏主持,分庠、序、校、塾四级,因地制宜,不尽相同”。实际上是培养贵族子弟和议事、集会的场所。在春秋以前,自庶人以下,都被摈于学校大门之外,没有受教育的机会。当时教育所培养的人才,都是统治阶级的统治人才。春秋时期,由于社会物质文明和精神文明的进步,特别是社会大变革冲破了一些旧框框,一些贵族沦为庶人,原来只有宫廷中进行和由贵族所控制的教育,开始流传到社会中来,文化逐渐下移,出现了由“学在王官”转向“学在四夷”的局面。适应着这一思想潮流,孔子提出了“有教无类”和“仕而优则学,学而优则仕”[1]的思想，改变了“学在王官”的旧制，冲击了世卿世禄制度。这一开拓精神，推动了“学在四夷”的发展，使教育自身社会化，打破了贵族垄断教育的局面，在一定程度上为新兴地主阶级扩大培养人才和选拔人才的范围。中国封建社会的教育，基本上是沿着孔子开辟的这条道路发展过来的。许衡继承孔子和儒家这一思想，强调办学校是为了养育人才。他说：

> 先王设学校，养育人才，以济天下之用。及其弊也，科目之法愈严密，而士之进此者愈巧，以至编摩字样，期于心中。上之人不以人才待天下之士，下之人应此者，亦岂仁人君子之用心也哉！虽得之，何益于用？上下相待，其弊如此。欲使生灵蒙福，其可得乎？先王设学校，后世亦设学校，但不知先王何为而设也。上所以教人，人所以为学，皆本于天理民彝，无他教也，无异学也。[2]

在这里，许衡指出，设学校是要“养育人才，以济天下之用”，而且强调所培养的必须是有用的人才，并对历史上教育产生弊端，培养无用之人表示不满。他这里所说的有用，当然是指孔子所说的“学而优则仕”的“仕”型人才，但他把育人才作为教育的价值和功能，这是应该肯定的。

---

① 《论语·子张》。
② 《鲁斋遗书》卷1。

三、教育内容

从《周礼》、《国语》、《左传》可以看到，西周官学的教育内容包括德、行、艺、仪四个方面，以礼、乐、射、御、书、数为主要课程。从春秋开始，随着社会的变革，西周官学和六艺之教逐渐破坏，出现了文武分离，射御不列为一般教育的重要课程。据史料记载，孔子教育的内容是：《诗》、《书》、《礼》、《乐》、《易》、《春秋》六经。司马迁说："孔子以诗书礼乐教，弟子盖三千焉，身通六艺者七十有二人。"①孔子自己说："兴于诗、立于礼、成于乐。"②又说："不学诗，无以言……不学礼，无以立。"③郑玄注《周礼·天官冢宰·大宰》说："儒，有六艺以教民者。"这里所说的六艺，即指《诗》、《书》、《礼》、《乐》、《易》、《春秋》六经。孔子是一个十分好学的人，相传他读《易》至韦编三绝，可见用功之勤。当时就有人说他"博于诗书，察于礼乐，详于万物"④。他的学问渊博，通今博古，在教学过程中，他对六经作了一些整理、编纂、阐发的工作，并用之作为教材。孔子以后，六经成为中国封建社会的基本的教育内容。到了宋代，朱熹继承了儒家历来的教育思想，但对教育作了一定的改革。在教育制度上，他除了小学、大学教育外，提出了学龄前教育的思

---

① 《史记·孔子世家》。
② 《论语·泰伯》。
③ 《论语·季氏》。
④ 《墨子·公孟》。

想，特别是提出“胎教”的思想；在教育内容上，他把《大学》、《中庸》、《论语》、《孟子》作为教育的主要内容。为了搞好教育，他以毕生精力对这四本书进行研究，作《四书集注》。对这四本书，他精益求精地进行钻研，直到他临终前还在精心修改。他之所以强调这四本书，把它们作为教育学生的主要教程，是因为这四本书主要是鼓吹封建伦理政治和格物穷理、诚意正心、修己治人以至于修身、齐家、治国、平天下之道。

在教育内容上，许衡在通过姚枢接受程朱理学之前，他所学的基本上是北方“落第老儒”所授的“句读训解”，他所教给学生的，基本上是“章句之习”。他接受程朱理学之后，才悉去“孟浪”之学，按照程朱思想进行教育。在教育制度上，他仍然是按照中国历来把学校分为小学和大学两级的思路。他说：

> 古者民生八岁，上自王公，下至庶人之子弟，皆令入小学，教之以洒扫应对进退之节，礼乐射御书数之文。及其十有五岁，自天子之元子、众子，公卿大夫元士之嫡子，与凡民之俊秀者，皆入大学，教之以穷理正心修己治人之道。此小学、大学所以分也。当其幼时，若不先习之于小学，则无以收其放心，养其德性；及其年长，若不进之于大学，则无以察夫义理、措诸事业。先之以小学者，所以立大学之基本；进之于大学者，所以收小学之成功也。①

① 《鲁斋遗书》卷3。

在这里，他认为学校应分为小学与大学两级，并论述了二者的关系。小学“所以立大学之基本”，大学“所以收小学之成功”。他还认为，“小学教人自下事上之道，如子孝于父，臣忠于君之类；大学教人自上临下之道，如敬天修德，节用爱民之类。”①

从上面所述关于小学和大学教育的内容可以看到，关于教育内容，许衡仍然是坚持古代的德、行、艺、仪四个方面。在这些教学内容中，他特别强调小学和《四书》。据《国学事迹》记载：

> 先生自得小学书，则主于此书，以开导学者。尝寄其子书曰：小学、《四书》，吾敬信如神明，然能明此，他书虽不治可也。②

《鲁斋遗书》中的《小学大义》、《大学要略》、《大学诗解》、《中庸说》（文阙）、《论大小学》、《大学直解》、《孟子标题》（文阙）等书，都是许衡为教学需要或为教育儿子的需要而写的。虽然没有看到他直接讲解《论语》的书，但在《语录》（上、下）中讲到《论语》的地方可不少。这些事实说明，在教育中，许衡对《小学》、《四书》十分重视，把它们作为教育学生的主要课程。

同朱熹一样，许衡在教育中强调《小学》，就是要对学生“教之以洒扫应对进退之节，礼乐射御书数之文”，培养

① 《鲁斋遗书》卷3。
② 《鲁斋遗书》卷13。

他们从小就具备“自下事上之道”；他强调《四书》，就是要对他们进行格物致知、诚意正心、修己治人以至修身、齐家、治国、平天下的教育，使他们掌握“自上临下之道”，学会做封建统治阶级的接班人。

在教育内容上，儒家历来注重伦理道德和礼仪的践履，许衡也继承这一思想传统。《国学事迹》记载：

> 诸生读书之暇，先生令蒙古生年长者习拜，及受宣拜诏仪，释奠冠礼，时亦习之。小学生有倦意，令习跪拜揖让进退应对之节，或投壶习射，负者罚读书若干遍。①

另外，许衡还注意对学生进行算术和历史的教育。《国学事迹》记载：

> 先生欲以蒙古生习学算术，遂自唐尧戊辰距至元壬申，凡三千六百五年，编其世代历年为一书，令诸生诵其年数而加减之。②

现在《鲁斋遗书》中的《编年歌括》，就是上面所说的以历史的形式编的算术课本，这种把历史和算术结合起来的学习方法，显然是许衡在教育中的一个创举。特别值得指出的是，许衡在《编年歌括》中，把北魏、辽、金等由少数民族

---

① 《鲁斋遗书》卷 13。
② 同上。

统治者统治的朝代，同由汉族统治者统治的朝代同样对待，这充分体现了在中华民族这一多民族的大家庭中，许衡坚持了民族平等、民族融合的思想，这比较儒家历来所坚持的“夷夏之辨”思想，是大大地前进了一步。

在教育内容上，许衡坚持了德、行、艺、仪四个基本方面，而重《小学》、《四书》和封建伦理、仪式的践履，这一思想的要点，就是提倡仁义、德治，加强封建伦理纲常的教育，培养维护封建治道的人才。许衡的教育思想，无论是内容或形式，都是朱熹教育思想的继续。

四、教育原则与方法

许衡的教育基本原则与方法，是继承朱熹在《白鹿洞书院揭示》中，根据《中庸》而规定的“为学之序：博学之、审问之、慎思之、明辨之、笃行之”。许衡在教育中很重视这个“为学之序”，并作了比较详细的解释。他说：

> 二程以格物致知为学，朱子亦然，此所以度越诸子。《大学》，孔氏之遗书也，其要在此。凡行之所以不力，只为知之不真，果能真知，行之安有不力者乎？博学之、审问之、慎思之、明辨之，只是要知得真，然后道笃行之一句。圣人教人只是两字，从学而时习为始，便只是说知与行两字。不惑、知命、耳顺是个知字，只是精粗深浅之别耳！耳顺是并无逆于心者，到此则何思何虑，不思而得也。从心不逾距，则不勉而中。

> 或问穷理，至于天下之物必有所以然之故，与其所当然之则，所谓理也。曰：博学、审问、慎思、明辨，此解说个穷字。其所以然与其所当然，此说个理字。所以然者，是本原也；所当然者，是末流也。所以然者是命也，所当然者是义也。每一事每一物，须有所以然与所当然。①

许衡认为，二程和朱熹在为学上之所以超越了先秦诸子，是因为他们阐发了孔子在《大学》中所说的“格物致知”。他指出，“格物致知”告诉我们，“凡行之所以不力，只为知之不真”。如果能“真知”，行之自然有力。他认为，在教育中只是说知与行的问题，孔子教人就是这两个字，“从学而时习为始，只是说知行二字”。朱熹提出的“为学之序”，也只是说知与行的问题，“博学之、审问之、慎思之、明辨之，只是要知得真”，即“知”。最后说“笃行之”一句，是讲“行”得笃。所谓知得真，他强调要穷其“所以然与所当然”。所以然是本原，所当然是末流，“每一事每一物，须有所以然与所当然”，所以，穷理必须是既穷所以然，又穷所当然。教学是一个认识活动，任何哲学家的教育方法，都是同他们的认识论相联系的，许衡所说的“理”，主要是讲“天理”，但在一定条件下又讲具体事物的规律。所以，许衡这里所说的“穷”“所以然”，是指穷天理，所说的“穷”“所当然”，主要是指穷具体事物的“当然之则”，即规律或法则。许衡在教育中，重视知，但更强调“笃行之”。他说：

---

① 《鲁斋遗书》卷 1。

凡为学之道，必须一言一句自求己事，如六经语孟中我所未能，当勉而行之，或我所行不合于六经语孟中，便须改之。先务躬行，非止诵书作文而已。①

又据《国学事迹》介绍：

先生说书，章数不务多，唯疑周折，若未甚领解，则引证设譬，必使通晓而后已。先生尝问，此章书义，若推之自身，今日之事有可用否？大凡欲践其行，而不贵徒说也。②

他强调在教育中“躬行”、“勉而行”的重要性，并强调“所行不合”，“便须改之”，“笃行”是许衡教育方法的重要一点。

关于许衡在教育中重知和笃行，他的门人许约说：

追乎有宋，实生周子，画无极之大原，为万物之根柢；扶泰山已摧之巅，发千古不传之秘。渊渊河洛，大畅斯旨。天理之微，人道之著，鬼神之幽，至于朱子而大备。天眷皇元，我文正公实有得于此也。合众议而有归，惟前贤之是证；既缕析而毫分，

① 《鲁斋遗书》卷1。
② 《鲁斋遗书》卷13。

> 亦提纲而振领；尽小学之精微，为后人之龟镜；言仁义必本诸身，言道德必由乎性。其高也入于无伦，其近也不离日用；叙天工而振王纲，正人心而祈永命，观其运用天理而见诸行事者。①

许约是许衡的门人，对许衡的教学自然清楚，他认为，许衡在教育中，“既缕析而毫分，亦提纲而振领，尽小学之精微”，即注重“知”的教育，又能做到“其高也入于无伦，其近也不离日用”，“观其运用天理而见诸行事者”，即注重“行”，这些看法是符合实际的。

在教学中，许衡提倡勤思苦练，刻苦钻研。他说：“心常思则义理出，力常运则百事可作。”他把勤奋学习形象地比喻为和农民耕种一样，“茅愈锄治愈旺，不锄三年则塞死”。“物有此理，人之心力亦然。”②许衡在教学中不管对教和学都要求严格，在长期的教学实践中，总结了不少教学原则和教学方法，主要有：

（一）因材施教

“因材施教”是我国古代一个重要的教学原则。首先运用这个原则教学的是孔子，孔子的门徒品类复杂，各人的情况有所不同，孔子十分注意这个问题，有的放矢地对学生进行教育。据《论语》记载：“子路问：‘闻斯行诸？’子曰：‘有

① 《许文正公遗书》卷末。
② 《许文正公遗书》卷1。

父兄在，如之何其闻斯行之？'冉有问：'闻斯行诸？'子曰：'闻斯行之。'公西华曰：'由也问闻斯行诸？子曰：有父兄在。求也问闻斯行诸？子曰：闻斯行之。赤也惑，敢问？'子曰：'求也退，故进之；由也兼人，故退之。'"[①]从这个材料可见，子路和冉有同样提出"听见一个道理，就立刻实行吗"这样一个问题，但孔子却做了两个不同的回答。对子路的回答是："还有父兄在上，怎么自己就立刻实行？"对冉有的回答是："立刻照着去做。"这使另一个学生公西华感到诧异而问孔子，孔子回答说："求（冉有）向来松懈，所以我鼓励他前进。由（子路）向来冒失，所以我向后拉他一下。"孔子这样处理，是针对学生的不同情况进行教育。孔子在教学中运用"因材施教"这一教学方法，但他并没有把这一教学方法概括成为"因材施教"。这一思想，后来为宋代的程颐、朱熹所继承和运用，并概括之为"因材施教"。他们说："孔子教人，各因其材。""因材施教"一词便由此产生，并在中国教育史上发挥积极的作用。

许衡的"因材施教"思想，是继承孔子和朱熹而来的。他认为，具体万物各有各的不同规律，他打一个比方说："把手中执的斧柄与那所伐的斧柄比来，虽是法则相似，还有彼此之不同。故伐木做斧柄的，看那手中斧柄的法则尚以为远。"[②]人的情况也不尽同。"然人生气禀不齐，上品之人不教而善，中等之人教而后善，下品之人教亦不善。凡上品下品之人分

① 《论语·先进》。
② 《鲁斋遗书》卷5。

数常少，而中品之人分数常多。”[1]所以，在教学中必须采取“因材施教”的原则。《通鉴》说：

> 今日学中大体，虽要严密，然就中节目，须且宽缓。盖人品不一，有早成者，有可成其大者，有可成其小者，且一事有所长，必一事有所短，千万不同，遽难以强之也。且教人不止各因其材，又当随其学之所至而渐进之。[2]

许衡从“人品不一”，具体情况不同，得出教育上要“因材施教”，并“随其学之所至而渐进之”的结论，这是一个非常明确的教学原则和方法。对于这一思想，他还从自然哲学上加以论证。他说：“天生物必因他材质而加厚他，凡物之栽植的有生长之理，便降雨露以滋养他；物之倾仆的有覆败之理，便降霜雪以覆败他。”[3]“因材施教”正是根据这一自然法则，即对不同的情况施以不同的影响。所以，许衡的“因材施教”是一种从实际出发、实事求是的教学原则和方法。

（二）循序渐进

“循序渐进”也是中国古代重要的教学方法。先提出这一问题的是孟子。他说：

---

① 《鲁斋遗书》卷3。
② 《鲁斋遗书》卷13
③ 《鲁斋遗书》卷5。

原泉混混，不舍昼夜，盈科而后进，放乎四海。①

这是说，那有源的泉水，日夜不息地渐渐流了出来，等到水坎盈满以后，再向前进，以至扩大到四海。他认为，做学问也应该如此，不能一步登天。这样做，必然导致“其进锐者其退速”的后果，反而一无成就。他还举宋人“揠苗助长”的故事作为例子来说明这一问题。他说：

宋人有闵其苗之不长而揠之者，芒芒然归，谓其人曰：今日病矣，予助苗长矣。其子趋而往视之，苗则槁矣。天下之不助苗长者寡矣。以为无益而舍之者，不耘苗者也。助之长者，揠苗者也。非徒无益，而又害之。②

孟子用这个故事来说明学习必须循序渐进，这是很精确的。这一思想，后来为宋代的朱熹所继承和发挥，朱熹把“循序渐进”和“熟读精思”作为读书的两个重要原则提出来。他认为，各人应根据自己的情况，订出学习计划，循序渐进地进行学习。他说：

量力所至，约其课程而谨守之。字求其训，句

① 《孟子·离娄篇》。
② 《孟子·公孙丑篇》。

索其旨,未得乎前不敢求其后,未通乎此不敢志乎彼;如是则循序渐进焉,则意定理明而无疏易凌躐之患矣。①

朱熹提出"未得乎前不敢求其后,未通乎此不敢志乎彼"的"循序渐进"方法,防止"疏易凌躐",这些见解,是十分深刻的。

许衡继承中国古代教育的传统,也主张在教学中"随其学之所至而渐进之"②,他指出,进道如行路,不能躐等,要循序而进。他说:

君子之道固无所不在,而进道的工夫却有个次序,不可躐等。辟如行路一般,要到那远处必须从近处起程,方可到得,未有不由近而能至远者。辟如登高一般,要到那高处必从下面上去方可到得,未有不由下而能升高者。③

他又像孟子那样,用宋人"揠苗助长"的故事来说明这个问题。他说:

君子存诚克己就义,始若甚难,终知甚易。可委者命,可凭者天。人不率尔,事有偶然。舍苗不

① 《朱子大全》文卷74《读书之要》。
② 《鲁斋遗书》卷13。
③ 《鲁斋遗书》卷5。

> 耘，助而揠之，其害甚大。既征于色，又发于声。天道无他，庸玉汝成。[①]

许衡认为，进道像走路一样，必须由近至远；又像登山一样，必须从低到高，决不能不分次序的躐等。那种“舍苗不耘”而企图用“揠之”助长的做法，“其害甚大”。他坚持的“循序渐进”的学习方法，是符合学习的客观规律的。

（三）温故而知新

“温故而知新”是孔子先提出来的教学方法。《论语·为政》：“温故而知新，可以为师矣。”何晏注：“温，寻也。寻绎故者，又知新者，可以为人师矣。”后来所说的“温故知新”，是指温习已学过的知识，获得新的理解和体会，也指吸取经验教训，认识现在。许衡继承孔子的思想，在教学中坚持运用“温故而知新，敦厚以崇礼”。他说：

> 温是温习，故是已知；敦是敦笃，厚是已能的，崇是谨的意思。子思又说，君子于所已知的必温习涵咏之，而于理义能日知其所未知，于所已能的必敦笃持守之，而于节文能日谨其所未谨。这以上四句，是君子存心致知所以修德凝道的工夫。[②]

---

① 《鲁斋遗书》卷9。
② 《鲁斋遗书》卷5。

他把“温故而知新”看成是“存心致知所以修德凝道的工夫”，人们学习必须经过知识的不断积累，并在知识不断积累的基础上提高认识，获得新的知识。许衡把“温故而知新”看成是“存心致知所以修德凝道的工夫”，这一认识是很深刻的。

（四）教人教其所短

在教学原则上，许衡提出一个很精辟的思想，即“用人当用其所长，教人当教其所短”。教人当教其所短，这是孔子已经注意到的问题。上面谈“因材施教”问题，我们引了孔子对子路和冉有两个学生对“闻斯行诸”这一问题所作的不同回答，已经明确地体现了这一点。因为冉有向来松懈，孔子在回答时鼓励他前进，而子路向来冒失，所以孔子在回答时向后拉他一把。孔子在教学中，已经运用了“教人当教其所短”的原则，但是，孔子并没有把这种思想加以概括，是许衡明确地提出这一问题，并加以阐明。《通鉴》说：

> 教人与用人正相反，用人当用其所长，教人当教其所短。故衡之教人也，恩同父子，义若君臣，因其所明，开其所蔽，纳诸善视其动息而弛张之，慎其萌蘖而防范之。日渐月渍不自知其变也，日新月异而不自知其化也。以是凡为弟子者，皆能自立为世用矣。[1]

① 《鲁斋遗书》卷13。

从这一材料可以看到，许衡对待学生“恩同父子”，在教育中，他从“教人当教其所短”的思想出发，“因其所明，开其所蔽”，甚至做到“纳诸善视其动息而弛张之，慎其萌蘖而防范之”，使学生在学习过程中吸收别人的长处，克服自己的短处，这样经过“日渐月渍”、“日新月盛”，不断得到提高，“皆能自立为世用”。许衡的“教人当教其所短”的思想，发前人之所未发，论前人之所未论，对中国教育史作出积极的贡献。

（五）以善制恶

在教育上，许衡提出“善恶消长”、“以善攻恶”的思想，即主张利用积极因素，克服消极因素。这一思想，宋朝的朱熹就曾经应用过。朱熹认为，在教育中，必须多用积极的教导，少用消极的防止。他说：“小学书多说那恭敬处，少说那防禁处。”[①]他指出，专从革除人欲以去掉不良行为，这是消极的，必须培养好的行为，用好行为去克服消极行为，这才是积极的。他说：

> 若专务克己私欲而不能充长善端，则吾心与所谓私欲者日相斗敌，安伏得下？又当复作矣。[②]
>
> 苟知其理之当然，而责其身以必然，则夫规矩

---

① 《小学辑说》。

② 《朱子语类》。

禁防之具，岂待他人设之而后有所持循哉？①

朱熹在教育原则和方法上，已初步提出了以善制恶、以积极因素克服消极因素的思想。在这一思想基础上，许衡进一步从理论上阐明了这一问题。他说：

> 善恶消长，善少恶多，则善其善而不敢攻其恶；善多恶少，然后敢攻治。病亦然，痼疾之人，且当扶护元气为主。圣人于门弟子教养之际亦如此。②
>
> 教人使人必先使有耻，无耻则无所不为；既知耻又须养护其知耻之心，督责之使有所畏，荣耀之使有所慕。督责、荣耀，皆所以为教也。到无所谓不知慕时，都行不将去。③

许衡根据矛盾对立、善恶消长的观点，认为在善恶双方中，只有善的一方发展，成为矛盾的主要方面，以善去克服恶，才能使恶变为善。要使人们克服消极的东西，必须使人知耻，并培养人有知耻之心；无耻是无所不为的，只有知耻，才能克服消极因素，发展积极因素。在教育上，许衡坚持以善制恶的观点，并从理论上加以论证，这是难能可贵的。

---

① 《白鹿洞书院教条》。
② 《鲁斋遗书》卷1。
③ 同上。

（六）虚心学习　切戒自满

在教学上，孔子主张无常师，能者为师，虚心向别人学习，力戒自满。他说："三人行，必有我师焉，择其善者而从之，其不善者而改之。"①他这种虚心向他人学习，"择其善者而从之，其不善者而改之"的思想，具有一定程度的服从真理的因素，历来成为鼓励人们拜师求学的警句。许衡继承了这一思想，他说：

> 凡取友必须趋向正当，切磋琢磨有益于己者，若乃邪僻卑污，与夫柔佞不情，相诱为非者，谨勿近之。
>
> 凡在朋侪中，切戒自满，惟虚故能受，满则无所容。人不告我，则止于此耳，不能日益也。故一人之见不足以兼十人，我能取之十人是兼十人之能矣。取之不已，至于百人千人则在我者，可量也哉？
>
> 凡求益之道在于能受尽言。或议论经旨有见不到，或撰文字有所未工，以至凡在己者或有未善，人能为我尽言之，我则致恭尽礼虚心而纳之。果有可从则终身服膺而不失，其或不可从则退而自省也。②

许衡指出，"虚故能受，满则无所容"，所以必须"切戒

① 《论语·述而》。
② 《鲁斋遗书》卷1。

自满”,虚心向别人学习,“人能为我尽言之,我则致恭尽礼虚心而纳之”,如果“可从则终身服膺而不失”,如果不可从,“则退而自省”,若能如此虚心地向别人学习,一个人能“兼十人之能”,甚至兼“百人千人”之能。他强调指出,交友必须是能“切磋琢磨有益于已者”,对于那些“邪僻卑污”、“柔佞不情”、“相诱为非”者,“谨勿近之”。许衡这些思想,是孔子“三人行,必有我师焉”思想的继续,但他对这一思想作了阐发,比孔子的思想大大前进了一步。

从上面论述可以看到,许衡的教育思想,基本上是对孔子和儒家教育思想的继承和发挥。但是,他在长期的教育实践中,总结了教育活动的经验教训,提出了“治生”论的教育宗旨和一些具有新的积极因素的教育思想,如在教育中贯串民族融合思想、教人教其所短、以善制恶等,这些思想,无疑是给中国教育思想宝库增添了新的内容。另外,许衡在当时南北声教刚刚疏通的情况下,在北方推广程朱之学,结束了北方“落第老儒”传授“章句之学”垄断教育的局面,并为元朝培养了一批精通汉学的人才,他在元朝的教育中占有重要的历史地位,是元朝杰出的教育家。

第八章　许衡思想的历史作用、历史地位和社会影响

一、历史作用

历史人物评价问题，是长期以来学术界争论比较多的问题之一。我们认为，评价一个历史人物，必须把他放在他当时所处的历史条件中，研究当时历史对他提出什么问题，他如何回答和解决这些问题；他回答这些问题时，是给社会带来进步，给人民带来利益呢，还是给社会带来退步，给人民带来灾难？社会进步和人民利益，是评价一个历史人物功过的主要标准。同时必须强调的是，对一个历史人物的评价必须是全面的，既要看到他在思想发展中的作用，又要看到他在社会实践中的作用；既要看到他的动机，又要看到社会效果。抓其一点不及其余的作法，是不科学的。

关于许衡思想的评价问题，学术界历来评价不一。之所

以产生一些不同的看法，主要是由于两个方面的原因造成的：一是对历史上唯心主义如何评价问题，一是对蒙古贵族入主中原的评价问题。要正确地阐明许衡的历史地位，必须把这两个问题搞清楚。

关于对历史上唯心主义的评价问题，建国以后，曾经发生过一种“左”的倾向，这种思潮的突出表现，就是把哲学与政治“等同”起来，认为唯心主义必然反动，把唯心主义当作反动的政治思潮加以批判，而不是把历史上的唯心主义思潮看成是人类认识发展中的一个环节，对它加以研究，总结理论思维的经验教训。1979 年以后，在党的十一届三中全会路线的指导下，学术界坚持了实事求是的思想路线，解放思想，拨乱反正，这种思潮逐步得到克服，但是决不能说，对待唯心主义采取“左”的态度的影响已经完全消除，所以，弄清这个问题是完全必要的。哲学是人们在实践中对自然发展规律、社会发展规律和思维发展规律的概括和总结，哲学史是人类认识发展的历史，人类认识的发展是曲折的复杂的，而不是直线式的。列宁在《哲学笔记》中，把哲学史比做圆圈。他说：“每一种思想＝整个人类思想发展的大圆圈（螺旋）上的一个圆圈。”[①]根据人类认识的发展，马克思主义把哲学史分为朴素唯物主义、形而上学唯物主义、辩证唯物主义三个发展阶段，与此三个不同阶段的唯物主义相对立，也有与之相应的唯心主义。哲学史正是在唯物主义和唯心主义、辩证法和形而上学的斗争中螺旋式地向前发展。唯心主义哲学没有如实地反映客观世界，但是，它是人类认识螺旋式向前发

① 《哲学笔记》，人民出版社 1956 年版，第 271 页。

展过程中不可避免的一环。列宁在《谈谈辩证法问题》中说："僧侣主义（＝哲学唯心主义）当然有认识论的根源，它不是没有根基的，它无疑地是一朵不结果实的花，然而却是生长在活生生的、结果实的、真实的、强大的、全能的、客观的、绝对的人类认识这棵活生生的树上的一朵不结实的花。"哲学唯心主义把认识的某一特征、方面、部分片面地、夸大地……发展（膨胀、扩大）为脱离了物质、脱离了自然的、神化了的绝对，这当然是错误的。但是，如果丢开那些被它歪曲和夸大的部分，往往可以看到唯心主义对认识某些特征、方面、部分的研究，有合理的因素，若加以批判的总结，对人类认识的发展有一定的积极意义。所以，我们研究历史上的哲学思想，必须把唯心主义看成是人类认识发展的一个环节，对它加以逻辑分析，总结理论思维的经验教训，并给予实事求是的评价。

关于蒙古贵族入主中原的评价问题。儒家坚持"夷夏之辨"，对于历史上一些兄弟民族的统治者入主中原，往往采取非议的态度，对于与兄弟民族统治者入主中原有关的人和事，也往往采取非议的态度，这使得一些历史事件和人物得不到正确的评价。中国向来以历史悠久、地大物博、人口众多的"文明古国"著称于世，是一个多民族的国家。从远古时代开始，中国境内就居住着不同的民族和部落，他们都有自己的文化，经过长期的相互影响和相互斗争，逐步走向融合，并积淀而成为中华民族。史称"秦之祖先，起于夷狄"[①]，可见，统一中国的秦朝统治者，就

① 《观堂集林》卷12。

是夷狄的后代。现在的中华民族，就是经过长期的斗争与融合所形成的五十六个民族所组成。在我国历史上，大部分时间为汉族统治者所统治，也有一部分时间为少数民族的统治者所统治，如秦朝为夷狄的统治者所统治，北魏为鲜卑族贵族所统治、辽朝为契丹族贵族所统治、金朝为女真族贵族所统治、元朝为蒙古族贵族所统治等。在中国境内五十六个民族中，虽然社会发展水平不一，文化不一，大小不一，但是，它们是在不断的斗争和融合中发展民族事业，对中华民族的发展和振兴作出了积极的贡献，都是中华民族这一民族大家庭中的一员，应享有平等的权利。从这一点说，各个民族都可以在中国建立统治权力，不能把忠不忠于某一民族在中国的统治地位作为爱国不爱国的标准。我们认为，在我国这个多民族的国家中，衡量一个民族的统治者夺取中国的统治权是否是进步的行动，主要是看它这个行动是不是有利于促进生产力发展、社会进步和人民生活的改善；它们建立统治权以后，这个民族的统治者及其为之服务的政治家、军事家等等，他们的主张和行动是不是进步，同样是看它对生产力发展、社会进步和人民生活的改善有没有利。按照这一思想，我们认为，由于我国的少数民族的社会发展一般比汉族低，它们在同汉族统治者夺取统治权力的征战中，又往往给社会生产力带来破坏，给人民带来危害，所以，当时汉族统治地区的一些官民，奋起抵抗，出现了一些民族英雄，如岳飞、文天祥等等，这是应予肯定的。但是，也决不能因为肯定这些人的历史地位，而对在一些少数民族的统治者入主中原后在其朝廷中供职的人完全予以否定。对他们如何评价，主要还是看他们的言论和行动是否对社会生产力的发展有利，是否对社会进步有利，是否对人民有好处。我们评价许衡的历史功绩，正是坚持这样的观点。

关于许衡的历史作用，我们从以下四个方面加以论述。

（一）在哲学思想方面

许衡是元代儒学的主要继承人和传播人。我们要了解许衡在这方面的作用，首先必须对儒家的发展作一个简要的论述。

孔子在人性、人道、人生价值、人际关系思想的基础上，建立起包括天人之学、求知之论、为学之方、做人之道、为政之说等内容的完整的社会系统学说。并在半个多世纪的教育实践中，培养了一批信奉他学说的知识分子，从而形成了一个强有力的学派——“儒学”。我国历史上所说的儒学，指的是由孔子所创立，以崇奉孔子学说为宗旨的学派。

孔子所创立的儒学，到了元代，在中国有一千多年的发展历史，其演变和发展，在中国封建社会经历了四个时期。第一个时期是战国——儒学的初步发展时期。孔子所创立的儒学，在他死后，战国时期分为八大派别，即子张之儒、子思之儒、颜氏之儒、漆雕氏之儒、仲良氏之儒、乐正氏之儒、孟氏之儒、孙（荀）氏之儒。其中以孟子为代表的孟氏之儒和以荀子为代表的孙氏之儒影响最大。第二个时期是两汉——儒学经学化、神学化时期。在这一时期，汉武帝适应着建立封建中央集权的需要，采纳了丞相卫绾的建议，罢免“治申、商、韩非、苏秦、张仪之言”的贤良，设置五经博士，以研究、注释和传播儒家经典，并从经师董仲舒的《天人三策》中找到合意的思想，作出了“独尊儒术”的决策。从此以后，儒学成为封建统治阶级的指导思想。第三个时期是魏晋隋唐——儒、佛、道的斗争与融合时期。所谓儒、佛、道的融合，是指儒家、佛教、道家、道教思想的互相补充、互相渗透。任何一个学派的发展都不是孤立的，单一的，它必然同其他学派、其他思想文化成分相互渗透、互相补充。魏晋隋唐时期，由于儒、佛、道得到很大的发展，所以，以儒学为主体的儒、佛、道互相渗透、互相补充和走向融合，成为这一时期哲学的主要特征。儒、佛、道的融合，使儒家具有更丰富的思想内容和更高的思辨哲理性，从而使它进入一个更高的发展阶段。第四个时期是宋元明——理学的产生和发展——儒学的成熟时期。从北宋开始，以儒学为主体的儒、佛、道在理论上进一步融合，从而产生了儒学的新的理论形态——宋明理学。主导一个时代的宋明理学，学者众多，派系十分复杂。但就其主要的而论，其开山祖则是周敦颐(1017—1073)，在其发展过程中，主要分为三派，即以张载(1020—1077)为代表的关学，以程颢(1032—1085)、程颐(1033—1107)、朱熹为代表的理学，以陆(陆九渊〈1139—1193〉)王(王守仁〈1472—1528〉)为代表的心学。在元代，理学的主要代表有赵复、姚枢、许衡、刘因、饶鲁、吴澄、许谦。在理学各派中，南宋后期，以朱熹为代表的理学影响最大。朱熹是我国中世纪一位百科全书式的学问渊博的学者，他从建立长治久安的封建统治这一根本目标出发，继承儒、佛、道融合的思潮，把自然、社会、人生等方面的问题熔于一炉，自觉地构建其唯心主义体系。他的思想，正如清代学者全祖望所说：

"致广大，尽精微，综罗百代矣。"[①]思想内容丰富，思想体系庞大。为了构建哲学思想体系，朱熹下功夫钻研《四书》，作《四书章句集注》。在朱熹哲学中，就其主流来说，以封建纲常为主要内容的"理"是"生物之本"，"理"与"气"结合是人和物产生的基本条件，"理"体现于人便是"性"，"格物致知"和教育是体验天理以"明人伦"的重要手段，帝王"心术"是把"天理"还原于现实社会的决定力量。朱熹哲学体系的基本骨架是：把封建伦常道德上升而虚构一个天理世界→通过认识、修养、教育以"明天理"→帝王"心术"是"天理"复归于社会的决定力量。朱熹的思想体系的客观唯心主义实质是十分明显的，但是，由于他的哲学把自然、社会、人生等方面的问题冶于一炉，吸收了大量的科学知识和实践经验，这使他的思想表现出明显的矛盾性和二重性，并且有不少积极的因素。

与朱熹差不多同时，陆九渊(1139—1193)提出了他的心学思想。陆九渊哲学具有非常明显的特色，一方面他提出"先立乎其大者"，强调内心体验，主张扩大主观意识；另一方面，他从"道理无奇特，乃人心所固有"[②]的思想出发，认为"学苟知本，六经皆我注脚"[③]，不主张像朱熹那样系统地集注章句，并认为系统地集注章句只不过是"好事者藻绘以矜世取誉而已"[④]。这些思想，同朱熹迥然不同。陆九渊的

① 《宋元学案》卷 48。

② 《象山全集》卷 74《与严太伯》之三。

③ 《象山全集》卷 34《语录》。

④ 《象山全集》卷 14《与侄孙濬》之三。

哲学思想，主要包括两个方面的内容：其一是提出“心即理”和“宇宙便是吾心，吾心便是宇宙”的宇宙观；其二是提出反省内心，自存本心的先验主义认识论。

从继承和发挥儒家思想来说，陆九渊和程朱的思想有许多共同之处，但是，在学风、方法和一些具体问题上，他们的思想存在着差异，所以，在南宋时期便出现了朱陆学术之争，他们的争论，主要是方法论之争和“无极”之争。关于方法论之争，朱熹主张“道学问”和“即物而穷其理”；陆九渊则主张“尊德性”和“先发明本心”。朱讥陆为“禅学”，陆讥朱为“支离”，甚至赋诗相互责难。陆九渊赋诗说：“简易工夫终久大，支离事业竟浮沉”；朱熹反讥说：“说则无言，不信古今”。关于“无极”之争，朱熹把“极”训为“至极”，把“理”之总汇称为“太极”，把阴阳二气说成是宇宙间一切事物的材料；而陆九渊把“极”训为“中”，认为“太极”即“理”，把阴阳二气理解为一切对立事物或现象的总体现，即形而上是道。朱陆在信州鹅湖寺以及以后所进行的学术争论，是中国哲学史上唯心主义内部所发生的重要学术争论。

朱熹自己称他的学问是“帝王之学”，直言不讳地供认：他的学术思想“于国家化民成俗之意，学者修己治人之方，则未必无小补云”[①]。朱熹千方百计地向皇帝出谋献策，但是，当他活着的时候，他的学说并不为封建皇帝所重视，直到他死后数十年，南宋皇帝理宗（赵昀），读了朱熹的书，才感慨万分地说：“朕读之不释卷，恨不与之同时。”他认为，朱熹使

① 《朱子大全》卷76《大学章句序》。

"孔子之道，盖大明于世也"[①]，"有补于治道"，《四书》为"庶政之良规"，"历万世而无弊"[②]。从理宗以后，南宋统治者对朱熹十分重视，对他和他的后代一再加封。朱熹理学的地位越提越高，逐步在思想界居统治地位。但是，理宗以后四十余年，南宋便为蒙古贵族所灭。所以，朱熹理学在思想界居统治地位，主要是在元、明、清三个朝代，而元朝则是一个承上启下的关键时期。

许衡在哲学思想发展，特别是理学发展中的作用，主要有两个方面。

1. 传播程朱理学，促使程朱理学在元朝居统治地位

元朝统治者入主中原以后，在许衡等人的协助下，对程朱理学备加重视，极力提倡，并以法律形式强制推行，致使"海内之士，非程朱之书不读"[③]。元朝统治者除加封孔子为"大成至圣文宣王"外，对朱熹也十分重视。从元世祖忽必烈开始，就极力提倡程朱理学，建立太极书院，专门讲授程朱性理之学。元朝仁宗爱育黎拔力八达更是崇儒，声称"儒者可尚，以能维持三纲五常之道也"[④]。他在延祐年间（1314—1320），复科举，诏定以朱熹《四书集注》试士子；惠宗妥懽帖睦尔至正元年（公元1335年）"诏立微国公之庙"[⑤]，次年又诏命朱熹的五世孙返婺源管理朱熹祠庙。至正二十二年（公

① 《宋史》卷42《理宗纪》。

② 《理宗诏定三年九月改封微国公制》，《婺源县志》卷64。

③ 《鲁斋遗书》卷13《神道碑》。

④ 《元史·仁宗纪》。

⑤ 《朱子世家》，《婺源县志》卷18。

元1362年)又议封朱熹为“齐国公”①。元朝的科举考试,以程朱理学为录取标准。《元史·韩性传》说:“今之贡举,悉本朱氏私议,为贡举之父,不知朱氏之学,可乎?”②元朝统治者之所以这样重视朱熹理学,一方面是由于许衡等人的提倡,另一方面是由于程朱理学有利于“复天德王道之治”,所以元朝统治阶级把它作为“治天下必用”之“术”。许衡提倡和传播程朱理学,促进程朱理学北传,对于元代的“承流宣化”作出了贡献,对于提高元朝统治者的思想文化素质和推行汉化,有一定的积极意义。但是,理学作为钳制人民思想的工具,推行理学又带来一定的消极作用。

2. 推进朱陆合流,成为从朱熹理学到王守仁心学的中心环节

朱熹理学虽然在南宋理宗时被重视,逐步居思想界的统治地位,但是,朱熹死了以后,朱学没有得到新的发展,相反,朱学烦琐的流弊更显突出。南宋时期,陆学的产生与朱学的流弊有一定的联系。朱陆学术争论以后,陆学的影响仍然很大,到了元朝,除一些坚守朱、陆门户的学者外,有一部分学者,他们看到从南宋以来朱、陆之争,一曰:“支离”,一曰:“简易”,难以为继,亦对学术发展不利,他们便主张打破门户之见,综汇朱、陆之长,克服朱、陆之短,从而出现了折衷朱、陆的思想倾向,导致了朱、陆思想的合流,吴澄、许衡、许谦、宋濂等人,就是坚持这一思想倾向的重要思想家。许衡思想从主体来说,其思想崇奉程朱,但他并不

① 《顺帝至正二十二年二月改封齐国公制》,《婺源县志》卷64。

② 《元史·道学传》。

照搬朱熹的持敬、谨慎、审察等烦琐的治学方法，没有坚守朱学门槛，而是从天理赋予人心这一思想出发，把朱学的一些认识、修养过程径求于心，用陆学去补充朱学之不足。他的思想，可以说是从朱熹理学到王守仁心学的中间环节，是中国后期封建社会哲学发展这一大圆圈中的重要一环。他提出朱、陆合流的思想，对我国认识发展有一定的积极意义。

（二）在政治方面

蒙古贵族在南下征服中原时，其社会已经实现了封建化，但是，它的经济、文化发展比汉族统治者所统治的中原地区低。由于蒙古族是游牧民族，不习惯农业的定居生活，在他们夺取中原的征战中，兵骑所到之处，屠杀掠夺，给人民带来灾难，给社会经济、文化带来破坏，这是有史皆书的。正因为如此，南宋的一些臣民，如文天祥（1236—1282）、陆秀夫（1236—1279）、张世杰（？—1279）奋起反抗，这是正义的爱国行动，必须给予肯定。但是，南宋朝廷是一个腐败的朝廷，在经济、政治、军事上都没有多大作为，其军政大权又落入投降派手中，所以，蒙古贵族虽然在夺取统治权的征战中给社会和人民带来灾难，元王朝建立以后，阶级压迫和民族压迫加强，阶级矛盾和民族矛盾尖锐；但是，元王朝的建立也为中国发展开辟了新的局面，给中华民族带来新的生机。第一，元王朝建立的大一统，结束了我国长时期分裂的局面，其版图“北逾阴山，西极流沙，东尽辽左，南越海表"[①]，为以后的历史发展奠定了基础，也为祖国今天辽阔的版图奠定了基础；第二，元王朝建立全国统一政权后，将中原汉族发达地区的封建化向广大边疆地区推进，推动了边疆地区的进步；第三，元王朝建立了全国统一的局面，促进了国内各民族之间的经济、文化交流和边疆地区的开发；第四，元王朝的统一，为科学技术的发展创造了条件，如《授时历》的制订，《元一统志》的编纂等；第五，元朝的统一促进了中外文化交流和中外交通的发展，如马可波罗(Marco Polo)来华及撰写《东方见闻录》等。以上所述的各个方面，对于我国封建社会经济、文化的发展具有进步意义。

许衡是在蒙古贵族建立元王朝以后才仕元的。在此以前，他虽然担任过京兆(今西安市)提学，但时间不长，在蒙古贵族伐宋时，他提出："惟当修德，以至宾服，若以力取，必戕两国之生灵，以决万一之胜负。"[②]所以，蒙古贵族夺取中原统治权的征战与他关系不大，元王朝建立后初期所实行的一些方针政策同他关系密切。元王朝建国初期，元统治者以一个落后的民族对一个先进民族进行统治，摆在他们面前一个尖锐的问题，是按照社会经济、文化发展比较高的"汉法"进行统治，还是按照蒙古族原来使用的"蒙古法"进行统治的问题。这实质上是如何确定国家的大政方针问题。在这一关键时刻，许衡提出了"行汉法"作为立国规模。他这一思想的实质，就是认为得天下心者得天下，要巩固统治就必须以"爱"与"公"得天下心，

① 《元史》卷58《地理志》一。
② 《鲁斋遗书》卷13。

其实质就是儒学历来所鼓吹的“仁政”、“德治”、“王道”一套治道。他当时提出这些思想的实际意义，就是要蒙古贵族统治者要为政以“德”，不要为政以“霸”，他把这些问题当作“行汉法”提了出来，并总结历史上的经验教训，指出：“考之前代，北方奄有中夏，必行汉法可以长久。故魏辽金能行汉法历年最多，其他不能实用汉法，皆乱亡相继，史册具载，昭昭可见也。”[①]许衡这一思想，为元世祖所接受，确定以“行汉法”作为“立国规模”。元王朝方针政策上这一重大转变，争取了汉族人民的支持，很快地巩固了统治，并打开了加强和发展封建统治的新局面。同时，由于这一“立国规模”的确定，中原广大地区社会秩序得到恢复，生产得到发展，人民生活得到安定。这一切，同许衡提出的确定以行汉法作为立国规模的建议是分不开的，许衡在这方面所作的贡献必须充分肯定。

在提出以“行汉法”作为立国规模的同时，他又提出了中书大要、为君难、农桑学校、慎微等问题，向元最高统治者陈述自己的政见。它的主要内容是用人、立法、践言、防欺、任贤、去邪、得民心、顺天道、搞生产、办学校。许衡不仅提出政见，而且付诸行动。他同王文统、阿哈马等奸邪进行了坚决的斗争，并亲自为元统治者培育蒙古子弟，参与制订官制和朝议，主持制订《授时历》。他这些主张和行动，对元王朝巩固和加强统治、发展社会经济起了重要作用。在许衡等重臣的协助下，元世祖忽必烈很重视农业生产在经济和政治上的作用，采取措施加强封建

① 《鲁斋遗书》卷7。

中央集权，特别是加强了皇帝个人的权威和对大臣及地方的防范，同时也注意发挥地方机构的作用。因此，元建国后不久，封建中央集权得到巩固，经济得到发展，国家得到统一，国力强大，威震寰宇。许衡仕元的时候，元王朝建国不久，是元着手医治战争创伤和政治、经济、文化向上发展时期，许衡的一些言行，对社会进步和人民的生活有一定的作用，从总体来说，其积极作用是主要的。

（三）在教育方面

许衡在三十年教育生涯中，当过京兆提学，又任国子祭酒，搞过多年中央和地方的教育管理工作。在教学方面，既在太学教过书，又在地方民办学校教过书，教育管理和教学经验相当丰富，教育硕果累累。他在教育方面的贡献主要是：第一，元王朝建立以前，战祸频繁，南北对峙，南北声教不通，北方的教育大都遭到破坏，只有北方一些"落第老儒"所授的"章句之学"。民有好学之心，但苦于无师。许衡先当京兆（今西安市）提学，又任国子祭酒，"俾主教事"，负责管理教育方面的工作。在他的推动下，中央太学至地方教育都逐步得到恢复，教育得到发展。第二，在长期的教育实践中，培养了大量人才。关于许衡在培养人才方面的成绩，陈钧在《大学要略直说》"序"中说："公（按：指许衡）之源脉流衍益广，今中书宰相御史中丞行中书右丞，其政传也。凡仕于朝，仕于外，有道德之润以及于民者，亦皆许公之徒也。愚宦游南北，颇得托交于公之徒，相与讲公之学久矣。”[①]从陈钧这个论述可见，许衡的门徒对国家社会的作用是比较大的。第三，通过办教育，传播儒家思想，特别是传播程朱理学，推动蒙古贵族子弟接受中国文化，加速他们的汉化过程。第四，总结教育实践经验，提出“治生”论的教育思想，总结了许多宝贵的教学经验，开拓了教育的视野，扩大了教育的内容，丰富了教学经验，为中国教育宝库增添了新的积极的内容。

（四）在科学方面

许衡具有很广的知识面，但他在科学上的贡献，主要是在天文学方面。天文学和人类生产实践有一定的联系，编历、授时、测定地理坐标、航海和航空中的天文导航以及日地关系等，都是天文学在实际生活中的应用。我国是天文学发达最早的国家之一，日食、月食、太阳黑子、彗星、流星雨和新星等天文现象的记录，都以我国为最早和最丰富。许衡在天文学上的贡献，主要是他领导制订了当时处于国际先进水平的《授时历》，以及在制订《授时历》过程中，创制了简仪、仰仪、圭表、景符、窥几等天文仪器，并组织力量开展观测和研究活动。他用近世截元法代替了古老的上元积年法，并推算出 365.2425 日为一年，他这个结论，比地球围绕太阳公转一周的实际数字只差 26 秒，与 1582 年罗马教皇格里高利十世颁布的、现在世界上通用的《格里高利历》相一致，其时间却比它早三百余年，这是很了不起的成绩。他在天文学

① 《许文正公遗书》卷末。

上的贡献是巨大的。

二、历史地位

许衡是一个学问渊博的学者，欧阳玄在《神道碑》中说："（许衡）其为学也，以明体达用为主；其修己也，以存心养性为要；其事君也，以责难陈善为务；其教人也，以洒扫应对进退为始，精义入神为终。"[①]在他的一生中，于哲学、于政治、于教育都有所建树，而且对天文历算也有成就。他的历史地位，应从哲学、政治、教育和天文学四个方面加以阐明。

在哲学上，在南北声教刚疏通的情况下，他大力传播程朱理学，进一步确立程朱理学在思想界的统治地位，被称为"朱子后一人"，是元朝程朱学统的接续者。他继承朱学，但并没有死守朱学门槛，而是适应着朱陆合流的思想潮流，从天理赋予人心这一思想前提出发，吸收陆九渊心学充实程朱理学，开辟了折衷朱陆、以陆补朱的新学风，其哲学思想成为朱熹理学至王阳明心学的中间环节，是中国后期封建社会哲学发展这一大圆圈中的重要一环，在当时哲学战线中占重要的地位，有"南吴北许"（按：吴指南方的吴澄，许指许衡）或"南北二许"（按：指许衡和浙江籍哲学家许谦）之称，所以，许衡是元朝杰出的哲学家。

在政治上，许衡是元王朝建国初年帮助元统治者汉化和巩固封建治道的政治家。欧阳玄在《神道碑》中称元世祖为

① 《鲁斋遗书》卷13。

“不世出之君”，称许衡为“不世出之臣”，并认为“君臣遇合之”，“以建皇极，立民命，继绝学，开太平者”[①]。许衡的主要政治作用，是在元王朝建立初期，蒙古贵族从经济文化发展低的地区进入经济文化发展高的地区、从游牧民族进入农业社会建立治道，遇到不少新的情况，碰到不少新的问题的时候，许衡总结了中国历史上的经验教训，吸收汉族统治集团的经验，向元王朝最高统治者提出行汉法的战略决策，并提出施仁政、办学校、任贤才、得民心、搞生产、轻赋敛、杜奸邪等一系列建议，协助元王朝建立一套政治机构，制订一套政治制度，并制订历法，对蒙古族汉化、元朝治道巩固、经济发展、社会稳定、经济文化交流起重要作用，对社会进步和封建化向边陲扩大也有积极作用，所以，许衡是元朝杰出的政治家。

在教育上，许衡继承了儒家的教育思想，整顿了长期以来因战祸而遭到破坏的教育制度，培养了大量人才，通过教育，促进了中国传统文化的传播和蒙古族汉化的过程，并总结了长期的教育实践经验，提出了具有重要意义的“治生”论的教育宗旨，总结了在教育中贯串民族融合思想和教人教其所短、以善制恶等教育经验，丰富了中国教育思想的宝库，对教育事业作出突出贡献。所以，许衡是元朝杰出的教育家。

在科学上，许衡既精“历术”，又明“历理”。他领导制订的《授时历》，具有很高的精确度。在制造《授时历》过程中，制作了不少新式仪器，进行了大量的观测活动。正式废除了上元积年法，采取了近世截元法，是中国历史上历法

---

① 《鲁斋遗书》卷13。

的一次重大改革，并取得了重大成果。它关于以 365.2425 日为一年的推算，比地球绕太阳公转一周的实际数字只差 26 秒，与 1582 年罗马教皇格里高利十世颁布的、现在世界上通行的《格里高利历》是一致的，在时间上却比他们早三百余年。《授时历》也是我国历史上使用时间最长的历法，前后共达三百六十三年。明朝初年著名学者宋濂在赞扬许衡的功绩时说："至元十三年，世祖诏前中书左丞许衡、太子赞善王恂、都水少监郭守敬改制新历。……自古及今，其推算之精，盖未有出于此者也。"[①]所以，许衡是一位杰出的天文学家。

总之，我们认为，许衡是我国元朝杰出的哲学家、政治家、教育家和天文学家。

三、社会影响

许衡被称为"道统正脉"，史称他"自得伊洛之学，冰释理顺，美始刍豢，尝谓终夜以思，不知手之舞，足之蹈"[②]，被认为是"朱子后一人"。但是，他的境遇与朱熹不同。朱熹虽然自称他的学术是"帝王之学"，可是，当他活着的时候，其学问不仅没有得到封建帝王的重视，他和他的门徒甚至被列入"伪学逆党籍"，受到迫害，朱熹本人是在忧怨中度过暗淡的晚年的。他的学术为封建帝王所重视，是他死后数十年南宋理宗时候的事。许衡则不同，他从登上政治舞台起，一直为封建统治者所器重，其影响也不断地扩大。

---

① 《授时历经·序》，见《许文正公遗书》卷末。

② 《元朝名臣事略》卷 8 之二。

（一）封建帝王对许衡的赞赏和加封

欧阳玄在《神道碑》中称元世祖忽必烈为“不世出之君”，称许衡为“不世出之臣”，对他们的关系大加赞扬。的确，元世祖对许衡是很重视的，中统二年（公元 1261 年）九月，元世祖的“诏诰”说：

> 咨尔许衡，天资雄厚，经学精专，大凡讲论之间，深得圣贤之奥……可令于怀孟等处，选择子弟俊秀者，举归教育，取作范模……①

从此以后，元世祖一直很器重许衡，屡次委以重任。大德元年（公元 1297 年）元成宗发“敕辞”对许衡作了评价，并加封。“敕辞”说：

> 上天眷命，皇帝圣旨，惟昔圣祖图任相臣，思与真儒共成治道……以天民之先觉，膺岩石之具瞻。圣学方湮，惟洙泗之源是溯；嘉谟入告，非尧舜之道不陈。斥奸志靖于熙朝，辞禄不忘于耕野。迎推明策，明历象以授范时；乐育英才，居成均而教胄子。万卷钧枢之列，益昭模范之功。允为裕政之宾师，宜副慈皇之渥命。爰申恤典，用贲玄扃。道德博洽斯谓文，中立不倚斯谓正。既嘉名之载易，仍

① 《许文正公遗书》卷首。

公秩之荣颂。上期有知，服兹无斁。可赠荣禄大夫、司徒，谥文正。①

至德二年（公元 1309 年）武宗加许衡为正学垂宪、佐运功臣、太傅，开府仪同三司，封魏国文正公。皇庆二年（公元 1313 年），仁宗诏许衡与宋九儒从祀孔子庙廷。延祐初，又诏立书院京兆以祀衡，给田奉祀事，名鲁斋书斋。另外，许衡父通，被赠为银青荣禄大夫、大司徒，追封魏国公，谥惠和；妣李氏，追封魏国公夫人；衡配敬氏、夫人贺氏，皆追封为魏国公夫人。

元统三年（公元 1335 年）惠宗敕制《神道碑》，为许衡树碑立传，并加以评价。祭酒欧阳玄奉诏作碑文称：

先生出际斯运，一时君臣，心以尧舜为心，学以孔孟为学，中外如出一喙……先生之谋国，譬之工师，受命作室，既得大木，不肯斫而小之。是以宁不受官师之命，而必使学焉，后臣之道无愧于伊尹。宁不预平宋之功，而必使以德行仁之言，无负于孟轲。故中统、至元之治，上有不世之君，能表章其臣继述往圣之志；下有不世之臣，能赞襄其君宪章往圣之心。于是我元之密规，有非三代以下有国家者之可及矣。及夫元贞、大德，高第弟子，彬彬辈出，致位卿相，为代名臣。皇庆、延祐之设科，子师敬参预大政，以通经学古之制，一洗隋唐以来

① 《许文正公遗书》卷首。

声律之陋，致海内之士，非程朱之书不读。又岂非其家学之效，见诸已试者欤！[①]

从元世祖的“诏诰”、元成宗的“敕辞”以及祭酒欧阳玄奉惠宗之诏写的《神道碑》看，元最高统治者给予许衡很高的评价，并一再加封。

清代的最高统治者对许衡也倍加赞赏，清圣祖爱新觉罗玄烨在康熙五十六年（公元1717年）写的《御制伦理学源流》中称，“宋之真（即真德秀），元之许（即许衡）”，是理学之“最醇者”[②]。清高宗爱新觉罗弘历于乾隆十五年（公元1750年）遣户部右侍郎伍龄安致祭许衡时曰：

惟尔性姿颖异，学术真醇。识不囿于时师，早负过人之目；功必要于实践，蔚为名世之材。曳组中书，君相倾心于王政；授经国学，生徒引领于儒宗。改天象以授人时，正积年之差；将定朝仪而立官制，开一代之规模。遗烈未湮，追崇宜厚。[③]

伍龄安代表乾隆皇帝写这个祭文，对许衡在思想、政治、教育、科学等方面的表现和功绩作出了全面的评价。

从上面的“诏诰”、“敕辞”、“神道碑”可见，封建最高统治者对许衡的评价是很高的，认为他“天资雄厚、经学精

---

① 《鲁斋遗书》卷13。
② 《许文正公遗书》卷首。
③ 同上。

专”,是“天民之先觉”,是“不世出之臣”。之所以给予这么高的评价,首先是因为他“心以尧舜为心,学以孔孟为学”,“惟洙泗之源是溯”,“非尧舜之道不陈”,在扶助君主建立治道中,“继述往圣之志”,“能赞襄其君宪章往圣之心”,即能承继尧舜周孔的道统,贯彻孔孟之道;其次,是刚直不阿,能“斥奸志靖于熙朝,辞禄不忘于耕野”;第三,“乐育英才,居成钧而教胄子”,“高第弟子,彬彬辈出,致位卿相”;第四,“明历象以授范时”,在天文学上取得巨大成就。在封建统治者的心目中,许衡是一个接续尧舜周孔道统,践履孔孟之学,德才出众,忠于封建王朝,并在治道、育人和天文历法中取得巨大成就的“不世出之臣”。

(二)门 人

许衡搞教育三十年,门人当然不少。就主要的而论,据《元史》记载,被许衡选拔在太学中担任斋长的有十二人,他们是:王梓、刘季伟、韩思永、耶律有尚、吕端善、姚燧、高凝、白栋、苏郁、姚燉、孙安、刘安中。没有担任斋长,但《宋元学案》中列名的有:吕彧、刘宣、贺伯颜、徐毅、王都中、李文炳、赵矩、孛怜吉斛、畅师文、王宽、王宾十一人。除上述两项名单外,《许文正公遗书》还记载有作《告从祀文》的门人许约(见《许文正公遗书》卷末),以上三项共计二十四名。择其主要的分述如下。

1. 王 梓

即王遵礼,字安卿。汴人,后迁居燕。王遵礼这个名字是许衡为他起的,为此事许衡还作了《王生名字说》一文,其文曰："王氏子，昔尝从予游，曾未阅岁，乃迁居燕然，于今盖八数年矣。顷来复过吾门，状貌加伟，而其礼节恭谨，无异平时，予嘉其处心近厚也，思有以教之，因以求更前名，遂为说以命之……谨训其名曰遵礼，字之曰安卿。"许衡对于他的学业加以指导说："因其所已知，而扩其所未知，因其所已能，而推其所未能"，即教导他用温故而知新的办法或用推理的方法去求学问。他是许衡的高第子弟，许衡兼任祭酒时，征他为斋长。①

2. 耶律有尚

字伯强，东平人。是辽金丹王十世孙，他的祖父在金王朝时曾在东平做官，便把家安在东平。据《元史》记载，"有尚资识绝人，笃志于学，受业许衡之门，号称高第弟子"，在学业上，他"邃于性理"，尤重"以诚为本"。至元八年（公元 1271 年），许衡被任命为集贤大学士兼国子祭酒，"以教国人之子弟"，征其为斋长。至元十年（公元 1273 年），许衡告免还乡，有尚等三人留下担任助教，"以守衡规矩"。不久，有尚出知蓟州，离开了国学，"国学事颇废"，经过廷议，大家认为，"非有尚不足以继衡者"，便任命他为国子司业，管国学事。当时国学的学馆没有建立起来，师生们都住在居民家，"有尚屡以为言，至元二十四年（按：即 1287 年）朝廷乃大起学舍，始立国子监，立监官而增广弟子员，于是有尚升国子祭酒，儒风为之丕振。"至元二十七年（公元 1290 年）以亲老辞归，大德改元复召为国子祭酒。有尚先后五次居国学，关于他的教育思想和教学办法，《元史》记载说："其立教以

① 《鲁斋遗书》卷 8。

义理为本，而省察必真切；以恭敬为先，而践履必端悫。凡文词之小技缀缉雕刻，足以破裂圣人之大道者，皆屏黜之。是以诸生知趋正学，崇正道，以经术为尊，以躬行为务，悉为成德达才之士。大抵其教法一遵衡之旧而勤谨有加焉。"[1]从这个记载可以看到，耶律有尚的教育同许衡一脉相承，以穷义理为本，以道德践履为务。有尚搞教育数十年，"海内宗之"，但他始终坚守许衡的门户，是许衡在学术和教育中的正传弟子。卒时年八十六岁，赐文正。

3. 姚　燧

字端甫，号牧庵，洛阳（今河南洛阳）人。是元学者姚枢之从子。他十三岁时在苏门拜访过许衡，十八岁在长安正式受学于许衡，为文法昌黎（按：即韩愈）。为此事，许衡曾告诫他说："弓矢以待盗也，使盗得之，亦将以待主人。文章固发闻士子之利器，然先有能一世之名，将何以应人之见役者哉！非其人而与之，与非其人而拒之，钧罪也。"许衡任集贤大学士兼国子祭酒，尝征姚燧为十二斋长之一。燧在至元间，曾为翰林学士，大司农丞。元贞元年（公元 1295 年），主修《世祖实录》。其后又任江西行省参知政事，翰林学士承旨等职。卒年七十六，谥名文。姚燧以"穷理致知，反躬实践"为世名儒。其作品多为当时名臣世勋碑传，当时名臣世勋，显行盛德，"必得先生文始可传信"。而他自己亦慨然以此自任。著有《牧庵文集》五十卷。

4. 白　栋

字彦隆，太原人。他也是许衡的高第弟子之一。据《宋

---

① 《元史·耶律有尚传》。

元学案》记载，“许文正教国子时伴读也。官至按察副使。”[①]许衡曾在共城西北五里的苏门山附近寓居过，苏门山风景秀丽，许衡常同弟子到山上游览，并作《苏门山》诗一首。诗曰：

> 大山如蹲龙，小山如踞虎。烟岚郁苍翠，远近互吞吐。我来苏门居，遨游成乐土。策杖望朝云，卷帘看暮雨。佳意豁尘腥，胜概入谈尘。使我郁陶消，使我劳瘵愈。平生鄙吝心，一洗出千古……[②]

从这首诗看，许衡对苏门山很向往，整个心灵都陶醉在山中。许衡逝世后四年，他的儿子师可担任河东按察副使，苏门山为他的管区，也曾游览苏门山，为了纪念他父亲许衡，便在山中建“思亲亭”。许衡的门人白栋，在赴燕南做官时路过此地，恰巧他父亲“弃养”，“亦权厝于是州（按：指卫）之侧”，思亲和思师之情，促使他写了《思亲亭记》，他在《思亲亭记》中说：

> （苏门山）实河朔之丽境，中土之奇观也。鲁斋先生之寓是邑也，时与门弟子一至泉上，吟风咏月，悠然而归。家无担石之储，心有天地之春。虽曾点之风乎舞雩，明道之过前川，乐不逾是，固异乎众人之观矣……虽然，侯之亲，我之师也，生与子

① 《宋元学案》卷90。

② 《河南通志》卷73。

之分虽殊，而师与亲之义惟等。先生平日以教我者，莫非至道。我之所以不为君子之弃，小人之归者，皆其力也。①

《思亲亭记》是白栋为思念他的老师许衡而作。他认为，许衡平日教他的“莫非至道”，他之所以“不为君子之弃”，皆得其老师许衡之力。

5. 吕　彧

字伯元，河内人。据《宋元学案》记载：“先生从鲁斋学。鲁斋为国子祭酒，举为伴读，辅成教养，其功为多。至元十三年，擢陕西道按察使知事。未行，改四川行枢密院都事。升奉训大夫，四川行省左右司郎中。”②按照《宋元学案》这一记载，吕彧在鲁斋任国子祭酒时被举为“伴读”，即十二位斋长之一。但是，《元史》记载的十二位“伴读”中并无吕彧其人，所以，在《宋元学案》中，全祖望就已指出，这个吕彧，可能就是《元史》记载的十二位“伴读”中的吕端善。我们认为，全祖望所提出这个推想是对的，吕彧应为吕端善。其理由有二：(1)《宋元学案》已明确指出吕彧为“伴读”，而吕端善在《元史》列为“伴读”。(2)《宋元学案》中说吕彧任“四川行枢密院都事”、“四川行省左右司郎中”之事，同《元史·吕传》记载吕彧的行实相仿佛。所以，我们认为，吕彧就是许衡兼国子祭酒时十二位伴读之一的吕端善。

---

① 《鲁斋遗书》卷14。
② 《宋元学案》卷90。

吕埅是一位政绩卓著的官吏。据《元史》记载，至元十四年（公元 1277 年）吕埅任四川行枢密院都事。当时宋朝的制置使张珏驻守重庆，安抚使王立驻守合州，元王朝派兵夺取这两个地方。李德辉行西院事于成都，俘获王立“侦卒”张郃等数人。李德辉要杀他们，吕斠对李德辉说，他们不投降，是因为怕抗命降后被杀，现在如果杀掉张郃等人，他们就更不敢投降了。李德辉按照吕埅的意见，将张郃等人放了，不久，王立等人果然来降，李德辉承制授王立仍为安抚使，知合州。吕埅、李德辉在治理四川中，“开仓济民、禁戢剽掠，而泸叙、崇庆、思播、夔万等郡闻之相继送款，巴黔民感郃与德辉之惠，并祠事之。”[①]这些事实说明，吕埅、李德辉等治理四川是有成绩的。但他们却遭到一些朝廷权臣的嫉妒，东院诬李德辉越境邀功，械立于长安狱，并要将他斩首。吕埅因事赴京，得悉此事，便把此事告诉给许衡，经过许衡的努力周旋，朝廷乃释放李德辉，并赐金符，官留原任。吕埅也因为平定四川有功，诏赐金织衣、弓刀鞍、勒白金，升为训奉大夫，四川行省左右司郎中。至元十九年（公元 1283 年）征为国子司业，又以终丧为由，恳辞。三十年（公元 1293 年）改任华州知州，在任期间，劝农和教育都有成效，朝廷将他调离华州时，“民争留之”。大德中，河东关陇发生地震，月余不止，吕埅和集贤学士萧𣂏各设问答数千言，以穷其理，且向朝廷上书，“陈救灾弭患之道”。仁宗皇帝即位，召拜翰林侍读学士。[②]

---

① 《元史 · 吕埅传》。

② 同上。

6. 刘 宣

字伯宣，太原人。据《宋元学案》记载，为中书省掾。空暇时则从国子祭酒许衡讲明理学。累官吏部尚书，谏伐交趾、日本。后迁行台御史中丞，为浙江行省丞相忙古台所陷害，自刎而死。追封为彭城郡公，谥忠宪。

7. 贺伯颜

本名胜，字贞卿，一字举安，伯颜是他的小字，以小字行。据《宋元学案》记载，贺伯颜为太师上都留守颜仁杰的儿子，从少年时代开始，就跟随鲁斋学习。他的父亲仁杰原守上都，为元世祖所倚任，迁参知政事，签枢密院事、大都护、典属国。他父亲逝世后，即拜上都留守，以嗣其任。接着又加左丞相的头衔，仍留守上都。在任期间，奏丞相帖木迭儿之贪秽，使帖木迭儿遭到罢相的处分。英宗即位，帖木迭儿复相，伯颜被"诬以罪而杀之"。帖木迭儿的恶行被揭露，才得以昭雪。赠太傅、秦国公，谥惠愍。①

8. 徐 毅

字伯宏，赵城人。据《宋元学案》记载，徐毅从少年起即受业于鲁斋，为人清方劲正，任同知檀州事，颇孚众望，元世祖将他升为监察御史。他上奏说："江南新附未久，宜抚恤流亡，以固民心。京师天下根本，宜蠲除地税，以厚德意。检复灾伤，宜以时而发仓廪之储，捐山泽之利，申明酒禁，以修荒政。鳏寡孤独宜有养，民所疾苦，宜遣吏询问。方今庶政姑息，中书亲细务，而宰相失体，六部僚属，多非其人。"从这段奏疏看，徐毅对人民的疾苦颇为关心，而且对中央机

① 《宋元学案》卷 90。

构僚属之问题亦直言无讳。接着，他又奏陈省台为活之要及宪司事宜，他说："监治官吏，当加儆戒，不可因之以诬言而升降。察官以行枢密院，行大司农司、行通政院及尚书省理算受赏进官者皆可罢。"后又上疏说："四川妄起边衅，交趾虚劳王师，献策以要功生事者，宜勿听。官军弟子，以膏粱承袭，未尝知兵，当别议立法。增国子之员，垂教官之选，以兴学校。治宗庙，以崇祀典；修国史，以存故实。设朝立班，不可全无流品之分，实封陈言，无使苟为进身之计。"他上疏所陈的问题很多，其他如选用官吏、减钱粮之费、理婚田之讼、马禁水利盐钞诸法，其弊当改者，前后七十余疏。元世祖逝世，他又上封事于太皇后、皇太后说："四海不可一日无君，大行奄弃天下已五日矣，非早定大策，万一启奸觎，实可寒心。皇孙抚军朔漠，伏愿遣使奉迎，归正大统。"成宗即位，他首请正东朝尊号，又请建储贰，睦宗藩，迁台谏，教习亲军，勿事西南夷，而专备北边，赦不可数。凡二十余疏。他在担任河东、山西廉访佥事时，阅所部狱囚，得其冤状，所释五百余人。后被召为徽政院长史，按照旧例，台察于徽政之事一无所问，徐毅纠正了这种不良之风。大臣搆害御史郭章，徐毅又为之辩。后来改授陕西、汉中道廉访使，又改授河北、河南道廉访使。入为刑部尚书、签枢密院事。仁宗即位，授燕南、河北廉访使，不久又召入，参议中书省事，顷之又拜陕西行台御史中丞。死后追赠中书右丞、平阳郡公，谥文靖。著有奏议五卷、诗文三卷。[①]

9．王都中

① 《宋元学案》卷 90。

字邦翰。据《宋元学案》记载，他父亲叫王积翁，原为宋朝福建制置使，元兵入闽，积翁以八郡图籍献给元世祖，被授为中奉大夫，累官迁刑部尚书，后转任江西行省参知政事，奉使赴日本，至其境即遇害。元武宗时追封为闽国公，谥忠愍。王都中以父功授平江路治中，其时仅十七岁。但“遇事剖析，动中肯綮，僚吏皆聘眙不敢欺。累拜浙江行省参知政事”。王都中做官五十余年，“所至政誉暴著，而治郡之绩，虽古循吏无以尚之”。当时南方人以政事之声闻名天下而位登台宪者，惟有他一个人。他幼年在京居住过，曾拜鲁斋为师，“即知所趋向”，中年以后，致力于根本之学，自号本斋。著作有诗集三卷。[①]

10. 刘季伟

号存斋，奉节人。官四川宪副，与牧庵为同门人。许衡兼国子祭酒时，征其为斋长。[②]

许衡有三十年的教育生涯，他究竟教了多少学生，现在难以一一考定。就其著名者而论，他的门人中为政者不少，而这些人一般都能继承许衡的为政之道，为人正直，为政清廉，政绩显著。其门人中，继承许衡的教育思想、学术思想搞教育、搞学术的人也不少，耶律有尚就是其中突出的一个。但由于许衡没有建立严密的系统的哲学体系，从严格的意义说，也没有建立一个学派，因此，他的后学对其思想综述多而发挥少，没有阐发他的思想使之成为一种系统的学术思想。所以就学术的继承来说，除许衡的一些门人之外，往后就感到后

① 《宋元学案》卷 90。
② 同上。

继乏人。

（三）后 裔

据《考岁略》记载，许衡在临终前，曾对他的儿子师可说："我平生为虚名所累，竟不能辞官，死后慎勿请谥，立碑必不可也，但书许某之墓四字，使子孙识其处足矣。"[①]但是，由于许衡的门人多，社会影响大，元朝统治阶级又对他颇为器重，所以，他死后登门吊丧者甚多，而元统治者也对他及其家属一再加封，并给予奉祀田。许衡死后葬于他的家乡李封村先茔之南，经过历代的整治，其陵园相当宏大。

许衡有子四人，即师可、师逊、师孚、师敬。师逊未仕，配焦氏，有子名从宪。师孚早卒。他的子辈中，主要是师可、师敬二人。

长子师可，字可臣，由河东按察副使，历卫辉、襄阳、广平、怀孟路总管，终通议大夫，赠礼部尚书，谥文简公。"志趣端正，惜未究用"。有文集贻后。

四子师敬，字敬臣。由监察御史历治侍御史、吏部尚书、中书参知政事、国子祭酒、太子詹事，由西台中丞拜御史中丞、光禄大夫。"明经务诚，学尚节概，肖父风。"

许衡的孙辈有五人，即师可子从宸、师逊子从宪、师敬子从宜、从宣、从宗。关于这五个人的情况，据《鲁斋遗书》记载：

从宸，字希元，积官山南佥宪监察御史，终河东宪副。子

① 《鲁斋遗书》卷 13。

一,名绍祖。

从宪,字希先,以阴累迁湖广行省理问,归德知府致仕。子二,名崇祖、顺祖。

从宜,行一,字希政,仕太史院经历,中书省照磨翰林,国史院经历,太常礼仪院判。乏后。

从宣,行二,字希文。由太保府长史、中书右二部照磨内台御史,都水监都水,福建按察使、工部尚书、河南湖广参政、陕西左丞。子四:书童、述祖、得山、绳祖。

从宗,行三,字希鲁,由章珮监珍异库提点历监察御史、工部侍郎、集贤学士,终河南按察使。乏后。

许衡的曾孙有礼部尚书绍祖、县尹崇祖、大使述祖、昭信校尉得山以及顺祖、书童、绳祖等七人,不一一叙述。[①]

许衡晚年定居于覃怀的李封村,死后葬于李封村东南五里地。当时的李封村即今天的河南省焦作市中站区王封乡李封村(分为一村、二村、三村),这里所住的许姓人家,基本上都是许衡的后代,约三万余人。也有一部分寓居国内其他地方或侨居国外。从元朝起,许衡的陵园已具有相当规模,约占地一百亩,并有祀田作为奉祀费用。历代政府规定,祀田免交租税,直到民国时代仍是如此。许衡的陵园,在文革时遭到破坏,在有关单位支持下,由他的后裔集资修复,现在基本上保持了原状。《许文正公遗书》不久前亦由他的后裔集资影印,作为内部交流用。

许衡逝世已经七百余年,但他在历史上和在今天的影响都比较大。所以,实事求是地评价许衡的思想,是学术界一

① 以上见《鲁斋遗书》卷12。

项重要的任务。

（四）后世评论

在这里，我们想通过书“序”和碑记，了解元、明、清时期人们对许衡及其思想的评价。

1. 刻印“遗书”序的评论

元大德九年（公元1305年）杨学文序：

鲁斋许公，以布衣儒生，上结主知，于是罄其所学，吐露忠赤，作为奏议五篇，规模宏远，言辞正直，条陈利害，展布经论，肯綮中节，如庖丁之于刀；音奏和谐，如嵇阮之于琴；矢不虚发，如由基之于弓；步武驰驱，如驷马驾车，王良造父为之后先也。使人读之，金声玉振，尚可想见……①

明正德戊寅年（公元1518年）何瑭序：

鲁斋许文正公，元大儒也。其道德功业天下固已景仰而佩服之矣……至鲁斋之格言至论，所以启迪来哲，垂训后世者，则读者当自得之，不待赞也。②

① 《许文正公遗书》卷首。

② 同上。

明嘉靖乙酉年(公元 1525 年)肖鸣凤序:

鲁斋先生之学,实由尊信朱子而有所开发,至其笃志力行,玩心高明,遭世多故,参验物理所自得者亦多矣。在元之时而有先生者出,虽志不得大行,然表彰遗经,开倡绝学,使天下后世尚有所承藉,譬之穷冬冱寒春竟复生,其有功于彝教何其伟欤!……今去先生逾二百祀,六经四书之流布且遍于天下矣,然尚惜夫士之诵习,乃不过为利禄计耳,质美者非不多也,求所谓德性之事则莫之讲;矜持者非不有也,至严于理欲之判则未之闻。故虽谈王说霸,亦与身心无相干涉,固宜所趋之日卑也。是岂先生之所开倡,徒有名而无其实耶?①

明万历二十四年(公元 1596 年)张泰征序:

比年奉命守河朔,顿辔覃怀,实惟先生故里,延见士大夫暨邑子弟,率彬彬文质交孚,窃以是窥先生过化之深,而又叹先生之高标骏烈,历数百年如新也。呜呼盛哉!……宋程邵诸夫子崛起,伊洛倬然擅理学名宗,考亭继元,圣学始章章著明于世。宋室衰微,仁慈礼让之教蔑如矣。先生挺生其时,慨然以斯道为己任,就得行尧舜周孔之绪于一发千钧之间,可不谓难乎?故循其言,即中材之士可与入

① 《许文正公遗书》卷首。

道而极之，即洙泗渊源其大旨，率不外此。程邵之统先生实身之矣。……夫士也，涵濡先生之文，以溯程邵之统，而因以演绎尧舜周孔之绪，传之无穷，然后知先生有功于圣门，有未易于寻常。①

清康熙四十七年(公元1708年)陈正朔序：

集群圣之大成者曰孔子、孟氏子与私淑而亚于圣者也。集群儒之大成者曰朱子，鲁斋先生私淑以成其儒者也。孟子去圣人之世未远，而先生之生距朱子之没亦不过数年。议者谓先生之时遇适与孟子合，而先生实慨然以孟子自任，故其对世祖即述孟子之言。曰：责难于君谓之恭，陈善闭邪谓之敬。而与权臣阿哈马论事，则持正不肯少屈，于王文统之言利，直以义争之，其严严气象，亦有与孟子相仿佛者。若夫以王道望其君，合则留，不合则去，与夫为太子师恐坐讲难行不就职，其难进易退之间又庶几乎，与孟子有合也。故先儒谓先生之出处合道由善学孔子得之，余谓先生之善学孔子由善学孟子得之者也。虽然先生有言，吾于小学四书敬之如神明，畏之如师保，人以先生之敬畏四书，是敬畏孔孟也，先生之敬畏小学是敬畏朱子也。舍小学何以至大学？舍朱子何以至孔孟？乃知先生之善学孔孟又自私淑

① 《许文正公遗书》卷首。

朱子得之也……[1]

清乾隆五十三年(公元1788年)布颜序：

许文正公因程朱之后以得乎孔孟之传，盖真知实践革弊，从先由小学之规积而究夫身心性命之微，由慎独之功充而至于天德王道之蕴，所谓其学纯，其行笃，条理精密，规模广大，朱子之后一人者也。[2]

2. 碑记的评论

元大德十二年(公元1308年)续执中作《赠谥碑记》：

惟公在至元间，以元老系望海内，谋谟之暇，作养俊彦，布列台阁，其宪治轨俗，流风遗教，炳炳在人耳目者，不可殚记……吾侪早知慕公名德，幸被纶命守土，得公之乡郡，思公之昔讲明道义，源洙脉洛，斥末端本，成己成物者。[3]

吴柱作《重修祠堂记》：

余夙读《元史》，未尝不叹公之笃学明道，致君

---

① 《许文正公遗书》卷首。
② 同上。
③ 《许文正公遗书》卷末。

泽民，为大元开代一伟人。及今讨怀志而悉阅之，公之生平，备载其中。即景止高踪，无能形容万一。而其大端，则在金末抢攘之余，元代草昧之初，独能阐先圣之薪传，垂来兹之道脉。至于立朝侃侃，进退维义，盖其居恒所学然也。而授时一历，推测天时，穷元协序，后世咸为取衷。所谓法施而勤事，曷有如此，宜乎从祀孔子庙廷未已也，又立祠以致享焉……①

肖家芝《重修祠堂记》：

前年庚子，三韩檠侯吴公柱，分藩河朔，公富春秋，锐意厘剔……既新韩文公祠以迪来学。一日，偕大将军济宁鲍公敬，联辔过许鲁斋先生祠，风雨摧剥、残碣仅存。公慨然曰：是所称不食道旁梨者耶？闺门之内，肃若朝廷者耶？是所称正色立朝，不附利臣王文统，一时推为犯颜谏诤，刚毅不屈者耶？蒙古弟子，使童稚亦知三纲五常，为生人之道者耶？邑有典型，至近也。子姓歌哭于斯，至切也。多士诵读邹鲁遗书，而绳墨在前，弗引弗削，令祠宇隳剥，一至于斯，何异望沁流而却步，犹侈谈海；若陟太行而目眩，犹仰止泰体哉！……公曰：朝廷以余藩宣兹土，敷政弼教，修废起坠，余将新先生祠，搜先生书，阐先生教，如先生之正襟而布讲幄

① 《许文正公遗书》卷末。

也，如先生煦煦告语生徒也，如先生与耶律有尚诸弟子，比肩而析疑也。多士之向往，氓庶翕然从之，则民风美，风俗美，则刑可措，刑可措则四方无侮拂……①

明代学者薛瑄作《新郑祠堂记》：

余犹记往年过是邑，邓（指邓麟，当时乃新郑之训导邑庠）方谋作祠。又二年再至，祠成久矣，邓之志可嘉哉！呜乎先生（指许衡）之道之德之学，所以绍程朱之正传，淑万世之人心者，则不得新学小生之赘赞。而独念是邑乃先生诞生之地，顾祠宇久废，人心缺然，无以寓教。邓能因心兴事，作新斯文，使凡进谒庭下者，如亲炙先生。若充然有得而退，其有补天理民彝不浅矣！②

3. 有关"书"序的评论

明嘉靖元年韩士奇作《心法原序》：

予正德岁庚辰，奉命守怀。怀，许公产也。过其间……既而得其写本心法录，细阅之，的然见我鲁斋行实文章，所以重于世者，悉自斯录中流出，则斯录视全书之补于世何如！酷爱之，惜弗传。因广

① 《许文正公遗书》卷末。

② 同上。

以梓。嗟夫，人所以贵于天地间者，以心也，心所以贵于人者，有法也。心法之传，尧开之，舜广之，禹汤文武周公吾孔孟主盟，斯道恒光之。濂洛关闽，言虽散出，恳恳于心法，而意则会也。鲁斋非深有得，其能将有是录哉！①

明王厚烷《重刻心法序》：

予仰鲁斋造道之极，又著此以开发后人，深有所感，特为校正重刻，既成，敬序岁月于首。②

陈普作《大学要略直说序跋四》：

吾闽自有天地以来，为草木篁竹之地，至唐始有书声。历三百年，而文公朱子生焉。道统在焉，心之无在无不在也。许仲平覃怀人也，相后不百年，而相去数千里，一旦于吾朱子之书，忻喜踊跃，如获连城。上以广一人尧舜之心，下以起同类曾闵之行，而复能真体实践，蔼然于立身处家，进退行藏之际。六合既一，北方人物之美，趣尚之正，不绝于南来者之口。而四书之檐发于武夷之下，逾江淮黄河，越行华，出居庸雁门玉门，以及于日月之所照，霜露之所坠，是固仲平之功。亦无非帝降之使然也。当

① 《许文正公遗书》卷末。

② 同上。

时朱子灯火之前，半夜不寐，推床之际，岂知身后之契，在于太行之东，与其书之弥满天地哉！[①]

陈钧作《大学要略直说序跋四》：

愚宦游南北，颇得托交于公之徒，相与讲公之学久矣。今也始得见《大学要略》于昌江镇守王氏之家，伏而读之，其要也能发其微，其略也不伤于简。[②]

洪宽作《大学要略》序：

爰及于元，圣道沦湮。鲁斋先生，居司成之重任，寻道学之坠绪，历览圣经，博通传法，撮其大要，不工文词，直说大学教人之方，以开示后学者，其言约而达，微而藏，虽庸人孺子，皆有以知之。然后古者大学教人之道，圣经贤传之旨，莫不焕然融合。[③]

冯庚作《大学要略》序：

与北方学士大夫游，承颜接词之间，知有鲁斋左丞许先生以道学倡于北，亦既取知于圣明，略施

① 《许文正公遗书》卷末。
② 同上。
③ 同上。

其所学矣。凡执经于许公之门者，大而丞相御史，次而部刺史，郡二千石，皆以其学有名声于时。而愚也莫由顺下风而请，每重责沉之叹。及归江南，见先生小学之书，大义温润精纯，根极理致，是宜称为当世之儒宗也。①

成得容作《读易私言序》：

许文正公以正大之学，辅翊世祖，建学明伦，其有功于斯道甚大。所著书不多见，行于世者，《鲁斋遗书》而已。《读易私言》者，统论六画大义，简括精当，足以见公学之纯而养之邃也。金元以来，苏黄之学，行于中州，公从江汉先生，得闻伊洛之旨，与柳城共倡明之。元儒学之醇，惟公上接有宋，惜世祖用之未尽，终惑于桑哥、王文统之徒，使斯民不获被其泽，岂不惜哉！②

从上面所引《鲁斋遗书》或《许文正公遗书》序、碑记、有关"书"序对许衡的评论可以看到，许衡在元、明、清三代的影响是很大的，他们对许衡的评价也是比较高的。这些影响和评价，主要表现于以下几个方面。

1）源洙脉洛，继尧舜孔孟道统，接续程朱学统，尊信朱子而有所开发。

---

① 《许文正公遗书》卷末。
② 同上。

2）先由小学之规积而究夫身心性命之微，由独慎之功充而至于天德王道之蕴，其学纯，其行笃，条理精密，规模宏大，朱子之后一人，宜称为当世之儒宗。

3）在金末抢攘之余，元代草昧之初，圣道沦湮，独能闻先圣之薪传，垂来兹之道脉，启迪来哲，垂训后世，有功于圣门。

4）正色立朝，陈善闭邪、与权臣阿哈马论事，则持正不肯少屈，于王文统之言利，直以义争之，其严严气象，为人刚直不阿，其道德文章为后世楷模。

5）谋谟之暇，作养俊彦，乐育英才，居成均而教胄子，培养了大量人才。

6）授时一历，推测天时，穷元协序，后世咸为取衷。

结束语

历来学者都认为许衡在元代圣学垂危的情况下具有接续尧舜周孔道统之功，而许衡也以孔孟程朱学统的继承人自命。但是，许衡与孔子、孟子、朱熹的境遇和情况并不相同。首先，在政治上，孔子、孟子、朱熹在世时政治上都不是很顺利，而许衡则一直为元最高统治者所器重；其次，在学术上，孔子、孟子和朱熹都建立了自己的思想体系，而许衡虽然也提出一些有益的见解，但主要是继承和阐发孔、孟、程、朱的思想，并没有建立严密的思想体系；第三，在教育上，孔子、孟子和朱熹所培养的学生学者型比较多，仕朝较少，而许衡所培养的学生学者型比较少，进仕任丞相、御史的比比皆是；第四，在科学上，无论是孔子、孟子还是朱熹，都没有做出在当时直接有利于国计民生的科学成果，而许衡所领导制订的《授时历》，对当时的国计民生的确有利。所以，许衡的情况与孔子、孟子、朱熹的情况不尽相同。

许衡的历史功过，历来学术界众说纷纭，他在教育上和在制定《授时历》上发挥的积极作用，是不可置疑的，但他在学术思想上和政治上的作用，大家的意见却不一致。就学术思想上说，程朱理学是元、明、清三代统治者钳制人民思想的工具，接续和传播程朱理学，不能说没有一定的消极作用。但是，程朱理学又是我国古老文化的重要组成部分，它包含着丰富的内容，是我国认识发展中后期封建社会这一大圆圈中的重要一环。许衡在我国经过历年战乱、民族文化遭到垂危的情况下，传播儒学和程朱理学，并以陆补朱，折衷朱陆，成为朱熹思想到王阳明思想发展的中间环节，他这些活动的积极作用也是显而易见的。就政治而论，许衡所处的时代是后期封建社会时期，但是，他所处的元朝，是政治、经济、文化发展都低于中原的蒙古贵族刚征服了政治腐败的南宋而要巩固政权、励精图治的时期，在这个情况下，许衡提出实行汉法的主张，帮助元世祖建立治道，这有利于国泰民安、恢复生产，后来，由于统一事业的基本完成，版图扩大，逐渐把封建化向落后的边陲之地推进，这些，很显然是有积极意义的。所以，我们认为，许衡不仅在教育和制订《授时历》上做了积极的贡献，在学术思想上和政治上也做了积极的贡献。

金无足赤，人无完人。就许衡一生的功过而论，作为一个封建社会的卫道者，他的消极作用是存在的。但是，在他一生中，积极作用是主要的。我们认为，许衡是我国古代杰出的思想家、政治家、教育家和天文学家。

附：许谦评传

第一章　生平、学术渊源及著述

一、生　　平

许谦，字益之，婺州金华（今属浙江）人。生于宋度宗咸淳六年（公元 1270 年），卒于元顺帝至元三年（公元 1337 年），宋元之际的思想家、教育家。自号白云山人，学者称白云先生。

许谦的祖先是京兆人，九世祖延寿宋刑部尚书。八世祖仲容，太子洗马。仲容有两个儿子，名叫洸和洞。洞由进士起家，以文章政事著名于当时。洸的儿子实，在海陵胡瑗处做事。他由平江迁往婺州的金华，到许谦，五世为金华人。

许谦的父亲名觥，淳祐七年中进士，仕未显著就去世了。这时许谦尚幼，正值国亡家破之时。他由母亲抚养，家境十分贫寒，生活很艰难。他三十六岁时给宋经历的信中谈到：

> 少经丧乱，及长奔徙流离，艰难险阻，无不尝之。三十而知学，圣贤之言是诵，仁义是求。犹望洋而莫知所止，企宫墙之美而不得其门。惟无先人之庐，以蔽风雨，负郭之田，以供饘粥。故日与呶呶者，甘于口弗骚心以自给，其弊缊藜糗，亦冀学文，学之半而有进于万一焉耳。①

许谦在生活极其困难的条件下，仍孜孜以求，勤奋学习。《元史》载：

> 甫能言，母陶氏，口授《孝经》、《论语》，入耳辄不忘。稍长，肆力于学，立程以自课，取四部书，分昼夜读之，虽疾恙不废。②

许谦天资聪颖，刚会说话，听他母亲念书过耳不忘。稍大一点，就能自觉用功，取四部书，日夜攻读，从不间断。

许谦写给宪使刘约斋的信谈到他出身书香门第，世代业儒，幼年承接家学。不幸父死，家破国亡，世事之变迁，使他“身世羁孤”。家存万轴书，烧成灰烬。在极其艰苦的条件下，他仍不忘继承先人的遗业，又惧怕老来学业无成，所以废寝忘食，昼夜苦读。“甑（做饭的陶器）几生尘，席不暇暖”，“孙窗挟册，与晓鸡而俱兴；韩室挑灯，对秋虫而共语”。

---

① 《许白云先生文集》卷 3。以下简称《文集》。

② 《元史》卷 189《本传》。

学习虽然刻苦，但苦于无名师指引，往往“淡于无味，得不偿劳”，成效不显著。直到三十一岁，在兰江听到金履祥讲学，即拜他为师，当时金履祥已七十一岁。通过名师教诲，以及博览群书，才“洗故学之荒陋，开大道之坦夷，使读晦庵之书，而溯伊洛之源，可跋夫子之墙，而见宗庙之美”，“测海窥天，巍巍乎其大也”[①]。许谦从“坐井观天”跃至“测海窥天”，胸襟开阔，眼界大开，学业猛进。他在《送高经历》诗中也谈及这一情况：

少年苦跋涉，中岁颇悦道。秋霜苗未实，播植恨不早。乾坤渺无际，至理日探讨。蒙头愧种种，羲娥复佻巧。认能分刀圭，使我长不老。[②]

这首诗，反映出许谦少年跋涉，直到中年才学有成就，他感叹自己起步太晚。天地无边无际，事物之理无穷无尽。知识无涯，而人生有限。他希望能有分身之术，长生不老，以便穷究无穷之理。

许谦学问渊博，深得其师金履祥的欣赏和器重。金履祥病危时，曾叮嘱许谦将他的著作《资治通鉴前编》次录成定本。他虽满腹经纶，却不仕元，虽一再被人推荐，都被他坚决拒绝。《元史》载：

廉访使刘廷直，副使赵宏伟，皆中州雅望，于

① 《文集》卷3。
② 《文集》卷1。

> 谦深加推服,论荐于朝。中外名臣,列其行义者前后章数十上,而郡复以遗逸应诏乡闱,大比请司其文,衡皆莫能致。①

许谦拒绝做官,于是赵宏伟命人在金陵修整舍馆,迎接许谦讲学。皇庆二年(公元 1313 年),许谦赴金陵讲学,但第二年就返回原籍,隐居于八华山中。他曾对学者说:“吾非必于隐以为高名,仕止惟时耳!”②这是说,隐居不是为了求高名,而是“止于其时”,保持晚节。

许谦在八华山中教了两年书,“学者翕然赢粮笥出而从”,颇有声誉,因其兄的儿子去世而返回故里,并在故里继续讲学,从学者更多,“远而幽、冀、齐、鲁,近而荆、扬、吴、越,皆百舍重趼而至。”③“四方之士以不及门为耻,缙绅先生之过其乡者,必即其家存问焉,或访以典礼政事,谦观其会通而为之折衷,闻者无不厌服。”④许谦当时从事教育四十年,桃李众多,他的学生有著录的就有一千多人。

许谦教书,“以五性人伦为本,以开明心术、变化气质为先,以为己为立心之要,以分辨义利为处事之制,至诚、谆悉,内外殚尽。”⑤所谓“五性人伦”,即仁、义、礼、智、信五常和君臣、父子、夫妇、兄弟、朋友五伦。封建伦常为许谦教学的根本。所谓“变化气质”,是人禀气质以生而为形。

---

① 《元史》卷 189《本传》。
② 《宋元学案》卷 82《北山四先生学案》。
③ 《文集》卷 1《行实》。
④ 《元史》卷 189《本传》。
⑤ 同上。

气质有善有恶，教学就要开明人的心术，改变不善的气质为善的气质，才能成为圣贤。所以教学要以此为先，以为己为立心之要。另外以辨明义与利为处事之原则，至诚至谆，四十年如一日，内外竭尽，死而后已。

许谦为人处世，“笃于孝友，有绝人之行。其处世不胶于古，不流于俗。”[①]《行实》也说：“谦，制行甚严。而所以应世者，不胶于古，不流于俗。介而不骄，通而不随。身在草莱而心存当世。素志冲淡，以道自乐。”[②]

许谦虽隐居不仕，但仍关心世事，《宋元学案》载：

> 先生虽身立草莱，而心存当世。大德十一年，岁在丁未，荧惑入南斗旬日而行，先生以为变在吴、楚，窃深忧之。是岁大祲，先生貌加瘠。或问曰：“先生有不适邪！”答曰：“道殣相望，吾能独饱邪？”

大德十一年（公元1308年）遭自然灾害，在路上到处见到饿死的人。许谦因而吃不下饭，容貌更加消瘦。说明他在灾荒之年，很关心受灾的群众，对他们深表同情。

许谦素多疾病，金履祥病故，他徒步前往吊唁。天气严寒，大雪纷飞。他受了寒，加上他哥哥在广信去世，他去奔丧，病情加剧，不能行走。稍好，病又复发而逝世。享年六十八岁，朝廷赐谥文懿。适浙江行中书省学者请求朝廷建四贤（何基、王柏、金履祥、许谦）书院，以奉祀而列于

① 《元史》卷189《本传》。

② 《文集》卷1。

学宫。

二、学术渊源

许谦的学术渊源，正是通过金履祥而上承朱子之学的。何基与王柏是师友。金履祥学于王柏，又登何基之门，是何基的弟子。何基是朱熹的高徒黄干的门生。所以许谦应是朱熹第四传弟子。何基、王柏、金履祥、许谦都是朱熹的嫡传弟子，又都为婺州金华人。《宋元学案》把他们合为一个学案，称为《北山四先生学案》，说明他们的学术宗旨相同。全祖望在此学案序录按语中说：

> 勉斋之传，得金华而益昌。说者谓北山绝似和靖，鲁斋绝似上蔡，而金文安公尤为明体达用之儒，浙学之中兴也。述北山四先生学案。[1]

义乌黄溍对这一师承关系阐述得更为详细：

> 圣贤不作，师道久废，逮二程子起而倡圣学以淑诸人。朱子又溯流穷源，折衷群言而统一，由是师道大备。文定何公基，既得文公朱子之传于其高弟文肃黄公干，而文宪王公柏，于文定则师友之。文安金公履祥，又学于文宪，而及登文定之门者也。三先生婺人。学者推原统绪，必以三先生为朱子之传。

① 《宋元学案》卷82《北山四先生学案》。

> 适文懿许公出于三先生之乡，克任其承传之重。三先生之学，卒以大显于世。[①]

黄溍认为，圣贤之道久已废弃，到二程才得以提倡。朱熹又溯流穷源，折衷群言，将其统一起来，由此而师道大备。朱子之学通过其高弟黄干传给何基，何基再传给金履祥，金履祥传给许谦。

许谦对朱熹备加赞扬说：

> 大易画而人文开，黄谟作而大道著，圣圣相传，至夫子而大明。孟子殁，则日以晦矣。濂溪浚其源，程张疏其流，朱子放而极于海，可谓光前绝后，宜其悠久而无息也。[②]

他认为尧舜之道，孔子集其大成。孔孟之后则道日晦。周敦颐浚其源，二程、张载疏其流，朱子发扬光大，使其悠久而不息。许谦高度评价了朱熹。但对朱学今后是否能宏扬表示怀疑，他说：

> 今朱子之书满天下，诵而习之者，岂少其人！能升其堂而窥其室，于今几何人哉！去其世若此未远，犹且如是，则继今以往，其明晦未可知也。[③]

---

① 《文集》卷1《行实》。
② 《文集》卷3《答吴正傅》。
③ 同上。

接着，许谦又否定了自己的疑虑，表示朱学后继有人：

> 尧舜之道，孔子集其大成，中虽有晦明，无害也。孔子之道，朱子发其大全，中虽久晦无害也。今朱子之言满天下，诵而习之者既多，安知不有知朱子、如朱子之知孔子者，亦未须预为之忧也。①

这似乎在暗示朱学后继有人。金华学派就是朱学的嫡传。许谦本人笺注四书集注，就“如朱子之知孔子者”，用不着忧虑。

何基、王柏、金履祥对“四书”的研究，都有较深的造诣。吴师道在《读四书丛说序》中说：

> 盖自北山取语录精义以为发挥，与章句集注相发。鲁斋为标注点抹，提挈开示。仁山于大学有疏义、指义，论孟有考证，中庸有标抹，又推所得于何、王者与其己意并载之。②

这是说，何基（北山）研究朱子语录和《四书集注》；王柏（鲁斋）为之标注点抹，提挈开示；金履祥（仁山）作《大学疏义》、《大学指义》、《论孟考证》、《中庸标抹》。许谦所著《读四书丛说》就是在这些前辈研究“四书”的基础上作了进

---

① 《文集》卷3《答吴正傅书》。

② 《读四书丛说》卷1吴师道《读四书丛说序》。

一步的阐发。

许谦的老师金履祥学识渊博，受业于王柏、何基以后，造诣更深。

> 凡天文、地形、礼乐、田乘、兵谋、阴阳、律历之书，靡不毕究。已向濂、洛之学，事同郡王鲁斋，从登何北山之门。自是讲贯益密，造诣益邃。①

许谦评价他的老师金履祥说：

> 其为学也，于书无所不读，而融合于四书，贯穿于六经。穷理尽性，诲人不倦。治身接物，盖无毫发歉，可谓一世通儒。②

许谦认为他的老师是"一世通儒"。他博览群书，而融合贯通于"四书"、"五经"。穷理尽性，诲人不倦，治身接物无不适中。

许谦就是通过金履祥而上承朱学的，得朱学的正传。吴师道说：

> 君上承渊源之懿，虽见仁山甚晚，而契谊最深。天资纯明，而又加以坚苦笃实之功，妙理融于言表，

① 《宋元学案》卷 82。

② 《文集》卷 3《上刘约斋书》。

> 成说具于胸中。问难开陈，无少疑滞，抑扬反复，使人竦听深思，随其浅深而有得焉。[1]

许谦受业于金履祥之门，三天后，金履祥对他说："士之为学，若五味之在和，醯盐既加，而咸酸颇异。子来见我已三日，而犹夫人也，岂吾之学无以感发子耶！"谦闻之惕然。[2]说明金履祥对许谦要求严格。许谦引此为戒，更加奋力学习。

金履祥曾教育许谦说：

> 吾儒之学，理一而分殊，理不患其不一，所难者分殊耳。[3]

黄宗羲案语说："此李延平之谓朱子也。是时朱子好为笼统之言，故延平因病发药尔。当仁山、白云之时，浙、河皆慈湖一派，求为本体便为究竟，更不理会事物，不知本体未尝离物以为本体也。故仁山重举斯言以救时弊，此五世之血脉也。后之学者，昧却本体，而求之一事一物间，零星补凑，是谓无本之学，因药生病，又未尝不在斯言也。"[4]李延平针对朱熹喜爱笼统之言，而特别强调分殊之理，以教育朱熹。金履祥又重提这句话，也是针对时弊，即针对慈湖一派讲的。所

---

① 《读四书丛说》卷 1 吴师道《读四书丛说序》。

② 《元史》卷 189《本传》。

③ 《宋元学案》卷 82《北山四先生学案》。

④ 《元史》卷 189《本传》。

谓“慈湖学派”，是以南宋杨简为代表的学派。因杨简号慈湖，故名。杨简为陆九渊弟子，将陆氏心学发展成唯我论。这派以“发明人心”、“悟天地为一己”作为旨要，提出“一断诸己，直心而用”等观点。该派在江南一带影响很大，成为陆九渊心学向王守仁心学发展的过渡。他们只探求本体，而不研究具体事物。黄宗羲批评他们“不知本体未尝离物以为本体”，这一批评是非常中肯的。黄宗羲说的“后之学者昧却本体，而求之一事一物间”，批评其“零星补凑，是谓无本之学”，这是针对朱学说的。朱熹的后学，因重视分殊之理，反映在学术风格上，注重训诂传注。如注解《四书》，对朱熹的《四书集注》再作笺注，陷于零星补凑。黄宗羲批评他们是“因药发病”。黄宗羲对朱学从“因病发药”到“因药发病”的论述，是极其深刻的。金履祥从救时弊出发，重新强调分殊之理，并以之教育许谦。许谦深受教益，“由是致其辨于分之殊，而要其归于理之一”①。

金履祥又教育许谦说：“圣人之道，中而已矣。”许谦“由是事事求夫中者而用之”②。金履祥认为，“圣人之道”无过无不及而处于中，许谦由是便应事都要求言合乎中。

许谦在金履祥门下，“居数年，尽得其所传之奥，于书无不读，穷探圣微，虽残文羡语皆不敢忽，有不可通，则不敢强于先儒之说，有所未安，亦不苟同也。”③许谦在金履祥门下就读的几年，广泛涉猎群书，穷探圣微，独立思考，尽得其

① 《文集》卷1《行实》。
② 《文集》卷1《行实》。
③ 《元史》卷189《本传》。

师所传之奥。其师死后,他"益肆充阐多所自得,自谓吾非有大过人,惟为学之功无间断耳"①。

许谦学识渊博,除儒学外,旁及释、老之学,以及天文、地理、典章制度等无所不晓。据元史《本传》载:

> 其他若天文、地理、典章制度、食货、刑法、字学、音韵、医经术数之说,亦靡不该贯。旁而释老之言,亦洞究其蕴。尝谓学者孰不日辟异端,苟不深究其隐,而识其所以然,能辨其同异,别其是非也几希。又尝句读九经、《仪礼》及《春秋三传》。于其宏纲要领,错简衍文,悉别以铅黄朱墨。意有所明,则表而见之。其后吴师道购得吕祖谦点校仪礼,视谦所定不同者十有三条而已。

许谦上通天文,下贯地理、典章制度、食货、刑法、字学、音韵、医经术数等。对佛老的话亦"洞究其蕴"。他认为如果"不深究其隐,而识其所以然",就不能明辨其异同,分别其是非。又曾句读九经《仪礼》及《春秋三传》。所句读的《仪礼》与吕祖谦点校的《仪礼》只有十三条不同。可见,许谦博学多才,功底深厚。

三、著　述

许谦不轻易提笔写作诗文,他写诗文,是为了辅助经义,

① 《文集》卷1《行实》。

发展教育。

他的著作有《读四书丛说》二十卷、《许白云先生文集》四卷、《读书丛说》六卷、《名物钞》八卷。另外还著有《治忽几微》、《春秋温故管窥》、《春秋三传疏义》、《自省编》等。

他的《读四书丛说》二十卷对朱熹《四书集注》中的理学思想加以伸引、发挥。吴师道在《读四书丛说序》中说：

> 今观《丛说》之编，其于《章句集注》也，奥者白之，约者畅之，要者提之，异者通之；画图以形其妙，析段以显其义。至于训诂名物之缺考证，补而未备者又详著焉。其或异义微牾，则曰自我言之，则为忠臣；自他人言之，则为谗贼，金先生有是言也。此可以见其志之所存矣。①

吴师道认为朱熹的《四书集注》，经过许谦的注释、考证、阐述、发挥，图文并茂，更加通俗易懂，更有利于广泛传播。

吴师道又说：

> 欲通四书之旨者，必读朱子之书；欲读朱子之书者，必由许君之说，兹非适道之津梁，示学者之标的欤！②

这是吴师道对许谦《读四书丛说》的高度评价。他认为，

---

① 《读四书丛说》卷 1 吴师道《读四书丛说序》。

② 同上。

朱熹的《四书集注》是掌握《四书》主旨的关键，而要读好《四书集注》，又必须从许谦这部书开始。这是说，许谦《读四书丛说》是掌握《四书》主旨的极为重要的书。所以他说，这是一条通向道的最主要的途径，是奉献给读者以标准的书。

许谦的《名物钞》一书，《宋元学案》给予较高的评价。它说：这部书"正其音释，考其名物度数，以补先儒未备，仍存其逸义，旁采远授，而以己意终之"①。《四库全书总目提要》卷十六《诗集传名物钞》条也对它作了评价：

> 谦虽受学于王柏（按：此言误，王柏死时，谦才五岁，未曾受学于王柏），而醇达则远过其师。研究诸经亦明古义，故是书所考名物言训，颇有根据，足以补《集注》之阙疑。

《宋元学案》和《四库全书总目提要》的作者对《名物钞》的评价大致相同，他们认为，许谦写的这本研究《诗经》的书，正其音释，古义明了，训诂考据有根有据，可以补先儒之不足。

《治忽几微》是一部通史著作，仿史家年经国纬之法，起太皞氏，迄宋元祐元年司马光卒，编写其历史，今佚。

《春秋温故管窥》和《自省编》今均佚。《春秋三传疏义》究竟是否已写成书，现在学术界有疑问。胡宗楙《金华经籍志》引陆元辅曰："益之又著《三传义例》未成。"所以，

① 《宋元学案》卷82《北山四先生学案》。

有人怀疑《三传义例》可能就是《春秋三传疏义》，因而对《春秋三传疏义》存疑。

第二章　宇宙论

理学发展到元代有了很大变化，变化之一是朱学在元代成为官学。变化之二是当时有朱陆合流的思潮。许衡、刘因两个理学家在北方倡导，而吴澄在南方倡导，并成为朱、陆合流的代表人物。在浙东金华以何基为首的金华学派，他们坚持朱学门户，阐明和传播朱学。但是，在朱、陆合流的思潮的影响下，他们中有的人也具有折衷朱、陆的思想特色。许谦思想的主流是坚持朱学，但又具有折衷朱、陆的思想倾向。他的宇宙观主要是天理观。

一、理与气及其关系

（一）理

在二程以前，"理"早已提出，一般指事物的普遍规律与特殊规律。到了唐代，佛教华严宗把"理"说成是精神性的本体，认为形形色色的现象世界（事）是由"理"产生的。

在理学家中，首先把"理"作为哲学的基本范畴提出来的是二程。程颢说："吾学虽有所授受，天理二字是自家体贴出来的。"[①]二程把"理"与"天"联系起来，提出"天者理也"的命题[②]。把"理"提到至高无上的决定一切的"天"的地位，从而把封建的"三纲五常"注入"理"中，成为"理"或"天理"的基本内容。朱熹在二程的"理"或"天理"思想的基础上进一步发展与完善。许谦又继承发展了朱熹这一思想。

1. 把"理"与"道"与"太极"联系起来，阐明"理"是生物之本。

他说：

道者，天理之当然。[③]

① 《二程外书》卷 12。
② 《二程遗书》卷 11。
③ 《文集》卷 4《答或人问》。

> 太极者，孔子名其道之辞。无极者，周子形容太极之妙。①

既然“道”是天理之当然，而“太极”又是名“道”的词。那么，“道”就是“天理”，也就是“太极”。而“无极”就是“太极”的妙用。

他认为“理”是形而上的道。“气”是形而下的器，二者应该区别开来。

> 夫太极，理也；阴阳，气也；天地，形也。合而言之，则形禀是气，而理具于气中。析而言之，则形而上、形而下不可以无别。②

许谦认为，形而上的“理”与形而下的气不同，“理”处于决定地位，是万物之源。他说：“天地生物理为主”③，“实理者，物之所以自成，人亦物也。”④这是说，“理”是人和物之所以形成的原因，天地生物以理为主。这一思想，与朱熹所说的“理是生物之本”、“理终为主”⑤一脉相承。与许衡认为心、性、理是一回事有所不同。

2. “理”的主要内容是封建的伦常道德

他认为人物之生得天所赋之理，为健顺五常之德，人与

---

① 《读四书丛说·论语中》。
② 《文集》卷4《答或人问》。
③ 《读四书丛说·论语下》。
④ 《读四书丛说·论语下、中庸下》。
⑤ 《朱子大全》卷49《答王子合》。

其他的动物比，人得理之全。

> 人物之生，各得所赋之理，为健顺五常之德。盖健是阳之德，顺是阴之德，五常是五行之德。七者亦皆因气而有此德。人物虽皆有，只是人全具，而物得其偏。如马健而不顺；牛顺而不健；虎狼父子有仁；蜂蚁君臣有义而无他德之类。①

在这里，许谦认为，人物都能禀受天之理，但人与物所禀受的程度各有不同。虎狼蜂蚁（按：即“物”）等只能禀受五常中的一德，只有人才能完全具备仁、义、礼、智、信五常之德。那么，人怎样去接受“五常”之德并体现为“五伦”之则呢？他说：

> 人之受命于天以生，存于心则有仁、义、礼、智、信五常之性。接于身则有父子、君臣、长幼、夫妇、朋友之伦。五常者，五伦之则也。②

这是说，天理具于人心使人有“五常”之德，人的行动（“接于身”）则要按“五伦”法则办。从这里可以明显地看到，他所说的“理”或“天理”，就是封建的伦常道德。

3.“理”是事物的规律、法则

许谦所说的“理”，其主要内容是封建伦常道德。但是，

---

① 《读四书丛说·中庸上》。
② 《读四书丛说·论语上》。

由于他学问渊博，具有丰富的社会实践经验，所以，在一定条件下，他能实事求是地观察客观事物，探讨客观事物的法则，这就使他的“理”在某些方面又具有规律、法则的意义。他说：

> 天理，自然之节文，达礼则见。物物有则，而应物处莫不循其道而行之，不可措一毫私意于其间。[①]

在这里，他肯定了客观事物都有它自己的法则，天理不过是客观事物的法则。从这一思想出发，他强调，人们处理事情必须按客观规律办事，“循其道而行之”，决不能掺杂丝毫个人主观意志于其间。很显然，这一思想，肯定了“理”具有规律、法则的一面。承认“理”具有二重性，从而使他的唯心主义天理观具有一定的唯物主义因素。

许谦关于“理”具有二重性的思想，是对朱熹思想的继承和发挥。朱熹坚持理学唯心主义思想，他的“理”或“天理”的主要内容是封建纲常名教，但他谈到“理”时，又在一定程度上保持了自然之理的意义，提出“上而无极太极，下而至于一草一木，一昆虫之微，亦各有理”[②]的思想，又说：“理则就其事事物物各有其则者言之。”[③]可见，朱熹也是肯定“理”具有规律、法则的一面，从而承认“理”的二重性。

---

① 《读四书丛说·论语下》。
② 《朱子语类》卷15。
③ 《朱子语类》卷5。

"理"在一定程度上具有规律性这一点上,许谦的思想,同朱熹一脉相承。

(二)气

"气"是中国古典哲学的基本范畴。在中国古代哲学发展史上,不仅唯物主义者使用"气"这一哲学范畴,许多唯心主义者也使用"气"这一哲学范畴。在唯物主义者那里,"气"通常是指构成世界万物本源的一种极细微的物质。而在唯心主义者那里,"气"一般作为构成具体事物的材质,但他们都把"气"纳入他们的唯心主义思想体系,认为是某种精神力量所派生的。"气"这一哲学范畴,随着我国古代哲学的发展而不断得到发展。

到了宋代,张载继承了历史上唯物主义者关于"气"的思想,提出了"太虚即气"、"知太虚即气,则无'无'"[①]的元气本体论思想。朱熹吸收了张载关于"气"的思想,把"气"及"气化"思想纳入他的客观唯心主义思想体系之中。认为"天地只是一气",而"气""便自分阴阳"[②],从天地以至于禽兽,"无一物不有阴阳"[③]。气是"生物之具"[④]。基本上保持着"气"作为一种极细微物质的性质。但它是受"理"支配的,由"理"产生的。

① 张载《正蒙·太和篇》。
② 《朱子语类》卷53。
③ 《朱子语类》卷56。
④ 《朱文公文集》卷49。

在“气”的问题上，许谦继承和发展了朱熹的“气”及“气化”思想。他把天道与人道区分开来。

> 气化流行不息者，天之道也，是理也。人得天道之流行者为性，当顺此而行者，人之道也。①

所谓“天道”是“气化流行不息”，即是“理”，指自然规律。所谓“人道”，指人得此天理以为性。人们必须按其本性的自然发展而行动。在这里，许谦明确地把天道与人道区别开来。在严格区分天道与人道的基础上，他强调人物之性都是气化的结果。他说：

> 大地流行，一气而已。其来则生物，为息、为阳；其去则物坏，为消、为阴。故曰阴阳二气错综分而为五，曰水火木金土，谓之五行。五行虽分为五，阴阳又各在五行之中。然五行以气言，气之中莫不有理。人禀五行之全气而生，故皆得其理之全。②

这是说，气在大地流行，气的来去产生了物的生、灭。气来则物生，为息为阳；气去则物灭，为消为阴。阴阳二气相互作用产生水火木金土五行。阴阳又各在五行之中。理在气中。人禀五行之全气而生。所以，得到完整的理。

在《读中庸丛说》中，他明确谈到物之终始为阴阳合散

---

① 《读四书丛说·中庸上》。

② 《读四书丛说·论语上》。

的缘故。他说：

> 物之终始莫非阴阳合散之所为，阴与阳合为物之始，阴与阳散为物之终。

阴阳合散为物之始终的思想，是就万物上说阴阳。就一物上说，一物之始终也是阴阳合散所为。他说：

> 阴阳合散又是阴与阳之气二者相合生物，为物之始。及其久也，此物中之阳气上升，阴气下降，其物即死，为物之终。是就一物上说阴阳。①

许谦强调阴阳之气的合散为物之终始，这一思想具有唯物主义倾向，但他把气和气化思想纳入他的客观唯心主义体系，从而限制了“气”的唯物主义倾向的发展。

（三）理与气的关系

在理与气的关系上，他认为理与气结合在一起，理为主。他说：

> 理主乎气，气载乎理，二者未尝可离。②

① 《读四书丛说·中庸上》。
② 《读四书丛说·大学》。

天之生人理气俱到，然有此气，故理有所泊。[1]

许谦认为，理和气虽不可离，但理主宰气，气承载理。有了气，理才有停泊之处。理是主宰气的绝对精神本体，是生物的根本。朱熹曾说："天地之间，有理有气。理也者，形而上之道也，生物之本也。气也者，形而下之器也，生物之具也。是以人物之生，必禀此理然后有性；必禀此气，然后有形"[2]。这就是说，"理"是产生万物的根本；"气"是形成万物的材料。许谦的理与气的思想与朱熹完全一致。他的宇宙观是客观唯心主义的。

理如何产生万物？许谦同朱熹一样，认为是"理一分殊"。所谓"理一分殊"，一方面是一理统摄万理，犹"月印万川"。天上的月亮只有一个，散而现为江湖河海之万月；另一方面，万理归于一理。犹散在江湖河海的万月，其本乃是天上的一月。从一个太极散而为物，物各具一太极。又由物物之各具一太极，归本于一个太极。这就是"理一分殊"。朱熹说："本只是一太极，而万物各有禀受，又各各全具一太极尔。如月在天，只一而已，及散在江湖，则随处可见，不可谓月已分也。"[3]"万千是一个，一个是万千"[4]。这是佛教华严宗"一即一切，一切即一"思想的翻版。朱熹用来说

① 《读四书丛说·大学》。
② 《朱文公文集》卷58。
③ 《朱子语类》卷94。
④ 《朱子语类》卷18。

明一理与万理的关系,说明世界物质的多样性问题。许谦用“一理贯万事”,对此加以阐述。他说:

> 天下事物虽无穷,却只是一个道理贯串在里面。理之原出于天,在天地虽浑然至大,而事事物物各自不同,其理亦流行寓其中。每事物中理虽不同,然只是天理一个大原头分析来。所以谓之一理贯万事。①

这是说,世界上的万事万物各不相同,万物之理也各异。而这些分殊之理是从天理一个大原头分出来的。一理贯串在万事之中。这就叫“一理贯万事”,亦即“理一分殊”。

朱熹接受李侗的教育,重视分殊之理。认为理不患其不一,所难者分殊耳。许谦接受金履祥的教育也接受了这思想。他在《答吴正傅书》中说:

> 吾儒之学所以异于异端者,理一而分殊也。理不患其不一,所难者分殊耳。朱子感其言,故其精察妙契,著书立言,莫不由此。②

许谦的老师金履祥很重视“理一分殊”,他曾对许谦说:“吾儒之学,理一而分殊,理不患其不一,所难者分殊耳。”

① 《读四书丛说·论语上》。
② 《文集》卷3。

"由是致其辨于分之殊，而要其归于理之一。"[①]从上引材料可以看到，许谦完全接受了他的老师金履祥这一思想，把"理一分殊"作为儒学与其他学派的分水岭。认为儒学最难的不是理一，而是探究分殊之理。并认为朱熹"精察妙契"，著书立说，着重阐明的正是这一点。

许谦对"理一分殊"的阐明，使他的理学唯心主义思想形成一个较为严密的体系。而他以"一理贯万事"这一命题阐明"理一分殊"，其思想颇有新意。

（四）朱陆合流的思想倾向

以陆补朱、折衷朱陆、朱陆合流，是元代学术思想表现的一个很重要的特色。许谦的宇宙论，也表现出这一特点。他说：

> 天者理之所出，心者理之所存。[②]
>
> 心妙众理。[③]
>
> 五常之理，原具于吾心，而无少亏。[④]
>
> 盖天地生物，理为之主；人之一身，心为之主。人心本全具天理也。[⑤]

---

① 《宋元学案》卷82《北山四先生学案》。

② 《读四书丛说·中庸上》。

③ 《文集》卷4《北野兀者赞并序》。

④ 《文集》卷4《八华讲义》。

⑤ 《读四书丛说·中庸上》。

从以上材料可以看到，许谦认为，“理”出之于天，而存于心。人心本来就具备了天理。“格物之理，所以推致我心中之知。”[①]人们与外界接触，就是为了使心中已有的知（“理”）呈现出来。朱熹曾经说过，“所谓致知在格物者，言欲致吾之知，在即物而穷其理也。盖人心之灵，莫不有知，而天下之物，莫不有理”。主张通过长久不懈的格物，使其豁然贯通，达到“吾心之全体大用无不明矣”[②]。以上所说的许谦关于“推致吾心中之知”的思想，同朱熹这些思想正是一脉相承。许谦正是继承和发挥朱熹的心学思想，表现出折衷朱陆的思想倾向。而他利用“格物致知”去解释孟子的“尽心、知性”说，也表现出这一思想倾向。他说：

> 尽心、知性。性即天地万物之理具于心者。知性则穷究物理无不知也，无不知，则心之全体尽明矣。朱子谓尽心，致知之谓；知性，格物之谓也。[③]

尽心、知性、知天是孟子提出的主观唯心主义哲学命题，许谦用“格物致知”来对这一命题进行解释，认为“朱子谓尽心，致知之谓。知性，格物之谓也”。很明显，这是把心学与理学凑合在一起，折衷朱陆。

在“非尊德性，则不能道问学”问题上，他更明显地表

① 《读四书丛说·大学》。
② 《大学章句·格物致知传》。
③ 《读四书丛说·孟子上》。

现出朱陆合流的思想倾向。《中庸》有"尊德性而道问学"一句话。这是讲治学方法和修养方法的问题，是朱陆争论的焦点之一。朱熹强调"道问学"，向外用功；而陆九渊强调"尊德性"，向内用功。朱熹在解释《中庸》的"尊德性而道问学"时，又把二者结合起来，认为"尊德性，所以存心而极乎道体之大也。道问学，所以致知而尽乎道体之细也。二者，修德凝道之大端也。……非存心无以致知，而存心者，又不可以不致知"①。朱熹这一思想，实质上已包含着融合朱陆之意。许谦接过这一思想，作进一步的解释说：

> 非尊德性则不能道问学，既尊德性又不可不道问学。既尊德性之后，有所不知不能，则问而知之，学而能之。既知，既能，即须行之，即所谓道问学也。②

这是说，不尊德性就不能道问学，既尊德性又不可不道问学。这样，他把"尊德性"和"道问学"结合起来，融合朱陆。

二、鬼神：天地之功用、造化之迹

鬼神是我国自古以来就存在的一种宗教迷信思想。许谦在解释《中庸》第十六章孔子赞扬鬼神之盛德时，认为鬼神

---

① 《读四书丛说·中庸下》。

② 《朱子语类》卷9。

为阴阳之灵。阴阳、鬼神实为一物。这是朱熹的思想。朱熹说:“以二气言,则鬼者,阴之灵也。神者,阳之灵也。以一气言,则至而伸者为神,反而归者为鬼,其实一物而已。”①朱熹认为就阴阳二气来说,鬼神是阴阳之灵,就阴阳合为一气来说,气来而伸为神,气去而归为鬼。阴阳、鬼神实为一物。对此,许谦进一步解释说:

> 二气是开说……如春夏是阳,秋冬是阴。如有二物相磨荡,一进一退。一气是合说,共是一个气,来则全来便是阳,去则全去便是阴。鬼神于二者之间皆可见,都只是这气在人体认。故曰实一物而已。②

这是说,气分为阴阳两个对立面,对立双方相互作用,相互磨荡,一进一退,气来便是阳,气去便是阴。所谓鬼神,只是人们体认了这个气罢了。所以阴阳、鬼神,其实就是一个东西。

许谦把鬼神分为大的鬼神和小的鬼神两种。

> 天地造化二气,一气言鬼神,是言鬼神之全,是大底鬼神。后所谓承祭祀者,如天神、地祇、人鬼及诸小祀,亦皆鬼神,却是从全体中指出祭祀者,是

① 《读四书丛说·中庸上》。
② 同上。

> 小底鬼神，使人因此识其大者。[①]

所谓大的鬼神，是指所有的鬼神，这是从天地造化、阴阳之气上言鬼神。所谓小的鬼神，是指其中承受祭祀的鬼神。他之所以要如此划分，是要“使人因此识其大者”。

从大的鬼神说，是从天地之功用、造化之迹上说：

> 天地之功用，天主神而言，地主鬼而言，此以天地间二气往来大体言之，是横说鬼神。造化之迹，造是造就万物，以神而言。化是物既成，气尽时至而消化去，以鬼而言，是竖说鬼神。所以，造化万物者，其理之妙不可见，至于鬼神往来始可见尔。故曰造化之迹。[②]

天地之功用在于：天主神，地主鬼。造化之迹在于：造就万物，万物既成，气尽而亡。造化万物之理妙不可见，但是造化之迹人们可以见到。对此，他进一步解释道：

> 天地之功用，造化之迹。功如功业，是能如此者，用如用事，是见如此施为者。天地无非生成万物，其功用于生成处见。此是合说鬼神造化，乃天地阴阳之妙用。亦是造化万物也。其所以然者不可见，其可见者则于物之成败生死上显，故曰迹，此

① 《读四书丛说·中庸上》。
② 同上。

> 是开说鬼神。天地之功用，是阴阳相合者总言鬼神也。造化之迹，是两头说鬼神。是见他如此成，又见他如此败，其踪迹皆有。①

天地无非生成万物，它的功用在生成万物中表现出来，这是天地阴阳之妙用，也就是造化万物。天地阴阳为什么能这样，人们看不见，人们只能看到万物的成败生死，即万物从产生到消亡的踪迹。

许谦从天地造化、阴阳之气来谈论鬼神，应该说，这个鬼神不属于宗教迷信意义上的鬼神，而是天地阴阳生成万物，万物由生到死的自然过程。鬼神造化，就是天地阴阳之妙用，是大自然的神妙，这是对鬼神的唯物的解释。

所谓小的鬼神，是鬼神中承受祭祀的部分。如天神、地祇、人鬼三类。他认为“鬼神者阴阳之灵，灵字便包含了祭祀的鬼神”。他说：

> 凡祭有三，曰天神、地祇、人鬼，总言之亦通谓之鬼神。大率天之神皆阳类也，其中亦有阳中之阴，如月，如五星之金水，如雨师之类，然终是丽乎天者。地之祇皆阴类也，亦有阴中之阳。山林与川泽对，则山林阳也。原与隰对，则原阳也，然终是丽乎地者。惟祭人鬼则求魂于天，求魄于地，是合阴阳而祭之鬼，虽是阴，其中却是合阴阳来格。②

① 《读四书丛说·中庸上》。
② 同上。

天之神都是阳类，其中也有阳之阴，如月、金、水等。地祇皆阴类，也有阴中之阳，如山林等。人鬼则是人死了变成鬼。他说："众生必死，死必归土，此之谓鬼。"[①]人鬼是求魂于天，求魄于地，是合阴阳而祭之鬼。虽说许谦也是用阴阳之气来解说小的鬼神，但是他相信人死为鬼。天神、地祇、人鬼，这三类鬼神是人们祭祀的承受体。从祭天地鬼神来说，他所说的这类鬼神具有宗教迷信的意义，这是对鬼神的唯心的解释。

从以上分析可以看出，许谦所说的鬼神具有二重性，就鬼神是天地之功用、造化之迹来说，是造化万物，万物从生到死的自然过程。是对鬼神的唯物的解释。就承受祭祀的三类鬼神来说，是属于宗教迷信范围，是唯心的思想。不过，许谦在论述大、小两种鬼神时，着眼点是大的鬼神，是要人们明了天地阴阳化生万物的奥妙，以及人的生与死的来由。

许谦论述鬼神思想的这种二重性，是与他采纳气与气化的思想紧密相关的。前面我们已经说到朱熹吸收了张载的气与气化的思想，并把它纳入他的客观唯心主义体系。因此，造成他的哲学思想的内在矛盾。许谦忠实地继承和发挥了朱熹这一思想。他和朱熹一样，用天地阴阳造化万物来解释鬼神，是他的鬼神思想中存在唯物思想的缘故，但他们又相信有承受祭祀的鬼神，是他论说鬼神思想的矛盾所在，也是他论述鬼神思想的二重性的由来。

---

① 《读四书丛说·中庸上》。

三、命

中国古代“命”的观念，由来久远。《尚书·商书·汤誓》云：“有夏多罪，天命殛之。”商汤伐桀，是天之所命。武王伐纣，亦宣称受命于天。文王提出“天命靡常”，认为天命是可以改变的。孔子重视命，认为“不知命无以为君子也”①，主张“死生有命，富贵在天”②。把一切死生寿夭和富贵贫贱都看为命中注定。这一思想对后来影响大。孟子继承和发展孔子的天命观。他说：“莫之为而为之者，天也。莫之致而致之者，命也。”③非人力所为而出现的事，是由天命决定的；非人的主观努力而获得的遭遇，是由命运安排的。所谓“命”，也就是不以人的意志为转移的客观决定力量。孟子提出“立命”，强调人们要掌握自己的命运。荀子为“命”下了个定义说：“节遇之谓命。”④“节遇”指外力所致，非人力所为。他提出“制命”。墨子提出“非命”。王充在《论衡·命禄》中认为生死寿夭、贵贱贫富由命决定。董仲舒主张“顺命”⑤。宋代张载把“命”与“遇”区分为二，认为“天所自不能已者谓命”⑥。这里的命指必然。“遇”指偶然。他说：“命禀同于

---

① 《论语·尧曰》。
② 《论语·颜渊》。
③ 《孟子·万章上》。
④ 《荀子·正名》。
⑤ 《汉书·董仲舒传》。
⑥ 《正蒙·诚明》。

性,遇乃适然焉……行同极异,犹难语命,可以言遇。”[1]把必然和偶然区别开来。程颐提出“不必言命”,强调“义”,强调人事。这是“言义不言命”之说,或称“义命合一之说”。这是宋代道学家中所共同主张的。

许谦认定有命。他在解释孔子“不知命,无以为君子”时,把命分为“天理之命”和“气数之命”两种。

> 有天理之命,有气数之命。天理之命,人得之以为性者也。气数之命,人得之以为生死寿夭贫贱者也……知气数之命,则利不必趋,害不必避。知天理之命,则利不可趋,害不可避。[2]

许谦发挥了孔子关于命的思想,并把它与他的人性论紧密联系,对“命”作深入的探讨。他认为,“天理之命”,禀受给人就是性。“气数之命”,人得之就为生死、寿夭、富贵、贫贱。知“天理之命”是善的,人人具有,就不要去趋利避害。知“气数之命”决定人的生死、寿夭、富贵、贫贱,则不必趋利,也不必避害。因为利与害都是人们命中注定的。

在《读孟子丛说》中,许谦对“天理之命”与“气数之命”的相互制约的关系作了详细阐述。

> 有命焉之命,本以气言,而亦有礼在中为之品节限制;命焉之命,本以理言,而所禀之气有清浊

① 《正蒙·乾称》。
② 《读四书丛说·论语下》。

> 厚薄之不同。上五者人性皆欲之，而有命分不同，不可必得，然亦有礼在中品节其命分。下五者，本皆天理，而却有命分一定，不得其至。君子则但循天礼而行，以求至其极，故不为命分所拘。①

他认为，“天理之命”与“气数之命”，两者互相制约。“气数之命”决定人的生死寿夭，富贵贫贱；但有礼（理）在其中品节限制。“天理之命”，本以理言，是善的；但所禀之气有清浊厚薄之分，以限制理。譬如口之于味，目之于色，耳之于声，鼻之于嗅，四肢之于安佚。此五者人们都希望得到，而有命分不同，人们不一定都能得到；然亦有礼在其中品节其命分。仁之于父子，义之于君臣，礼之于宾主，知之于贤者，天道之于圣人。此五者本来都是天理，而命分各有一定，不一定都能具备。

“天理之命”与“气数之命”，两者互相渗透，互相制约。君子应以什么态度对待它呢？许谦认为，应循天理而行，使自己完全具备天理。这样，就不受“命分”的约束。

“天理之命”又称“天爵”，“气数之命”又称“人爵”。

> 世人但知公卿大夫之爵为贵，而不知在我之身皆有贵者，乃天所赋之善，所谓天爵也。天爵人所同有，故思则得之。人爵各有命分，虽求之无益。②

---

① 《读四书丛说·孟子下》。

② 同上。

“天爵”是天赋给人的善德。“人爵”各人命分不同，不能强求。

许谦认为“天爵”和“人爵”不是不变的，人们修“天爵”，“人爵”就会到来。

> 天爵人所皆有，人爵各有命分，有德则足以长民。故人修其天爵，则人爵自然至，不可求也。若有心求人爵，便已务外而失其本心之爵矣。①

所谓修其“天爵”，就是加强自身修养，使自己具备天理。有了高尚的品德，就能治民，富贵自然到来。这是儒家修身、齐家、治国、平天下的思想，也就是内圣外王的思想。反之，如果只求富贵，向外用功，而不加强自身修养，那天赋的善德也就丢失了。

许谦之所以要把“命”分为“天理之命”和“气数之命”，是要人们安命不妄求。

> 我既不为得贫贱之道而得之，是命分所遭，君子则安命不妄求去此；若求去贫贱，却是不以道得富贵，逆天违命，何足为君子？仁者天下之正理，君子惟遵正理而行，则不以道得之富贵贫贱不处不去。②

---

① 《读四书丛说·孟子下》。

② 《读四书丛说·论语上》。

贫贱是命中注定的，不以道去之则不去，假如人们追求去贫贱而得富贵，是逆天违命，不足以为君子。因此，不以道得之富贵“不处”，不以道去之贫贱“不去”。总之，去贫贱，得富贵的准则是“道”。只有加强封建的道德修养，使自己得“道”，即具备天理，富贵自然会至。那就是说，贫贱者不要为改善自己的生活条件而斗争，只要按照封建道德修养自己，就能获得富贵。这是对巩固封建统治有利的说教。

四、对佛、道的态度

许谦对佛、老基本上持否定的态度。主要反对他们虚空不实。他说：

> 凡非圣人之道，而别立异端者，皆异端，此是总名。虚无寂灭，又是其中目之大者，老氏以无为道，而其用专以清静为宗。释氏以万物皆空，然后见其本性，而以寂灭为期。圣学止是五常人伦，一切都是实事，全然相反。①

所谓异端，指圣人之道以外的学说。而佛的寂灭，老的虚无，又是其中最大的异端。老氏“以无为道”，“以清静为宗”。释氏“以万物皆空”，“以寂灭为期”。而圣人之道与佛、老相反，提倡“五常人伦”，不讲虚空寂灭，只务实。

---

① 《读四书丛说 · 大学》。

另外,佛老还讲绝俗离伦。

> 圣人之道常道也,不出于君臣、父子、夫妇、昆弟、朋友,应事接物之间,致其极则中庸而已尔,非有绝俗离伦,幻视天地,埃等世故,如老佛氏之所云者。其道虽存于方册,而不明于世久矣,周程张朱诸子出,而辟邪扶正,破昏警愚。①

圣人之道是常道。即是永恒不变的道,它"不出于君臣、父子、夫妇、昆弟、朋友应事接物间",发展到极点就是中庸;不像佛、老不讲人伦五常,"绝俗离伦,幻视天地"。周、程、张、朱诸子出,"辟邪扶正,破昏警愚",使圣人之道大为宏扬。

许谦批判佛、老虚空寂灭,不务实事,这是对的。因为这些思想不能促进生产的发展,无补于富国富民,只能起消极作用。然而他是从维护封建伦常的角度批判佛、老,没有提到世界观的高度进行批判,因而对佛、老的批判不可能彻底。

对佛、老,他也有赞赏的地方。

> 老、释二教虽背正道,然其立言高远,又无尘俗势利之趋,故被他立得根基牢。②

① 《文集》卷2《送胡古愚序》。

② 《读四书丛说·大学》。

他认为，佛、老虽违背圣人之道，然而它“立言高远”，又没有世俗的趋炎附势，所以立言根基牢。

综上所述可见，许谦在宇宙观上，基本上是继承程朱的学统，阐发了朱熹的客观唯心思想，认为理是世界的本源，理主宰气，万事万物是理一分殊的结果。从总体来说，他对程朱理学阐述多而建树少；但是，在当时特定的历史条件下，他的思想对于传播传统文化，继承程朱理学，使程朱理学变成官方哲学，确起过重要的作用。同时，在当时朱、陆合流的思想潮流的影响下，他在宇宙论中对心学也给予一定的重视和阐发，特别是企图折衷朱、陆关于尊德性和道问学的论争，从而更鲜明地表现出朱、陆合流的思想倾向。哲学史是人类认识发展的历史，从认识发展来说，他的客观唯心主义只能给人们的理论思维提供一些经验教训。但是，他的宇宙论中所包含的一些积极思想，如在一定程度上承认事物及其规律的客观存在，强调人的主观认识要符合客观事物，强调阴阳二气在构成人和物中的作用，以及以天地之功用、造化之迹来解释鬼神等等，却具有唯物主义思想因素，是应该给予肯定的。

第三章 朴素辩证法思想

我国历史上有着丰富的辩证法思想传统，许谦继承了这一传统，具有丰富的朴素辩证法思想。

一、矛 盾 观

许谦对矛盾的普遍性有一定的认识。他说：

> 动静开阖，往来屈伸，只是两端而已，故古之圣人定阴阳之名。①

所谓“两端”，即矛盾对立的双方。他认为动静、开阖、往来、屈伸都是矛盾对立面，所以古圣人用“阴阳”来概括

---

① 《读四书丛说·中庸》。

“两端”。这是《易系辞传》“一阴一阳之谓道”思想的继承和发展。

对于《易》,许谦评价说:

> 《易》之为书,道阴阳而明吉凶者也。[①]

《易》是一本讲阴阳之道而明吉凶祸福的书。他在解释朱熹“学《易》则明乎吉凶消长之理,进退存亡之道,故可以无大过”时说:

> 消长者阴阳之机,吉凶者阴阳之应,进退者人事也。存亡则进退、得失之极也。夫阳长阴消吉道也,阴长阳消凶道也。然阳虽吉,失位或凶。阴虽凶,得位亦吉。是消长中各自有吉凶之理。君子学易,随各卦之时事位义,验其消长而明其吉凶,以为身之进退,进退合其宜则存,失其宜则亡,吉凶消长有定而不可移,故日理进退存亡,人行之,故曰道。[②]

消长、吉凶、进退、得失、存亡都是矛盾的对立双方。它们包括自然和人事两个方面。如消长是阴阳之机,吉凶是阴阳之应,都是讲的自然之理;进退则是人事。存亡是进退、得失的极点。阳长阴消是吉道;反之,阴长阳消是凶道。吉凶

① 《文集》卷 4《朋党论》。
② 《读四书丛说·论语中》。

又不是绝对的，消长中各自有吉凶之理。如阳虽吉，失位则凶；阴虽凶，得位则吉。吉凶消长是讲的自然之理。

进退则是人事。存亡是进退、得失的极点。他认为君子学《易》，要随各卦之时事位义，验其消长，而明其吉凶，以为自己进退之依据。进退是否适宜，决定人的存亡。进退适宜者存，不适宜者亡。吉凶消长之理不变，人要循理而行，称为“道”。

总之，许谦认为矛盾是普遍存在的。矛盾双方既互相对立，又互相渗透，阳中有阴，阴中有阳。他虽然是在谈《易》的占卜吉凶祸福，但他最关注的是人们进退适宜，适宜者存，不适宜者被淘汰。

由于许谦把“气”和“气化”引入他的宇宙观。所以他认为阴阳的合散产生了人和物。也就是说，阴阳的互相作用产生了万物。

> 物之终始莫非阴阳合散之所为。阴与阳合为物之始，阴与阳散为物之终。气至而伸为阳为神，气反而归为阴为鬼。①

他不仅用阴阳的合散来论述人物的产生，而且还用阴阳说明鬼神。气至而伸为阳为神，气反而归为阴为鬼。鬼神是天地之功用、造化之迹。阴阳的相互作用产生了万物，这是他的天理观中合理的部分，也是他的朴素辩证法思想。

---

① 《读四书丛说·中庸上》。

二、动　静　观

前面说到，许谦认为阴阳合散而产生万物。阴阳从哪里来？又为什么能运动？他在《答或人问》中说：

> 太极之中本有阴阳，其动者为阳，静者为阴，生则俱生，非可以先后言也……但未动之前，亦只为静，此乃互根之体。[①]

这是他在解释周敦颐《太极图说》时所说的“太极动而生阳，动极而静；静而生阴，静极复动。一动一静，互为其根”[②]。这里周敦颐的所谓“太极”，指客观存在的绝对精神本体，是产生万物的根源。

许谦认为太极本身具有阴阳，太极动而为阳，静而为阴。即是说太极的动静产生阴与阳。阴阳没有先后之分，生则俱生。但阴阳的运动有先后。“自一气混沌，其初始分，须有动处，乃其始也……其气之运行，皆先阳而后阴。”[③]浑沌之气分为阴阳，最初分时，必须有运动。气的运行是先阳后阴。“数以一为阳，二为阴，一固先于二。人以生为阳，死为阴，生固先于死。”“但未动之前，亦只为静。此乃互根之体。”[④]

---

① 《文集》卷4《答或人问》。
② 《周子全书》卷1。
③ 《文集》卷4《答或人问》。
④ 同上。

太极没有动时是静止的，如何从静止到运动呢？张载认为阴阳本身内涵能动的本性。他称之为“天性”。而从周敦颐到程、朱、许谦都没有回答这个问题。那就意味着物质的运动是外力推动的，这是外因论，不像张载那样把物质与运动结合，而是把两者割裂开来。我们知道，物质与运动不能分离。物质是运动着的物质，运动是物质在运动，人为把两者割裂开来，那是错误的。

许谦认为儒家的静与佛老“不思善恶及致虚静笃”二者是“冰炭不相入”的。

> 彼学专务于静，吾道动静不违。彼以静定为功，惟恐物来动心，故一切截断，然后有觉。圣人之学，事来即应，事去则静。应事时既无不敬，至无所睹闻时，亦敬以存之。自然虚静，惟虚静，故愈灵明，而发以应事无不当，虽无睹闻，若有当思，固思之无害，但所思者正尔。非以静为功，而置心如墙壁也。

佛、老专门讲静，以静定为功，惟恐心被外物扰动。所以逃避现实，使心不与外物接触，做到绝对的静。圣人之学，动静不相违，有事就去处理事情，处理完毕又归于静。对应事情时谨慎、不怠慢，事毕也持之以敬，所思所想都合乎道义。这是说，儒家的静与佛、老的静的根本分歧在于对现实的态度。佛、老逃避现实主张以静为功，置心如墙壁；而儒家重视现实，面对现实，以道为准绳去解决现实中出现的问题，从而做到动静不违。许谦反对佛、老的逃避现实的消极的人生态度，而主张面对现实的积极的人生态度。

综上所述，许谦认为静止的太极动而生阳，静而生阴，承认事物的运动和静止，反对佛、老的逃避现实的、消极的、绝对的静止观；而主张持敬，以道义为准绳，动静不相违的面对现实的、积极的动静观。当然，他所说的道义是封建的伦常道德，但他面对现实的积极的人生态度是可取的。不过许谦没有回答太极是如何由静转向动，必然会陷入外因论，这是不可取的。

三、“中庸”思想

“中庸”是儒家哲学的基本观念。《论语·尧曰》记述尧舜之事说：“尧曰：咨尔舜！天之历数在尔躬，允执其中。四海困穷，天禄永终！舜亦以命禹。”以“中”为道德的基本原则。孔子说：“中庸之为德也，其至矣乎！民鲜久矣。”[①]中庸是最好的品德，也是圣人之道的极点。许谦说：“夫圣人之道，常道也……至其极，则中庸而已尔。”[②]可见，他对中庸的高度重视。

“中庸”不仅是一种高尚的道德品质，而且也是一种处世的方法。《中庸》述孔子的话说：“舜其大知也与！舜好问而好察迩言，隐恶而扬善，执其两端，用其中于民，其斯为舜乎！”“执其两端，用其中于民”，意即“中庸”，就是“中”的原则的运用。从这个意义上说，它又属于方法论的

① 《论语·雍也》。
② 《文集》卷2《送胡古愚序》。

范畴。

宋代朱熹解释“中庸”为“中者，不偏不倚，无过不及之名。庸，平常也”①。许谦的中庸思想主要是继承、发挥了朱熹的思想。在《中庸》解题中，他说：

> 偏则不在中，而在一边；倚则斜迤而不正，过是越过于中；不及是未至于中。不偏不倚是竖说中字，指未发之体而言。
>
> 无过不及是横说中字，指已发之用而言。此皆是反说以四旁影出中字。平如地之平而无机陧危处。常者一定之理无诡异，又常久而不可变易。惟其平正，便可长久。奇异险怪便不可长久。平，横说。常，竖说。此是正解庸字。总而言之，惟中，故可庸。中而又须可庸，乃中庸之道。

不偏不倚，无过无不及，都是指“中”；“庸”是平常的意思。“平”指平正；“常”指常久不易之理，只有持中，其理才常久；而中又必须合于常理，才是“中庸之道”。可见，“中庸之道”的核心是处事持“中”，而“中”又须合乎常道。

许谦认为君子“应事当随事取中而应之”。他说：

> 权，称锤也。物轻重不齐，权与物相准，方得其平。君子应事当随事取中而应之。譬之称铢、两、斤、钧、石、物之轻重各有当其平处。今以铢、两

① 《中庸章句》。

为轻，钧、石为重，例以斤称之其可乎！是子莫之执中也。①

铢、两、斤、钧、石轻重不同，用秤称之各有其平衡处。这平衡处即是“中”。君子处理事情就应该像称锤称物一样，随物取其“平”。“平”即“中”。许谦本人牢记其师金履祥“圣人之道，中而已矣”的教导，“事事求乎中者而用之”②，发挥了“中”的思想。

所谓“随事处中”，也就是处理事情要适宜。

执两端而用中，谓众人所言，于此一事虽同于善，然却有处之厚薄不同。却将己之权度在心者，度而取其中。或在厚，或在薄，必合于此事之宜者行之。③

运用“中”来处理事情，必须要处理得适宜。譬如，虽然大家都在谈论一件善事，然而处理它却有厚薄的不同。经过自己的权衡而取其“中”。不论是薄、是厚，处理这件事一定要适宜。

处理一件事不仅要适宜，而且还要合乎时宜。他在解释朱熹“随时以处中”，“中随时而在”时说：

---

① 《读四书丛说·孟子下》。
② 《文集》卷1《行实》。
③ 《读四书丛说·中庸上》。

> 此随时字含两意，谓君子每应事之时，各随其事以处乎中，是一日之间，事事皆处乎中也。又同此一事，今日应之如此为中，他日应之乃如彼为中，是一事各于时宜不同者处乎中也。①

这是说，人们在处理任何事情时，都要适中，不仅这样，而且还要合时宜。同是一件事，今日这样处理是“中”，他日那样处理也是“中”，因为时间变了。一件事在不同的时间不能用同一方法处理；应随着时间的改变而采取不同的措施。因此，处理事情不仅要适宜，还要合时宜。

许谦说处事要用中，保持对立面的统一，具有辩证法的因素。他所说的对每件事的处理，既要适宜，又要合时宜，是正确的。处理任何问题都要考虑时间这一因素，所以同一件事，发生在不同的时间，处理的方法也可能不同。

孔子说：“君子中庸，小人反中庸。”朱熹对此作了解释。许谦又进一步发挥了朱熹的思想：

> 小人反中庸，小人而无忌惮，平时既有小人之心而临事为恶，又无所忌惮，纵意而行。“反”字是用力字，谓他故意反中庸之道行之，盖此小人非但是愚者而已。②

“小人反中庸”。这里的“小人”不仅是指愚蠢的人，还指做

① 《读四书丛说·中庸上》。
② 同上。

事时有意肆无忌惮地违反中庸之道的人，君子与此相反。

> 君子道中庸，不过因其所居之位，行其所当然，无思出乎其位而外慕也。……盖居富贵自有富贵所当行之道，不能行所当行者固不可。而位有高下，任有大小，又当随所宜而行，若有不中其节者，皆非也。居贫贱亦有所当行之道，安分乐天，不厌不慑，常守不变，若有不甘为之意，皆非也。凡人非富贵则贫贱，此是人之大分。①

君子遵循“中庸之道”，不过因其所处的地位而行其所当行之道。君子虽所处的地位有高下，责任有大小的区别，但他们的行为都应当适宜。即是符合“中”。行为不适宜的，都是错误的。许谦认为凡人不是富贵，就是贫贱，这是人之大分。不管是富贵还是贫贱，都有他们所当行之道。贫贱既然是人之大分，那么贫贱者应该“安分乐天，不厌不慑，常守不变”。假如他们不甘心居于贫贱，那是错误的。

许谦认为凡事要“取其中”。“中”，就是处事的标准，也就是一个限度，超过了这个限度，对立双方就互相转化，旧的统一体就被破坏。这里包含对立面相互转化的观点，是正确的。但是，许谦坚持这个限度，维持旧的统一体，防止矛盾双方相互转化，没有促进事物发展变化的观念，这是他“中”的思想的局限性。不过，他要求处理事情须适宜，还要符合时宜，同一件事情在不同的时候处理也不同，有其积极

① 《读四书丛说·中庸上》。

意义。当然,他说的处事的“宜”、“时宜”,是以封建伦常为准则的。富贵与贫贱都有其当行之道,都要按封建伦常去做。居贫贱者要甘于贫贱,安分乐天。这样,他们就不会为改变自己的生活而斗争,封建统治秩序自然就稳固了。这一思想的阶级实质显而易见。

四、经与权、常与变

经与权是表示常理与权变的一对哲学范畴。早在孔子前,中国古籍中虽已有权字,但把它作为哲学范畴考察是从孔子开始的。孔子说:“可与共学,未可与适道,可与适道,未可与立;可与立,未可与权。”[①]即是说,可以同他一道学习的人,未必可以同他一起遵道而行;可以同他一起遵道而行的人,未必可以同他一块通权达变。可见,孔子既要循道而行,又要不拘于常规,随时通权达变。以“经”和“权”并称,始于《春秋公羊传》。《春秋·桓公十一年》云:“权者何?权者反于经,然而有善者也……行权有道,自贬损以行权,不害人以行权。杀人以自生,亡人以自存,君子不为也。”所谓“权者反于经,然而有善者也”,即是说“经”与“权”的关系是“反经合道”,两者既“相对又相成”是“相反相成”的关系。“行权有道”指行权要合乎道义,损害他人而行权的不道德行为,君子不做。这里涉及到“权”的相对性问题。

“经”与“权”的关系,既相反又相成。是对立统一的关

① 《论语·子罕》。

系。这是一个朴素辩证法的命题。

两宋时期,程朱一反两汉"反经合道"之说,对经与权问题提出新的观点。程颐提出"权即是经",认为二者都是当然。朱熹则提出"常则守经,变则行权"。他认为,"经"与"权"是有区别的。"经毕竟是常,权毕竟是变","经是万世常行之道,权是不得已而用之,须是合义也。"①

许谦继承了程、朱的经权思想,对经与权问题作了阐发。他说:

> 权是称锤,凡称物须以权于称上推移前却以取平。今以权字为义理,度而行之,至中而止……盖经是常也,权字有变意。常者,一定之理;变者,随时之宜。事之常者,只依见成礼法,一定行将去,至有非常之事来,须用自以礼义度而行之,亦欲合于常道。盖自上古圣人代兴制为典,礼虽备,然亦岂能尽该天下之事变哉!因此度彼皆欲合于义而已。②

这是说,"经"是"常",指一定之理,遇事只能依照"理"或礼法去做;"权"是"变"的意思。为什么要"变"呢?因为古圣人制礼作乐,不能包括天下所有事情的变化,更不能包括今后事情的变化,因而要随着时势的变化而采取不同的措施,即"权时之变"。但是,"变"要适宜,要符合中,而

① 《朱子语类》卷 25。

② 《读四书丛说·论语中》。

且合于义理，亦即合乎常道。他列举了历史上和生活中许多例子加以说明。他说：

> 且如父子相继而有天下，常也；至尧舜则皆以子不肖禅让，其义则在于得人而安天下。君令臣，常也；桀纣至暴而汤武至仁，则起而伐之，其义在于去恶而救民。伊尹事太甲而放之，其义在于全汤托孤之命。兄弟友爱，常也；而周公诛管蔡，其义在于正国家。嫂叔不通问，常也；嫂溺则援之以手。不通问者，避嫌也。见他人孺子入井，且有恻隐之心，见兄之妻将死，则避小嫌而不顾，所失大矣。①

许谦认为，权变要合于义理，如果不合乎义理而变，“其罪不可胜言”。他说：

> 义理是活泼泼地物，不在这一边，便是那一边，若两下皆是义，则称量其重者为之便是权。但权须是用得义理极明了方可行，若未明理，专认个权字，件件要去权，则背义妄作，其罪不可胜言矣。

义理明了才去变。假若义理不明，只认个“权”字，事事去变，就会违背义理，把社会秩序搞乱，不利于封建秩序的巩固。

许谦认为“权即经也”，权可变经。这是对程颐“权即是

① 《读四书丛说·论语中》。

经”思想的发挥。所谓“权即是经”，元人赵顺孙解释说：“天下之理，惟其当然而已。当经而经，当然也；当权而权，亦当然也。则权虽异于经，而以其当然，则亦只是经，此程子之说然也。”[①]对此，许谦论述道：

> 经者圣人所制礼法常久当行者，君子用之以应事者也。权者，圣人之大，用前圣所未立法，适逢事变而处之，既当，则其法即可常久，所谓权即经也。[②]

所谓“权即经也”，指权宜之变以后，这个变，对事物处理恰当。它则可成为法则常久存在。这个“权”就成为“经”。所以经权可以互变。他举例说：

> 且如五帝以来父子相继，常也。尧则因子之不肖，而以有圣人在下，故易为禅让，此权也。至舜之让禹，则用尧之权为经矣。天子在位，诸侯臣服，常也。桀有极恶而汤至仁，故易为征伐，此权也。至武之伐纣，则用汤之权为经矣。至于小事，莫不皆然。[③]

同“经”与“权”密切相关的是“常”与“变”。“经是

---

① 《论语纂疏》卷5。

② 《读四书丛说·论语中》。

③ 同上。

常也”。“常”指一定不易之理。许谦说：

> 此五者（指仁、义、礼、智、信）亘宇宙、穷古今不可变，而又只是日用常行之理，故曰常。[①]

他认为，仁、义、礼、智、信五常，就是横跨宇宙、纵贯古今的不可易之理，它们又是日用常行之理。

“常”指一定之理，而“变者，随时之宜”。有非常之事来，又没有成法可依，可变通适宜处理，这也可合于常道。

“经”与“权”是对立统一的关系，“权”可变为“经”。这是朴素辩证法思想。不过，他没有讲明权变为经的条件，又主张封建纲常永恒不变，这又是形而上学思想。

许谦承认矛盾的普遍性，认为处理任何事情都要执其两端而用其中，承认事物有一定的“度”，认为超过这个“度”，事物的性质就要起变化，并认为权可以变为经。这些，具有明显的朴素辩证法思想。但是，他主张保持这个“度”，维持旧的统一体，主张封建纲常永恒不变，其形而上学思想也比较突出。

① 《读四书丛说·论语上》。

第四章　认识论

在认识论方面，许谦继承儒家的传统思想，对“格物致知”、“即物穷理”问题进行阐发，对知的来源和知行关系问题进行探讨。

一、“格物致知”、“即物穷理”

“格物致知”、“即物穷理”是儒学的重要范畴，特别是程、朱理学的重要范畴。在折衷朱、陆的思想潮流的影响下，许谦认为“格物是此心去格”①，强调“心”在“格物致知”中的作用。对于“格物致知”、“即物穷理”，他作了比较系统的阐发。他说：

① 《读四书丛说·论语中》。

> 即凡天下之物，莫不因其已知之理而益穷之，以求至乎其极。此正是格物用功处。但只把致格两事统说在里，推极我之心知，在穷究事物之理。格物之理，所以推致我之心知，用力之久，一旦豁然贯通，是言格物本是逐一件穷究，格来格去，忽然贯通。始知事人之理，便知事鬼之理，知生之道，便知死之道……盖事虽万殊，理只是一，晓理之在此事如此，便可晓理之在彼事亦如此。到此须有融会贯通，脱然无碍。①

这段话说明以下三点：

1. 许谦的认识论与他的宇宙观一致。他一方面认为“理”或“天理”是最高的精神本体，理具于心；另一方面又承认客观事物及其规律(理)的存在。所以，认识不仅要认识天理，还要认识万殊之理。他认为：“天下之物，莫不因其已知之理而益穷之，以求至乎其极。”从已知到未知，探讨客观事物无穷之理，把客观世界看成认识的对象。这一观点，具有明显的唯物主义的思想因素。

2. 从“即物穷理”的方法来说，是由渐积到贯通，由此推及彼的方法。他认为格物本是逐一穷究，把这件事的理推明得透彻，没有一点疑问，然后又去格一件事，绝不可格一物格到一半便止住。譬如看文字，于一章中穷究它的训诂、辞语、旨意、隐微处无不洞晓，然后看第二章。这样，于一物中表里精粗无不到。今天格一物，明天格一物，日积月累，会

① 《读四书丛说·大学》。

豁然融会贯通。如破竹子，初破时逐节破，数节之后，一直破开去，更无凝滞。始知事人之理，便知事鬼之理；知生之理，便知死之理。“事虽万殊，理只是一。”“晓理在此事上如此，便晓理在彼事上亦如此。”这个渐积到贯通，由此推及彼的方法是合理的。不过，他所说的通过格物融会贯通是最终认识“理一”，又是唯心主义观点。

3. “格物之理，所以推致我之心知”。人们格物之理不是为了认识客观事物及其规律，而是为了推知我心中之知，使心中已有的知识显现出来。这是脱离实际的先验的知，是错误的。

许谦的“格物致知”、“即物穷理”是对朱熹在《补大学格物致知传》中说的“格物致知”思想的进一步解释和发挥。

许谦在《读中庸丛说》中，还认为择善、明善就是“格物致知”：

> 择善然后可以明善。择者谓致察事物之理。明者谓洞明吾心之理。合内外而言之，择善是格物，明善是致知。

所谓“择”，就是“格物”，即人们与外物接触，考察事物之理；所谓“明”，是“致知”，即洞明人们心中已有之理。择善、明善就是内外相合，也就是“格物致知”。这与上面所说探讨客观事物之理，以推知我心中已有之理大致相同。

许谦还认为知圣人之言，也是致知：

> 孟子之学，尽格物致知之功。故能明夫道义，而

于天下之言，皆能知其是非邪正而无所疑。然所以致其知者，亦自夫前圣贤之言而得之。故知言虽是致知之效，而致知未始不因言也。所以朱子以尽心知性为知言之本。至于养浩然之气，虽专在于集义，而欲集夫义，必先知义所在然后可，是知言又集义之本也。知言以开其先，养气以培其后，此所以不动心也。①

这段话说明了为什么说知圣人之言就是致知，理由有两条：

1. 因为圣人之学尽了格物致知之功，所以道义明，是非清，而为天下立言。如孟子之学，所以致知也是得自于前圣贤之言。知言虽是致知的效果，而致知未尝不是从知言开始。也就是说，读圣贤的书也能获得知识。一般来说，这是对的。因为前人撰写的书本知识，是他们经验的总结，后人阅读，虽不是亲身的体验，却是间接的经验。通过阅读就能增长知识，扩大眼界。

2. 孟子主张养浩然之气。他认为养浩然之气，虽专在集义。而想集义，必定要先知道义在哪里。所以知言又是集义的根本。

从知言是集义之本来说，也有其合理之处，通过读圣贤书，能提高思想，知道义之所在。当然，他所说的义的具体内容还是封建的伦理规范。大部分是不可取的。

这里，许谦只把读圣贤书作为致知的途径之一，而没有把它说成是格物，但他通过引用二程的话又承认人读书是

① 《读四书丛说·孟子上》。

"格物"：

> 程先生教人格物有三事，或读书，讲明义理；或论古今人物，而别其是非；或应接事物而处其当否。[1]

二程把读书作为格物三事之一。许谦说："三事又当以读书为先。"[2]他不仅承认了读书是格物，而且在格物三事中，还是首要的。

我们认为，读书不属于格物范围。虽然如此，但读书不失为获得知识的一种手段。许谦强调读书，有其积极意义，也有现实意义。然而圣人之言不一定是正确的，许谦把"知圣人之言"说成"致知"，是不全面的。

以上是许谦对"格物致知"的一些解释。他把读书也作为格物的内容之一。

许谦不仅认为事物之理是客观存在的，而且还认为它是否被认识在于人，处理事情当否在于对理的认识。这就牵涉到主观与客观的关系问题。

> 道于万物，无所不在，用物而中于道与否，则存乎人。均一事也，彼应之则非，此应之则是，非事物之理，本有是非也。人于理有明、不明，而措

---

① 《读四书丛说·大学》。

② 同上。

> 诸行事，有当与不当尔。①

万物之理是客观存在的，人们的主观认识能否符合客观规律在于人。事物的理本来不存在是与非。如果人们认识了一件事物之理，而按照它去处理这个问题，那就处理得当，就是“是”，否则就是“非”。所以是与非完全在于人们是否认识了事物的理，是否按理行事。也就是说他既认为事物及其规律是客观存在，又认为人们能够认识它。当人们的主观认识符合事物的客观规律时，人们就得到了正确的认识，并能很好地处理问题。这具有明显的唯物主义认识论思想倾向。

应该说，许谦谈论“格物致知”、“即物穷理”时，虽然也谈论内外相合，但他主要是发展了朱熹向外用功而获得知识的方面；而许谦所讲的“格物致知”，也发展了朱熹内求于心的方面。许谦主张致吾心之知，穷吾心之理。求学问就是内求于心，向内用功。吴澄说得更明白。他说：“夫学，孰为要？孰为至？心是已。天之所以与我，人之所以为人者，在是。不是之求而他求焉，所学何学哉？”②

许谦强调“格物致知”、“即物穷理”，主要是针对心学只求理之一，不求分之殊。他认为一理与万理密不可分，缺一不可。

> 理虽同，须是就一事一物上看得透，行得彻。及万事万物上皆如此，然后可见总会处……若于

---

① 《文集》卷3《上刘约斋书》。

② 《文集》卷5《王学心字说》。

> 事物上不学得道理，便说一贯，只是虚谈，穷事物之理既多，不知一贯，却又窒息。[1]

不研究具体事物，专门谈论一贯之理，只是空谈；反之，只穷究事物之理，而不知理一，却又窒息。他认为心学就陷入了只求理一，脱离实际的空谈。

> 所谓致知，当求其所以知而思得乎知之，非但奉持致知二字而已也，非谓知夫理之一而不必求之于分之殊也……举大纲，弃万目者，几何不为释氏之空谈也？近日学者，盖不免此失矣，吾侪岂可踵而为之乎？[2]

致知，只求理之一，而不求分之殊，那是"举大纲，弃万目"，陷入释氏之空谈。当时的心学就有此弊病。他告诫学者不要步其后尘。许谦本人就遵照他的老师金履祥"吾儒之学，理一而分殊，理不患其不一，所难者分殊耳"的教诲，"致其辨于分之殊，而要其归于理之一。"着力于探究分殊之理，即万事万物之理，总汇万物之理，就能认识总的理。

许谦强调"格物致知"、"即物穷理"，反对心学的虚谈，这是正确的，有其积极意义。

---

① 《读四书丛说·中庸》。

② 《宋元学案》卷82《北山四先生学案》。

二、生而知之、学而后知与学思结合

人们认识事物要通过“格物致知”、“即物穷理”，然而要做到此，必须要学习。他认为“人不能先知”，“必学而后知”、“学而后能”。

> 然人不能生知安能，所以必效先觉之所为。于理之未知者，必学而后知，事之未能者，必学而后能。已知者时时习之使愈明，已能者时时习之使愈熟。①

这里的“先觉”，是指“生而知之”的圣人。他在谈论人性时说：“圣人生而知之，安而行之；众人则迷而渐远。故效先觉之所为乃可明善而复其初。”②生而知之是属于先验论范围。他认为生而知之的圣人是极少数人，绝大多数人是“学而后知”、“学而后能”，即通过后天学习获得知识和才能。

他认为人们经常复习已掌握的知识与才能，那么，已知的知识会更加明了，已掌握的才能会日益熟练。

许谦不仅认为人们的知识和才能是后天学习而来的，而且认为学习与思考要紧密结合，也就是感性认识要与理性认识紧密结合。

---

① 《读四书丛说·论语上》。

② 《文集》卷4《华山讲义》。

> 思以理言，学以事言。不于事上学以求合于理而悬空思索，必无益于己。所谓“思而不学则殆”也。①

“学以事言”，指感性认识，即直接经验。“思以理言”，指理性认识。学与思的关系是感性认识与理性认识的关系。通过学习具体事物以掌握事物的规律，也就是在感性认识的基础上进行理性思维。如果不这样做，那就是脱离具体事物而悬空思索，结果会一无所获。这叫做“思而不学则殆也”。这是孔子“学而不思则罔，思而不学则殆”思想的发展。

> 聪明不专在耳目，盖主于心而言也。听得精审，见得明了，皆是心上事。睿是通乎微。智是知识周遍。睿如物格，智如知至。②
>
> 礼智之智，性之名；睿智之智，质之称。③

人们常说耳聪目明，是指耳、眼感觉器官对外物的反映，是一种认识能力。许谦认为聪明不专指耳目而言，“听得精审，见得明了”，都是“心上事”，即思维器官的事。通过“心”的思考（古人认为心在思考），使所见所闻的东西更加清楚、明白。这就把感觉器官与思维器官联系起来。

学是思的基础，思是学的深化，两者密切结合不可分，这

① 《读四书丛说·论语上》。

② 《读四书丛说·大学》。

③ 同上。

是他认识论的辩证法因素。

许谦还通过对聪明睿智的重新解释，把感觉器官与思维器官联系起来。他把睿智的"智"与礼智的"智"区别开来，从而把人们的认识能力与道德区别开来。所谓"睿"是"通乎微"，指思维。智是知识。"礼智之智，是性之名"，主要指封建道德。睿智之智，"质之称"，是一种才质。儒家一般把睿智说成是一种德性。许谦则认为是认识的能力和才质，只具有认识论的意义，从而把认识能力和道德论区分开来。这一思想，具有积极意义。

三、知行并进的知行观

知与行是中国哲学史上一对重要的范畴。这对范畴出现较早，并一直是认识论讨论的中心问题，贯穿在整个中国哲学史的发展过程中。首先把知与行作为认识论范畴进行论述的是孔子。他说："生而知之者，上也；学而知之者，次也；困而学之，又其次也，困而不学，民斯为下矣。"[1]孔子把认识分为"先知"、"学知"、"困知"三等，表现了一种矛盾的知行观。正因为孔子的认识论具有生知、学知的内在矛盾，所以后来的哲学家以此向两个不同的方向分化。孟子发挥了孔子"生而知之"的观点，提出"良知"、"良能"说。荀子提出"知之不若行之"的观点。以后，王充提出"学贵能用"的观点。朱熹提出"知行常相须，如目无足不行，足无目不见。

① 《论语·季氏》。

论先后，知为先；论轻重，行为重”①。

许谦改造了朱熹的知行观，在知与行的关系上，他不说知在行先，也不说行比知重要，而是说知一分道理，便行一分道理，一边明理，一边力行，“致知力行，并行不悖”：

> 致知力行，并行不悖。若曰必格尽天下之物，然后谓之知至，心知无有不明，然后可以诚意，则或者终身无可行之日矣。圣贤之意，盖以一物之格，便是吾之心知于此一理为至，及应此事便当诚其意，正其心，修其身也，须一条一节逐旋理会，他日凑合将来，遂全其知，而足应天下之事矣。②

如果知与行不同时进行，要等格尽天下之物，掌握了事物的规律，然后才去实行，就可能终身没有实行的那天。这就反对了二程和朱熹“知先行后”说。他主张格一物，知一物之理，处理此事时按其理去诚意、正心、修身。格物越多，知得越多。日积月累，知识就会全部掌握，而足以应付天下所有的事情了。所以他极力主张学者“知行兼进”。

他认为只要一边明理，一边力行，从少到老，坚持不懈，就可能成为圣贤：

> 为学之道，先立志欲求至于圣贤，却随事只管低头做将去。晓一分道理便行一分道理。一边明理，

---

① 《朱子语类》卷9。
② 《读四书丛说·大学》。

> 一边力行。都不要计较功效，须要见得圣人亦是人做，我亦可学而至。学之所以未至者，只是理未明，行未力耳。长持此心，笃志行之，自少至老，不倦到头，却随人力量高下，见其成功浅深，最不可作界限。①

虽然他对知与行两者关系的论述，还没有认识到行先知后，在行的基础上知与行两者统一。但他强调“知行并进”、“并行不悖”，突破了朱熹的知行观，比朱熹“知先行后”前进了一大步。他强调格一物、明一理、行一事。通过力行而“成天下之务”。他认为佛老之学、陆学只是空谈，不能指导人们行事。他说：

> 古之立言者，诵于口而可以心存，存于心而可以身践，而成天下之务，则圣人之道也。今口诵之而不足明乎心，降其心以识之而不可施于事，是则老佛之流说尔。为老佛之说者，指之事固不能行于跬步，而自理其身，庸可以为善人。则好为异说者，其风又下于彼矣。②

佛老之说独善其身还可以，用它去处理事情连半步都迈不开，绝对不能取得成功。而心学的思想既不能处理世事，又不能独善其身，其风还不及佛老之学。当时思想界存在朱、陆合

① 《读四书丛说·论语中》。
② 《文集》卷2《送胡古愚序》。

流趋势，许谦一方面折衷朱、陆，另一方面又反对与世无补的心学某些思想，足见他的治学态度是严肃的。

总之，许谦的认识论具有二重性，一方面认为“心妙众理”，知识都在人们的心中。格物的目的是把心中已有的知(理)显现出来，把认识论与宇宙观、道德观紧密结合在一起。他认为圣人“生而知之”、“安而能之”，不用与外物接触就能知、能行，也就是孟子讲的不虑而知，不学而能。从这方面说，他的认识论是唯心主义的先验论。

另一方面，他又认为“学而后知”、“学而后能”。人的知识、才能是经过后天学习才获得的。这具有唯物主义的反映论的思想因素。

许谦认为感性认识是理性认识的基础，理性认识是感性认识的深化，涉及到了感性认识与理性认识的关系问题。他批判佛老以及“心学”，特别是在知与行的关系上突破了朱熹的“先知后行”说，提出“知行并进”，是他认识论最具特色的部分。这一思想，从认识发展来说，可以说是从朱熹的“先知后行”说到王夫之的“行先知后”说的中间环节。

第五章　人性论

所谓人性的问题，是指人的本性或本质，是人区别于其他动物的质的规定。它历来是中国哲学探讨的重要理论问题之一，也是长期以来百家争鸣的重要问题。孔子提出："性相近，习相远。"性随习转，有其合理因素。但他没有说明这相近的人性是什么，也未涉及到人性的根源及其善恶问题。

到了战国时期，关于人性的探讨围绕着人性的善恶问题展开。孟子主张性善说，荀子主张性恶说，告子主张性无善恶说。到了汉代，扬雄主张性善恶混说，董仲舒提出性三品说。唐代的韩愈，基本上继承了董仲舒的性三品说，并把性与情联系起来，认为善恶的根源在于性，而表现善恶实由于情。李翱接过韩愈的思想，进一步提出性善情恶说，为后来宋儒提出"天地之性"和"气质之性"开辟了途径。

在人性问题上，宋儒的突出特点，就是把人性分为"天地之性"（又称"天命之性"、"义理之性"、"本然之性"）和

"气质之性"。张载首先提出了"天命之性"和"气质之性"这一对范畴，用以解释社会上的善恶问题。他认为"天命之性"是纯善的，是先天具有的仁义礼智等善性；而"气质之性"可善可恶，是产生恶的根源。所以要"变化气质"，不受物欲蒙蔽，就可以保存天地之性。程颐接受了张载这一思想，进而提出"性即理也"的命题。理既是宇宙的精神本体，那么，程颐说"性即理也"，就是把人性从道德问题提到宇宙本体的高度，从而为封建道德神圣不可侵犯作论证。朱熹继承和发挥张载和二程的人性理论，把人性分为"天命之性"与"气质之性"。

一、天命之性与气质之性

许谦继承与发展了程、朱人性论，把人性也分为"天命之性"与"气质之性"：

> 性即理也。在天地事物间为理。天赋于人物为命。人物得之以生为性。只是一物所为，地头不同，故其名不同。①
>
> 天以善理赋人，而人受之存于心者为性。故性字从心，从生。是有此心即有此理也。②
>
> 人受天之理以生，本其仁义礼智之性。人之有

① 《读四书丛说 · 中庸上》。
② 《读四书丛说 · 大学》。

恶是失其本性之善,少其真也。[①]

性就是理,在天地事物间为理,人得之以生为性,性存于心。人心原本具备仁、义、礼、智等善性。人们顺性而行就是"为智之大":

> 性是人物所得以生之理,本自难明,求其发见之故,则亦不难明也。然故则以利顺者为本,故知发于逆者,则又非性之本矣。求己之故,则恻隐之发,见性之仁;羞恶之发,见性之义;求人之故,则父慈子孝,君仁臣忠;求物之故,则鸟飞鱼跃,山峙渊流皆是也,是皆所谓利也……能知此性而利以行之,则为智之大……禹顺水之性,为智之大。以例人,循性皆当以利也。智者应物若行其所无事,则智亦如禹之大矣。[②]

所谓"故",是指事物的本来面目。他认为,人的本来面目是仁义。人应该是父慈子孝,君仁臣忠。人知道自己的性,顺性而行,则为最大的智。这是说,封建伦常是人所具备的,顺此而行,则是大智之人。

许谦在《上宋经历书》中,谈到鸟"乐放旷而畏拘捡"时,认为应顺其性而行,借以言其志。他说:

---

① 《读四书丛说·孟子下》。

② 同上。

鸟俯而啄，仰而窥，终日经营而不能饱，莫寄于一枝，而有风雨之忧、鹰鹯之虞，方且抢然而飞，嘎然而鸣，悠然而自得也。主人见而怜之，网罗而得之，饮食之，振拂之，置之华堂之上，而日寓目焉，视其毛羽日益衰，光彩日益弊。盖其乐放旷而畏拘捡也，故不若任其性为愈尔。某之志有类乎此。[①]

鸟在旷野，虽终日不能饱，还有风雨、鹰鹯之忧，但它悠然自得。主人怜悯它，将其网罗，给它饮食，放在华堂之上，然而它的毛羽日衰，光彩日退。它喜爱旷野而害怕拘捡，所以不如任鸟之性为好。他以此来谢绝宋经历的引进，认为他的志向也类似鸟顺性而行。

性即理也，指天命之性，专讲理；但天生人物是气，又有气质之性。许谦也像程朱一样，把性分为天命之性与气质之性。他说：

有天地之性，有气质之性。天地之性，天以此理赋于人者；气质之性，人禀天地之气以成人，则有淳有驳有清有浊。禀得清纯者而生为圣贤，禀得浊驳者而生为愚不肖。若言天地之性，即是理。理皆是善而无恶，此章兼气质而言。[②]

气禀不齐，大约且分四等，曰清浊纯驳。清者智而浊者愚，纯粹者贤而驳杂者不肖。此以四者不

① 《文集》卷 3。

② 《读四书丛说·论语下》。

> 杂两端极处言之，若清多浊少，浊多清少，纯多驳少，驳多纯少。或清而驳，或纯而浊，万有不齐，故人之资质各各不同。①

天命之性即是理，理是善而无恶，而气禀不齐，可分为清、浊、纯、驳。鹑得清纯者而生为圣贤，禀得浊驳者而生为愚、不肖。人的资质不仅仅就是这两个极端，还有各式各样，也因所禀之气不同而各异。“若清多浊少、浊多清少、纯多驳少、驳多纯少、或清而驳、或纯而浊，万有不齐，故人之资质各各不同”②。禀得清纯之气而生的圣人，天赋予他以大任。他说：

> 阴阳运行无息，纯粹清明之气常少，而错糅偏驳之气常多。故圣人不世出，其得气之清纯而受大任者，既立乎其位，而化当世矣。又深虑夫继之者未善，而晦斯道也。故不得已而后立言，此其以天之心为心，而亘宇宙同胞其民也。孔子之圣，适逢天运之失常，而不得立乎其位，以化当世，又忧后世圣人之不复作也，故取前圣之言而折衷之，以为不可易之大经。万世之下，道之显晦，则系乎人之明不明，而载道之器，未尝不全于天地之间也。③

① 《读四书丛说·论语下》。

② 《读四书丛说·大学》。

③ 《文集》卷3《上刘约斋书》。

圣人禀受清纯之气而受大任，既立位而治理天下，又担心后继者不善，而后立言。孔子生不逢时而处素位，他也担心后世圣人不复善治。所以“取前圣之言而折衷之，以为不可易之大经”。

许谦认为人禀受天理而为性。仁、义、礼、智等善性人人具备。而君子与常人不同，“常人固皆有四者，为气禀昏迷，故物欲蔽隔，四者不能根于心。惟君子则得于天者全而不曾失，常与心相著。”①

常人的善性，为气禀所昏迷，被物欲所蔽隔，仁、义、礼、智不能根植于心。而君子则相反，不曾被物欲蔽隔而不失善性。

许谦还认为圣人与小人可以互相转化，转化的条件是好学与否。这是他人性论的特点之一。

> 人之初生之时，性不甚相远，至于所习不同而后远尔。若得清者，必好学，必至于圣贤；得浊者，好学不已，亦可至于圣贤。浊者，又不好学，则为小人，即所谓下愚是也。清者若不好学，亦为小人之归。②

人初生之时，性相近，因后天所习不同而相远。他像孔子一样强调后天的学习。假若禀受了清气，必须好学才能成为圣贤；禀受浊气，坚持不懈地学习，亦可以成为圣贤。相反，禀

① 《读四书丛说·孟子下》。
② 《读四书丛说·论语下》。

受浊气又不好学，则为小人；禀受清气而不好学，他的归宿也是小人。

许谦虽认为人性是天赋的，是唯心的观点。但他强调通过后天的学习，可以改变天赋与人的性，并认为圣贤与小人可以互相转化，转化的条件是学习与否，这些思想，具有合理的因素。

二、“心统性情”、“人心”与“道心”

上节谈到所谓“性”，是指人的本性或本质。而所谓“情”，是指人的感情。即人的本性接触外物而表现出来的喜、怒、哀、乐、惧、爱、恶、欲等多种感情。许谦认为“人心为一身之主宰”①。

“心”具众理，应万事，“具众理则性也，应万事则情也”。“心”、“性”、“情”三者的关系是“心”“所统则性情也”②。

朱熹根据孔门传授心法中有“人心惟危，道心惟微”，提出“人心”与“道心”的思想。许谦认为这两者的区别在于：

> 人心发于气，如耳目口鼻四肢之欲是也。然此亦是人身之所必有，但有发之正不正尔，非全不善。故但云危，谓易流入于不善而没其善也。道心发于理，如恻隐、羞恶、辞逊、是非之端是也，亦存乎气之中，为人心之危者晦之，故微而难见……

① 《读四书丛说·中庸序》。

② 《读四书丛说·孟子下》。

谓之道，则是天理之公，谓之人，则是我身之私。虽我身之私，亦非全是不善。因身之所欲者发而正，即合乎道而为道心之用矣……大抵人心可善可恶，道心全善而无恶。[①]

理与气合而生人。人心发于气，是人身之私欲，道心发于理，是天理之公。人心可善、可恶。人身之欲发于正，即合乎道就是善，不合乎道就是恶。人心可善可恶，道心全善而无恶。所谓“道心”与“人心”就是“天命之性”与“气质之性”在“心”中的体现。

许谦认为“人心”要听命于“道心”。

人心是所欲为之事，道心是发应事之理。人心听命于道心，只是事皆顺理。危者既安，则便是道。[②]

所谓“人心”听命于“道心”，就是依理办事，处理事情都合乎道，那就是“道心”了。也就是说人的心只有一个，从心中发出的欲望必须合于道。人们必须约束、消除不符合道的欲望。这对巩固封建统治有利。

三、“天理”与“人欲”、变化气质

许谦在《送胡古愚序》中不赞成“息欲”之说，认为这

① 《读四书丛说·中庸上》。
② 同上。

是“以厌今人陵古人”：

> 道在天地间，弘博精微，非可以操心求也，而乃攘袂扼腕作气决背，售其说而竟后息欲，以厌今人陵古人，则吾未之信也。[①]

他认为不是圣人之性，都有物欲之蔽，只是深浅不同罢了。问题在于要明天理、去物欲。

> 非圣人之性者，则皆有物欲之蔽，但有浅深之不同尔。故学者必须消磨物欲，然后可以复其性。……天下事物万变不能皆善，心为事物所感则欲生。私胜，天理渐昏。理与欲二者在人心常相消长。理明一分，则人欲消一分。欲长一分，则天理消一分。学者但要究明天理，屏去私欲。若欲尽理明，应事接物件件适中，即是全体之仁。[②]

所谓“欲”，是“私之萌，求胜物者，谓之欲”[③]。欲之所以产生，是心与外物接触为其所感而产生的。在《读中庸丛说》中，他把人的欲分为合乎道与不合乎道两种。合乎道的私欲是善的；不合乎道的私欲是恶的，应该反对。而在这里，他不分欲的善与不善，而是一概加以反对，认为“私

---

① 《文集》卷 2。

② 《读四书丛说 · 论语下》。

③ 《读四书丛说 · 论语中》。

胜，天理渐昏。”天理与人欲二者的关系是：“理明一分，则人欲消一分。欲长一分，则天理消一分”，所以他要人们明天理，去人欲。假如欲尽理明，则应事接物都合乎理义，这就是“全体之仁”。

怎样才能去欲明理呢？这就要“变化气质”：

> 《大学章句》以气禀物欲对言。此却止言变化气质。盖气质禀于有生之初，物欲染于有知之后。气质美者染欲轻，质不美者染欲重。二者亦非判然二物，气质能变则物欲亦消。①

这里强调“气质能变”。“气禀”和“物欲”是相对而言。气禀之性是先天赋予的，而物欲是后天所染的。禀受好的气质则染欲轻，禀受不好的气质则染欲重。气质与物欲也不是判然二物，气质变化了，物欲也就清除。

他认为“明明德”，就是要“变化气质”。

> 气禀是内根，物欲是外染。气禀浊驳有微甚，则物欲所染有浅深。明明德是要变化气质，消除物欲。气禀已一定，物欲则日增。用功者但要随时随事止遏物欲使不行，开廓气禀使通畅，是皆开发吾本有之光明所能至。②

---

① 《读四书丛说·中庸下》。

② 《读四书丛说·大学》。

气禀是内根，物欲是外染，人所禀之气浊驳程度不同，则物欲所染有深浅的区别。明明德就是要变化气质。人所禀的气质是先天的，后天的物欲又日增。然而人们只要不懈地用功修养，随时随事止遏物欲，就能恢复人本有之善性，使其不受物欲之蔽。这样，就可以变化气质，消除物欲。浊驳之气就变成了清纯之气，就可以成为圣贤了。这一思想，实质上是要人们节制自己的生活欲望去服从封建地主阶级的所谓"天理"，其地主阶级的阶级性十分明显。

四、人性与经济的关系

人的善恶从哪里来，前面已讲到两种情况，一种是天理之性，是纯善，气质之性可善可恶；一种是人心与外物接触产生物欲，物欲符合道的是善的，不符合道的是恶的。许谦认为人的善恶除了这两种以外，还有另一种来源，就是人所处的经济状况。人性善恶与经济紧密相关：

> 先以岁之丰凶致人之善暴，以明人性本善，有以陷溺则为恶。盖欲得食以养其生者，人之常情。故富岁得顺其心，则为善；凶年不足以养其生而逆其心，则为恶。次以麰麦为喻，谓人之性本同，当皆极于善。所以不善者，养之异。以勉人当尽养之之道也。①

① 《读四书丛说·孟子下》。

许谦在解释《孟子》“富岁子弟多懒”时，阐发出这么一番道理，说明“岁之丰凶致人之善暴”。人们想得到食粮以为生，这是人之常情。丰收年得顺其心，以为善；反之，歉收年，食粮不足以养活自己而逆其心，则为恶。人性本同是善的，之所以不善，是“养之异”。人们应当“尽养之之道”，努力发展生产，以维持人生存的最基本的物质生活资料。这样，他把人性的善恶与经济的发展紧密联系起来。这一思想具有合理因素，是他人性论的重要特色。

总之，在人性论方面，许谦是继承与发展了程朱人性论思想，并把孔子的人性论与程朱的人性论结合。强调通过后天的学习可以使人性拉开距离。在人性论上，他的思想有两个特色：一是圣人与小人因学习与否可以互相转化；一是人性善恶与经济紧密相关。这些思想，具有合理的因素。不过，他论人性的着眼点在于“变化气质”以“明天理，去人欲”。他认为人的智、愚与贤、不肖是所禀受的气质不同决定的。仁、义、礼、智等善性人人具有，常人被物欲所蔽。因此，只有通过勤奋学习，加强自身品德修养，明天理，去人欲，恢复人本有的善性。这套理论，是从人性论上为巩固封建统治作论证的。

第六章 道德论

道德是社会意识形态之一，是一定社会调整人们之间以及个人和社会之间的关系的行为规范的总和。它由一定社会的经济基础所决定，并为一定的社会经济基础服务，在阶级社会中，具有强烈的阶级性。许谦的伦理思想，是在封建社会经济基础上产生的，并为封建经济基础服务。他认为“德者人心本得于天”①，道德是天赋予人而存于心的。这是先验的道德论。他的道德的内涵主要是封建伦常。他说：“人伦之外无余事，五常之外无余理。”②封建伦常可包括天下一切理和事。

① 《读四书丛说·论语中》。

② 《文集》卷4《八华讲义》。

一、"五　　伦"

"五伦"指君臣、父子、夫妇、昆弟、朋友。许谦认为"圣人之道"不出于"五伦"。

> 夫圣人之道，常道也。不出于君臣、父子、夫妇、昆弟、朋友，应事接物之间，至其极，则中庸而已尔。[①]

"五伦"又是天下之达道。

> 且天之生人也，其伦有五。曰君臣、父子、夫妇、长幼、朋友。五者天下之达道。举天下之事，错综万变，莫不毕在五伦之中。[②]

天下事错综复杂，变化多端，都包含在五伦之中。君臣之伦居五伦之首，说明它是五伦中最重要的一伦。他认为有君臣才有政[③]。君臣、父子、夫妇、长幼、朋友之间的关系是："父子有亲，君臣有义，夫妇有别，长幼有序，朋友有信。"[④]朋友一伦虽居五伦之末，它的职较前四伦为轻，但它的内容

① 《文集》卷 2《送胡古愚序》。
② 《文集》卷 4《八华讲义》。
③ 《读四书丛说·中庸下》。
④ 《文集》卷 4《八华讲义》。

最广。

惟朋友一伦所包最广，除却君臣、父子、夫妇、长幼外，皆入朋友之伦。[①]

除了前四伦外，其他所有的都包括在朋友一伦之中。可见，这一伦范围之广。朋友之伦对于做好学问，可说功劳最大。

自中古君师之职分，则敬敷五教之任，不出于司徒。而切磋琢磨之责，全在于朋友。或扶持开导，奖励诱掖，于人欲未萌之先；或攻击淬砺，防闲禁遏于天理既亏之后。心之方虚，则使戒惧于不睹不闻之际；意之初动，则使谨慎于己所独知之时。是以讲贯乎仁之理明，则父子得其正；义之理明，则君臣得其正；礼智之理明，则夫妇长幼无不得其正矣。是故朋友之名，虽居五伦之后，而于学问之事实先。朋友之职，较之四伦若轻，而于学问之功实重。学者欲极夫四伦之理，宜尽朋友之道。欲尽朋友之道，在明夫信而已矣。[②]

责善者，朋友之道。

朋友之道在于责善、明理。朋友间“道合志同，人我无间”[③]。

---

① 《读四书丛说·中庸下》。

② 同上。

③ 《读四书丛说·论语上》。

朋友之间切磋琢磨，互相激励，互相劝导，相互研讨，讲习仁、义、礼、智之理，使之明晓，则父子、君臣、夫妇、长幼之间的关系都会处理恰当。所以，要掌握前四伦之理，必须尽朋友之道。想尽朋友之道，在明了朋友有信的“信”字。总之，朋友之伦，能使人更好地掌握仁、义、礼、智、信，处理好五伦之间的关系。所以，朋友之伦对于做学问功劳最大。

再者，朋友之交，还可以知道我所学得的知识的邪正深浅：

> 善固人所同有，我既得之，而朋友相从亦皆知之、能之。道合志同，人我无间，自是可乐。而我之乐虽自以为得而尚未知邪正浅深。今朋友之来，自近及远，如是之众，则是我之学果同于人心而可信真有，以合乎君子之道，乃可乐。①

朋友之间，“道合志同，人我无间”，互相启迪，增长知识、才能，而且还可明了自己所学知识正确与否及其深浅程度。

关于夫妇之伦，他宣扬夫死守节，是妇人守身之大法：

> 夫妇者，天地之义。阴阳相须，容有二乎？故夫死不嫁，此妇人守身之大法与！……妇人之职，奉祭祀，事舅姑，主中馈，相其夫君者，非一端。而委身之后，守死善道，则其大节也。②

① 《读四书丛说·论语上》。

② 《文集》卷4《题节妇朱氏诗卷》。

他认为妇女的职责是奉祭祀,事舅姑,主中馈。有了丈夫后,像阴阳不可分离一样,不能有二心。丈夫死后要守节,不能再嫁。这是妇女守身之大法。既是大法,就不能违抗。这是程朱"饿死事小,失节事大"思想的发挥。

"五伦"是儒家所极力宣扬的圣人之道,而佛、老不讲这些。许谦予以批判说:

> 非有绝俗离伦,幻视天地,埃等世故,老、佛氏之所云者。①

老、佛绝俗离伦,以天地为虚幻。他还说佛教应事颠倒错乱,无父无君:

> 至于大而天地万物,内而身心,皆作虚妄,而理则谓之障。故虽实得其所谓道者,其于应事颠倒错乱而无分别,兼无父无君之祸矣。②

佛教以天地万物,甚至人的身心都是虚幻不实的,虽修炼得道,但处理事情则颠倒错乱,加上无父无君,是违背圣人之道的。

所谓"五伦",是指封建社会人与人之间的关系和应当遵守的行为准则。在"五伦"中,除朋友关系外,其他四伦都是建立在以血缘关系为纽带的宗法制度中的统治与服从的关

---

① 《文集》卷2《送胡古愚序》。

② 《读四书丛说·论语上》。

系,“五伦”中的君权、父权、夫权加上神权,是我国封建社会统治中国人民的四大绳索。在“五伦”中,父权是核心,君权是父权的放大,忠君是孝父的延长。朋友关系虽然不属于统治与服从的关系,但是,在封建社会中,朋友关系的准则是封建地主阶级的道德规范,所以它也打着阶级的烙印。

从上述许谦关于“五伦”的阐述可以看到,他的“五伦”思想的实质仍然是维护封建的统治秩序和封建等级制度,但是,在“五伦”中他特别强调朋友关系这一伦,认为朋友间“道合志同,人我无间”,可以互相启迪,增长知识、才干,这却具有积极的意义。

二、“五 常”

“五常”是指仁、义、礼、智、信。许谦认为“五常”是天下之常道,它包涵天下所有的理。

> 天之赋人以形,即命之以性,其美亦有五,曰仁义礼智信。五者天下之常道,举天下之理,枝派万殊,莫不毕在五性之中。①

“五常”,又称“五性”,是天赋予人的善性。古哲人常把道德与人性混为一谈,这里是从道德的角度来论述这一问题。

---

① 《文集》卷 4《八华讲义》。

（一）仁与义

“仁”居五常之首。所谓“仁”是孔子最高的道德范畴。“孔子贵仁”①，对仁有不同的解释，其中心思想是“爱人”，其次是克己复礼为仁。孔子讲仁也讲义，他曾说：“君子义以为上。”②“君子义以为质，礼以行之。”③义是泛指道德原则。《中庸》说：“仁者人也，亲亲为大；义者宜也，尊贤为大。”孔子的仁、义思想，为后来儒者发挥。孟子认为：“恻隐之心，仁之端也”，“羞恶之心，义之端也”④。董仲舒提出：“仁是爱人，……，义是自正。”⑤韩愈则说：“博爱之谓仁，行而宜之之谓义。”周敦颐说：“爱曰仁，宜曰义。”程颐以“公”释仁。他说：“仁者，公也。”⑥“公是仁之理。”⑦朱熹发展程颐的见解，提出：“仁者，爱之理，心之德也。”⑧所谓“爱之理”，即爱的原则。所谓“心之德”，即心的本质。朱熹论仁时，强调仁是“私欲净尽，天理流行”的境界。他说：

> 仁者本心之全德。……盖心之全德莫非天理，

---

① 《吕氏春秋·不二》。
② 《论语·阳货》。
③ 《论语·卫灵公》。
④ 《论语·公孙丑上》。
⑤ 《春秋繁露·仁义法》。
⑥ 《河南程氏遗书》卷 9。
⑦ 《河南程氏遗书》卷 15。
⑧ 《论语集注·学而》。

> 而亦不能不坏于人欲，故为仁者必有以胜私欲而复于礼……则私欲净尽，天理流行，而仁不可胜用矣。①

许谦继承和发展了程朱的仁、义思想。他认为仁义主要在于亲亲长长。他说：

> 仁义根于人心，人所同有。行之则甚近而易，其要在乎亲亲长长。但人人各自亲亲长长，则仁义流行天下，其有不平者乎？②

仁义之要之所以在于亲亲长长，是因为每个人都亲亲长长，那么仁义流行天下，就没有不平的了。这是《中庸》"仁者人也，亲亲为大"的思想的发挥。许谦在论述仁时，主要还是发展了程朱关于仁的思想。他认为"仁是心之德"③，"仁是天理之公"，在心中不能有丝毫私欲。

> 君子固志于仁，然仁以全体言，存于心，无一毫之私；应于事，无不当于理，方得其全体。君子之心有一毫不在则非全体之仁。所谓不仁者，指一事而言也。④

---

① 《论语集注・颜渊》。
② 《读四书丛说・孟子下》。
③ 《读四书丛说・论语下》。
④ 同上。

> 圣则是行仁至极处，尽仁之道，圣与仁不是两等人。[①]

君子有志于仁，从而仁之全体存于心，它没有一毫之私欲，应事都合理；反之，如果心中有一毫不公，则非全体之仁。行仁至极处，尽仁之道，则为圣人了。

许谦在解释孔子所说孝悌是仁之本时说：

> 凡物皆如木之有本末，本盛则木荣。末非末节细务之谓，是与本对言者。若木但有本而无末，则不成木。君子之学当用力于根本，则道可进。如培植其根，则干枝梢叶渐长而成木。自孝悌推而仁民爱物，方得全仁。君子所学为仁……孝悌乃是为仁之本……正是劝学者当先行孝悌以为质，而渐求仁之全体。亲亲而仁民爱物皆自此始，非但如不作乱而已。[②]

孔子说："其为人也孝悌而好犯上者，鲜矣；不好犯上而好作乱者，未之有也。"[③]许谦认为讲孝悌不只是不作乱，而且亲亲而仁民爱物都是由孝悌开始。所以学者应当先躬行孝悌，然后自孝悌推广而仁民爱物，才能求得仁之全体。

仁与义好像阴与阳一样，是一对矛盾。亲亲、尊贤有厚

---

① 《读四书丛说·论语下》。
② 《读四书丛说·论语上》。
③ 同上。

薄轻重之分：

> 有仁便有义，如阴阳对待，亲亲自父母至于宗族，其厚薄自有人情不能已者。贤之高下，其尊之之心有不容不重轻者。则所谓杀等，皆是自然而然。①

所谓“杀等”，是有不同的对待。如亲亲自父母至于宗族，有厚薄之分；贤有高下，尊之有轻重之分。这种区别对待，是自然而然的事。

许谦认为仁义之人对富贵不值得羡慕：

> 彼富吾仁，彼爵吾义。仁者，循理、乐天、安贫、守分，故不知彼之富。义者，审度事宜，进退有制，故不羡彼之爵。②

仁者，循理、乐天、安贫、守分；义者，审度事宜，进退有制。所以，富与贵不是仁义之人所追求和羡慕的。

有时许谦又把仁解释为礼：

> 仁即天理之公，礼即天理之节文，本非二物也。身之接于物者事事合乎节文而无一毫私伪，即是人

① 《读四书丛说·中庸下》。
② 《读四书丛说·孟子上》。

欲净尽，天理流行，即为全体之仁。[1]

既然，仁是天理之公，礼是天理之节文，本来是一个东西，那么仁就是礼。这是孔子克己复礼为仁的思想。身与外物接触处处合乎礼，没有一点私心，也就是没有一点人欲，天理流行，就实现了全体之仁。

（二）礼

许谦在解释孔子“克己复礼为仁”，及其“四勿”时说：

克己是非礼勿视听言动；复礼是合礼处则视听言动。非勿两字，贤愚之枢机。然须先下格物工夫，知何者为礼，何者为非礼，方可到此地步。[2]

所谓“枢机”，即是关键。他认为非勿两字是成贤变愚的关键。所以，声、色自外而来，视之听之却是在我“制于外”而“养其中”。

视听自外入，言动自内出。但视不是见得，听不是闻得。声色虽自外来，而视之听之却在我所以制于外，则养其中。[3]

① 《读四书丛说·论语下》。
② 同上。
③ 同上。

用什么东西制于外，养其中呢？他认为要“制之以礼”：

(视听言动)四者身之用也，由中而应外，制外以养中。谓视听言动四者是身之接物处，皆是心为之主。心之动而外应之，当外动处制之以礼，乃所以养其心而全乎仁也。盖仁是心之德。故主于心而言，意专在制外上。①

视、听、言、动是身与外物接触，都是以心为主。心之动而外应之，当外动处要以礼来节制。他认为即使这样，还不是全善，还没有除掉病根。只有加强内心修养，做到表里如一：

视听言各指一事，动则举一身而言。故动箴兼心说，谓内而心之动，外而身之动，皆出于正，表里如一，则天理流行。若但强制于外，而动于中者，或未尽善，则病根不除，未为得也，此即慎独工夫。②

能够做到表里如一，则私欲净尽，天理流行。视听言动自然合乎礼，而不待“勿”了：

制于外养其中，盖仁主于存心应事，兼动静而言。四勿是就动处用功。主子一事中，则谓心

① 《读四书丛说·论语下》。

② 同上。

> 之全体于动处事事是当，则是养于中者熟，及其成功，则私欲净尽，天理流行于视听言动之间，自然皆礼而不待勿矣。四勿仍是学者事。故颜子就此用功而至于三月不违。养之熟，则化矣。[①]

“四勿”是就动处用功，做到心动处事事得当。这样，私欲净尽，天理流行，视、听、言、动自然都符合礼而不需要“勿”了。

许谦认为恭敬辞逊是礼之本：

> 恭见于貌，敬主于心。辞者不受于人，逊者让己所有。恭敬律于己，辞逊接于人，行礼以四者为本。[②]

所谓“恭”，是恭敬、肃穆的态度。《书·洪范》：“貌曰恭，恭作肃。”许谦认为“恭”而不近礼，则劳而徒招辱[③]。所谓“辞者不受于人”，辞即辞谢。所谓“逊者让己所有”，逊即辞让。行礼的四本以“敬”为最重要。所谓“敬”，“敬者主一无适之谓，才间断，便不是主一”[④]。

所谓“主一无适”，“主一”即不间断的意思；所谓“无适”，是心不外适。敬是一种道德修养的方法。通过不间断的

---

① 《读四书丛说·论语下》。
② 《读四书丛说·论语中》。
③ 《读四书丛说·论语下》。
④ 同上。

用功，使心不受外物所惑。使自己的言行都合乎礼，进而才能成为圣人。所以他说：

> 敬字是彻上彻下工夫，学而至于圣人，始终皆在此。君子惟以敬自修己而已，至于临事亦发于敬。①

"信"就是实理，它虽居"五常"之末，但很重要。

> 四行非土无以生，四德非信无以成。土即大地也，无地则金木水火何所倚？信即实理也，非实理则仁义礼智为虚言矣。②

他以"五行"的土来比喻"五常"之信。土即大地，没有大地，则金、木、水、火没有依托。信即实理，没有实理，则仁、义、礼、智都是空话。可见信之重要。

"五常"是指仁、义、礼、智、信五个封建社会的道德规范，儒家用来配合"三纲"，作为维护封建统治的伦理道德教条。许谦关于"五常"的论述，基本上是坚持儒家的传统思想。但是，他把"仁民爱物"作为仁义的重要内容，认为"五常"中的"信"是指"实理"，并以"五行"的"土"来比"五常"之"信"，指出若没有"土"则金、木、水、火没有依托一样，没有"信"则仁、义、礼、智不过是空话。这

---

① 《读四书丛说·论语下》。
② 同上。

些思想，颇有新意，具有一定的积极意义。

三、“五伦”与“五常”之关系

“五伦”与“五常”配合而作为封建统治的伦理道德教条，关系非常密切。分而言之，“五常”则为“五伦”的法则。

> 人之受命于天以生，存于心则有仁、义、礼、智、信五常之性。接于身则有父子、君臣、长幼、夫妇、朋友之伦。五常者，五伦之则也。此皆人所同然者，虽事之万变不齐，终不出乎此。①

五常之道，配乎人伦，虽各有主，然而是相互为用。譬如父子之伦：

> 父子主于仁，而深爱和气，愉色婉容，是仁之仁；父母有过，谏而不逆，是仁之义；应惟敬对，周旋慎齐，是仁之礼；先意承志，乐心不违，是仁之智；生敬死哀，事亲有终，是仁之信。此子事父之大略也。②

父子虽主于仁，但仁中又包含了五德。在仁之义中，也谈到父母有错、做子女的只能劝谏，而不能叛逆，这是绝对父权

① 《读四书丛说·论语上》。
② 《文集》卷4《八华讲义》。

的体现。由此类推，君臣主于义，父子主于仁，夫妇有别，长幼有序，朋友有信，都是五常之用，其用无穷：

> 由是而推之，保身以尽夫孝，致身以尽夫忠，细微委曲，莫非五常之用也。又反而推之，父慈其子，君使其臣，亦莫非五常之用也。又广而推之，夫妇之别，长幼之序，朋友之信，而五常不可胜用矣。①

五常之德，受之于天，接于身则有五伦。五常为五伦之则。五常配五伦，虽各有所主，但每一伦都包含了五常。君臣、父子、兄弟、夫妇、朋友之间的关系都是五常之用。可见，五常之用无穷无尽。

四、诚

诚的本义是信，《说文》载："诚，信也。"《中庸》将诚提高为一个重要的哲学范畴。《中庸》云：

> 诚者，天之道也；诚之者，人之道也。诚者不勉而中，不思而得，从容中道，圣人也。诚之者，择善而固执之者也。

这里的诚，含有两层意思，一是"诚者，天之道"。所谓"天

① 《文集》卷4《八华讲义》。

之道”，是指天（自然）的规律，诚具有一定的自然规律性；一是“诚者不勉而中，不思而得，从容中道，圣人也”。诚又是指圣人的思想境界。这是人们追求的最高的理想境界。《中庸》把天之道与圣人的思想境界混为一谈，即把天道与人道搅在一起。

朱熹解释诚说：

> 诚者，真实无妄之谓，天理之本然也。[①]
>
> 诚者，至实而无妄之谓，天所赋、物所受之正理也。[②]

所谓“真实无妄”，是实而不虚，天理本来如此。诚即实，这是指诚的客观的规律性。而天理赋予人，即仁、义、礼、智、信五常之德。可见，朱熹对诚的解释也包含两层意思，即诚是自然界的真实无妄，又是人们的高尚品德。关于诚的范畴，许谦还是发挥程朱的思想。他在解释上述《中庸》那段话时说：

> “诚者天之道”，言天自然真实而无妄。“诚之者，人之道”，言又当体天道以至于诚。圣人与天同诚，故不思不勉而中道。学者未能，故必择善固执以至乎诚。[③]

---

① 《中庸章句》。

② 《通书解》。

③ 《读四书丛说·中庸下》。

诚是天之道，又是人之道，是圣人的思想境界。学者没有达到这种境界，所以必须择善持久而行，以达到诚。如何实现诚，是他着重阐述的问题。他认为人的心要实，心实才能行道，所以心是诚之本。他说：

> 实理者，物之所以自成，人亦物也。……然人欲成己，必其心真实无妄乃能尔。故曰，诚以心言本也，有是本则可以行道。道者人之所当自行，又曰道以理言用也。①

既然心是诚之本，那么，心不能存有邪念。

> 程子曰：思无邪者，诚也。谓人心思无少邪僻，又无间断，乃是诚也。盖诚是实理，在人则为实心，而君子不可不尽者。程子指出此诚字，以明思无邪之实。学者必使心之所思一于无邪，方能合乎人心之实理，既示人以此一言之义，又勉人以用功之标的。②

许谦认为，程颐这段话有两层意义，一层意义是学者必须使心之所思无一点邪僻，另外一层意义是指出了学者用功的目标，使心无邪，才能实现诚。

---

① 《读四书丛说·中庸下》。

② 《读四书丛说·论语上》。

所谓思无邪，是所思皆合于天理，无人欲之私，他说：

> 德无不实，正言诚之至，无人欲之私。又复说一语，如言真实无妄也。若微有人欲之私以间之，则不实矣。①

人去除私欲，就是德之实，诚之至。要做到此，就要变化气质，因为禀受的气质是理与气杂，理是纯善的，气质可善可恶。只有变化气质，使天理战胜私欲，才能诚。所以他说："变化气质方是能诚者。"②

许谦有时把诚又说成信。他说："天之实理固诚也。"而"信即实理也"③。所以，"信者诚之异名"。

> 天之道，一于诚，其流行则为元亨利贞之德。人之性，一于信，其昭著则为仁义礼智之纲。故曰：诚者，天道；思诚者，人道。信者，诚之异名，能尽人之信，则可契天之诚矣。朋友讲习，非信无以成德也。④

综上所述，许谦先验的道德观是建立在封建经济基础之上的，是为巩固封建经济基础服务的。他特别强调"五伦"、

① 《读四书丛说·中庸下》。
② 同上。
③ 《读四书丛说·孟子上》。
④ 《文集》卷4《八华讲义》。

"五常",认为这是圣人之道,是常道。天下所有的事都包括在"五伦"之中,天下所有的理都包括在"五常"之中。"五伦"之中,最重要的是前"三伦"。其核心就是封建的"三纲"。即"君为臣纲"、"父为子纲"、"夫为妻纲"。朋友之伦只是在做学问、明理中显得十分重要。所以他批判佛老绝欲离伦、无父无君,为天下之祸。"五常"是"五伦"之则,人人都应该遵守。其中特别是仁,它是最高的道德原则,又是人们所追求的理想境界。尽仁之道,就是圣人了。要成为仁人、圣人,最主要的是依理办事,去除私欲,使天理流行。他宣扬仁者循理、乐天、安平、守分。许谦关于"五伦"、"五常"思想的论述,从总体来说,没有超出儒家传统思想的框架结构和基本内容。但如上所述,他在阐明"五伦"、"五常"时,强调朋友一伦在"五伦"中的作用,强调"仁民爱物",强调"信"是实理及其对"五常"的作用,这具有新的思想因素,有一定的积极意义。

关于"诚"的思想,许谦认为诚含有天道和人道两层意思。他着重阐述的是人道,要思无邪,去私欲,使言行合于天理。许谦把封建的道德说成是普遍的道德,抹煞了道德的阶级性。他认为只要加强内心修养,人皆可以成圣。这是为巩固地主阶级统治服务的道德思想。不过,他要求人们加强品德修养,以达到理想境界,排除其阶级实质,今天还有其现实意义。

第七章 论教育

许谦的教育思想与哲学思想紧密相联，是他的哲学思想在教育领域的体现。他一辈子不愿做官，而是从事教育事业，四十年如一日，呕心沥血，教育学生。他的学生来自四面八方，远而幽、冀、齐、鲁，近而荆、扬、吴、越，有著录的就有千余人。由于他长期从事教育实践，因此他的教育思想非常丰富，不仅在当时作用大，而且今天也有其现实意义。

一、学校为治之源、治之本

许谦把三代和后世“取士”作了比较，由于二者取士不同，所以“治道”也不同。

> 三代取士于学校，为政治之术；后世养士于学校，为饰治之文。治道所以不同者，在于学校废兴

而已。[①]

三代取士于学校，是治理好政治的方法；后世养士于学校，是粉饰政治的文化。治道之所以不同，在于学校的废兴。

所谓“三代”，指夏、商、周三代。他之所以把三代与后世比较，因儒家认为三代是治世，是他们的理想社会。而文、武、周公、孔、孟等人是圣人，是他们学习的榜样。许谦认为古代圣人有“高世之虑、绝人之智”，兴办学校，以培养人才。

> 昔者圣人有高世之虑、绝人之智，举天下而经纶之。以谓非人材不足以为治。而众人者，非教诲鼓舞之，不足以成其才，此学校所由兴也。[②]
>
> 人生自八岁皆入小学，及十有五年，选其俊秀者入大学，以养成之。学校之外岂有遗材乎？[③]

圣人之所以办学，是因为人才的需要，没有人才，就没有善治；而人才来自学校的教诲和鼓励。学校输出人才，再由他们来治理好国家。

> 以天下之大，付于人理之，而皆求备于学校。故学校者，为治之原也。圣人，百世之师。事不师古，

① 《文集》卷4《学校论》。

② 同上。

③ 同上。

> 而徒曰我善为治，而不本于学校，不法于三代，吾未见其可也。①

天下如此之大，要由人来治理，而人是从学校培养出来的。所以学校为"治之原、治之本"。可见，学校极其重要。

秦以后，"百世不复见三代之善治者"，他认为有两个原因。其一是"嬴政破灭吾道，非毁圣贤，销简编而尚锋镝，左仁义而右谋诈，遂使百世不复见三代之善治者，秦之罪也"。其二是"汉文之过"。继秦之后，"设科择人而不取于学校，其流至于以文辞翰墨论天下之士，亦陋矣。然则使百世无善治者，非独一秦也。魏晋以变诈攘夺得天下，乌足以知此。陵夷至于隋，俗益薄而伪益滋，道日丧而文日胜。虽或开学校，聚生徒，养之不能用，教之不法古。唐宋立学遍郡县，得其名未见其实，大抵失于养士以饰治尔。汉文帝时，天下衣食足，可以施仁义，而谦让未遑。惜哉！然则使百世无善治者，汉文之过也。"②

三代取士于学校，后世养士于学校。设科择人而不取于学校，以文辞翰墨粉饰政治。士养之不能用，是造成百世无善治的又一原因。只有通过学校教育，提供治理天下的人才，才能有善治。所以，学校是治之原、治之本。把学校说成是善治的根源、根本。从学校培养人才、提供从政的优秀者来说，学校对治理好政治当然是极其重要的。许谦重视学校对人才的培养，是正确的。不过，政治的清明，除人才外，还要有

① 《文集》卷4《学校论》。
② 同上。

其他条件，比如好的社会制度，以及健全的法律。从政者依照法律办事，遇事有所遵循。这样，才能充分发挥有才能的人的作用。单纯强调人才的作用而忽视了其他，就是儒家重人治的思想。

二、教育的目的——变化气质，成为圣贤

办教育，培养什么样的人的问题最为重要。许谦认为要培养学生成为圣贤：

> 为学之道先立志，欲求至于圣贤。①
>
> 然而所学果何事耶？学为圣人而已。圣人果可学而至耶？圣人之性，非与人殊，不过尽人伦之至而已。学者以圣人为之标准，知其的，日行以求其至，明其道，而不计其功。至于圣贤之份量，成效之浅深，皆自然而然，已不得预也。②

为学之道，要立志成为圣贤。为学要以此为目的，为标准。这也是办教育之目的。

人之所以需要教与学，是因为人的气质有偏：

> 若不兼气来说，则教学说不去。既全是理，则

① 《读四书丛说·论语中》。

② 《文集》卷4《八华讲义》。

> 无人不善，又何须教？[①]
>
> 盖要见人性本善而全，皆可为圣贤，却被气质有偏，故受而生者不等。是人皆可以学文，又不可不学也。[②]

这是他的人性论在教育中的贯彻。人禀天理而生以为性，禀气质而生以为形。天理是至善的。而气质有清、浊、纯、驳之分，造成人有智、愚、贤、不肖等的区别。正因为此，所以必须要教和学，以改变人们的气质，使之成为圣贤。

要改变气质，就要清除物欲。物欲是人心与外物接触产生的。“气禀是内根，物欲是外染。气禀浊驳有微甚，则物欲所染有浅深。”[③]“气质美者，染欲轻，质不美者染欲重。”[④]“非圣人之性者，则皆有物欲之蔽，但有浅深之不同尔。故学者必须消磨物欲，然后可以复其性。”[⑤]

气禀是先天的，物欲是后天的。除圣人外，人的善性都被物欲昏蔽。只是随禀受的气质不同，物欲所染的程度不同罢了。所以学者必须消磨物欲，然后可以恢复人本来具有的善性。这就要以圣人为标准，通过用功来“变化气质”[⑥]，使不美的气质变成美的气质。许谦教学生就是“以开明心术，变

① 《读四书丛说·中庸上》。
② 《读四书丛说·大学》。
③ 同上。
④ 同上。
⑤ 《读四书丛说·论语下》。
⑥ 《读四书丛说·大学》。

化气质为先，以为己，为立心之要”[1]，“气质能变，物欲亦消。”气质变化之后，欲尽，理明，就能成为圣贤了。

三、教育内容

在教育内容方面，他也以三代和近代相比较。他主张行先王之教，诵诗书、六艺之文，反对近代以文辞取士，特别推崇“六经”、“四书”，他说：

> 先王之教民何如哉！家有塾，党有庠，术有序，国有学。凡民八岁以上，无不聚而教之。下责于大夫、士与闾里之长，上则统之于大司徒。诵诗书六艺之文，以广见闻。孝弟忠信之实以敦德行。故宾兴以示劝，简绌以致罚。夫以下民之微，而使天子之上卿拳拳教之者若是，其为意益可见矣。近代以文辞取士，而不考其实，惟务雕镌镂刻，破碎支离，诐淫邪遁之辞，靡所不至。六经之道，或几息矣。……六经载道之器，欲求道者，不可外乎经。[2]

所谓“六艺”指“六经”。《史记·滑稽列传》：“孔子曰：‘六艺于治一也，《礼》以节人，《乐》以发和，《书》以道事，《诗》以达意，《易》以神化，《春秋》以道义。’”古代先王教

---

① 《文集》卷1《行实》。

② 《文集》卷2《送尉彦明赴开化教谕序》。

民，通过各级学校，由大司徒统领，诵读诗书、六经，以增广见闻。提倡孝、弟、忠、信、敦厚德行；近代以文辞取士，只注重文辞，而不考察其实际。于是，到处充塞了“雕镌镂刻，破碎支离，诐淫邪遁之辞”，六经之道，几乎偃息。他认为“六经”是载道的器具，人们想求道，不可不读经。他还认为，“六经”是孔子撰写的。孔子之所以要撰写“六经”，是因为孔子生不逢时，不在其位，又忧虑后世的圣人不能善治。所以，他折衷前圣的话而写成不可变易的六经。其实，“六经”不是孔子撰写的，而是经过孔子整理，作为教材以教育学生。

所谓“六经”，是儒家的六部经典著作，即《诗》、《书》、《礼》、《易》、《乐》、《春秋》。他认为“六经”是载道的器具，万世以下道明不明就在于人。也就是说在于人们对道的认识。

他认为“六经”的功用在于：

> 《诗》以顺情性之正，《易》以谨事变之几，《礼》以固其外，《乐》以和其中，《书》以示圣贤之功用，而《春秋》以诛赏其善恶。①

孔子撰写“六经”的本意是：

> 吟咏乎诗，以养其原。涵养乎礼乐，以成其德。应事则察乎《易》之几，使知惧于春秋，而取法于书也。易、礼、乐、诗，循天理缘人情，品量节制，

① 《文集》卷3《上刘约斋书》。

犹若有意为之。[1]

吟咏诗以养心，涵养以《礼》《乐》。应事接物则考察《易》的卜筮，预见事物出现前的征兆，以趋吉避凶。在位的使知畏惧《春秋》，而效法于《书》。《易》、《礼》、《乐》、《诗》四经是"循天理，缘人情，品量节制"，好像孔子有意撰写的。而《书》与《春秋》，是记载史实的书。他认为《书》所记全是善的。而《春秋》所记是贬多褒少：

> 《书》与《春秋》，则史官纪当时事实尔。孔子恐史之所录记，善恶混淆，不足以示惩劝，于《春秋》严其褒贬之辞；使人知所惧。于《书》独存其善，使人知所法。故《春秋》之贬辞多，而褒甚寡。《书》则全去其不善，独存其善而已。虽桀纣管蔡之事，犹存于篇，盖有圣人诛锄其暴虐，消弭其祸乱，独取乎汤武周公之所为，非欲徒纪其不善也。是故，羿浞之篡夏，幽厉之灭周，略不及之。观此，则圣人之志可见矣。然则《书》者，纪圣贤盛德大业之全书，为万世之师法，绰绰乎有余裕，虽火之秦而没其半，未害也。[2]

所谓《书》经，即《尚书》。"尚"即"上"，上古以来的书。是中国上古历史文献和部分追述古代史迹著作的汇编。相传

---

① 《文集》卷3《上刘约斋书》。
② 同上。

由孔子编定。《春秋》为春秋时期鲁国的史记。所记之事起于鲁隐公元年(前722年),终于鲁哀公十四年(前481年),是由孔子根据史官的记载整理而成。许谦说孔子恐怕史官的记录善恶混淆,不足以示惩劝,于《春秋》严其褒贬之辞,贬辞多,褒辞少;而《书》则无不善。《书》经是"纪圣贤盛德大业之全书,为万世之师法"。

学生的教材除"六经"外,还有"四书":

> 道备于六经、《语》、《孟》。学者舍是则无所归。①
>
> 若曰致广大而尽精微,则有"六经"、"四书"在。②

所谓"四书",即《大学》、《中庸》、《论语》、《孟子》,儒家的另外四部经书。许谦认为"六经"、"四书","致广大而尽精微",是"道"之所在、"学者之所归"。他特别推崇"四书":

> 谓学者日学,以圣人为准的。然必得圣人之心,而后可学圣人之事。圣贤之书具在四书,而四书之义备于朱子。顾其辞约义广,读者安可以易心求之乎?③

---

① 《文集》卷4《跋潘明之所藏吾立衍书·素书》。

② 《文集》卷2《送许克勤赴新昌教序》。

③ 《元史》189卷《本传》。

学者以圣人为标准，然而必须得到圣人的心，才可学到圣人的事。圣贤的心，都在“四书”。而朱熹注解了“四书”，写了《四书集注》，所以“四书”的意思都在这部书中。它辞约义广，学者要专心以求。

许谦主张以“六经”、“四书”为教材教育学生，而其核心还是封建伦常：

> 其伦有五，曰君臣、父子、夫妇、长幼、朋友，五者天下之达道。①
>
> 天之赋人以形，即命之以性，其类亦有五，曰：仁、义、礼、智、信，五者天下之常道。②

“五伦”，“物之大者也”，是天下之达道；“五常”，“物之则者也”，是天下之常道。这是教学生的最主要的内容：

> 昔者圣人，使契为司徒，教以人伦，父子有亲，君臣有义，夫妇有别，长幼有序，朋友有信。曰：劳之来之，匡之直之，辅之翼之，使自得之，又从而振德之。使教者以是而教，学者由是而学。盖五伦之外无余事也，五常之外无余理也。③

“五伦”包含了所有的事；“五常”包含了所有的理。教师教

---

① 《文集》卷 4《八华讲义》。。

② 同上。

③ 同上。

此,学生学此。教学都围绕着它。许谦本人就是这样做的。“谦之教,以五性人伦为本。”①

四、教学态度和教学方法

(一)教学态度

从教学态度来说,许谦从教四十年,忠于职守,谆谆教诲,终日不倦。他曾说:“己或有知,使人亦知之,岂不快哉!”他以自己获得知识,使别人也得到知识为快乐。所以,他诲人不倦。

> 或有所问难,而词不能自达,则为之言其所欲言,而解其所惑。讨论讲贯,终日无倦。摄其粗疏,入于密微。闻者方倾耳听受,而其出愈真切。②

学生问难题,不能表达出来,则帮助他们表达;学生想说而有迷惑,则帮他们解除。讨论讲解,终日不知疲倦。他取其粗疏,而入于密微。听讲的全神贯注,都有收获。

---

① 《文集》卷1《行实》。

② 《元史》卷189《本传》。

（二）教学方法

从教学方法来说，有以下六点值得注意。

1. 就事上教，务实不务虚。

许谦认为教实和说空是古今教学不同之处：

古人教人只就事上教，不似今日悬空说。就事上教，故着实，而德易成。若悬空说得千言万语，至临事时竟做不去。小学，洒扫应对，事也。大学，正心、修身之类，亦事也。大小事皆有至理存焉，只随事穷理。①

教学生应该就事上教。小学教洒扫应对，虽浅显，是事；大学教正心、修身、齐家、治国、平天下等类高深学问，也是事。大小事情都有理在其中。就事上教，随事穷理，理易明，德易成；反之，假若悬空说得天花乱坠，事到临头就处理不了。

他认为今日学者的弊病就在于空而不实：

语大而遗细，言远而忘近，不知下学而务上达。譬之日月星辰，皆天也。举弃之，而独指苍苍者曰，天之全体在是，正今日学者之病也。②

---

① 《读四书丛说·论语下》。

② 《文集》卷4《姚原鲁字说》。

天包括日、月、星辰，若丢弃天的具体内容，而指着苍天说，这是天之全体，这就把天给架空了。又如“致知”，只求“理之一”，而不求“分之殊”，是“举大纲，弃万目”，沦为“释氏之空谈”。①

2. 循序渐进

许谦认为教学应该循序渐进，不可躐等：

> 事有大小，学问有深浅。教者须循序渐进，不可躐等。②

教学有“下学之事”和“大学之事”。前者较浅，后者较深。只应循序渐进，不能躐等。学了“下学之事”，才能学“大学之事”：

> 子游谓子夏门人之小子，但教之下学之事，而不教大学之事。子夏气质笃实，其教人亦皆务实。故其言曰，君子教人之道以何者为先而传之，何者为后而不传。事之大小，亦如草木，以类而分别其大小，了然在目前。学之浅者，但可教他行下学事。学之深者，则可教以向上事。若学而未有见识，骤把大学事教他，晓不得，行不得，乃是诬罔他而已。君子教人之道，岂可诬罔？若曰小大事彻头彻尾无不

① 《宋元学案》卷82《北山四先生学案》。

② 《读四书丛说·论语下》。

曲尽，惟圣人能之。[①]

所谓“下学之事”，指洒水扫地迎送宾客的末节小事；“大学之事”指诚意、正心、修身、齐家、治国、平天下等高深的大事。子游说，子夏教学生只教“下学之事”，而不教“大学之事”。许谦认为子夏气质笃实，他教人也务实。所以子夏说，教学生应该区别对待。程度浅的，只能教他行下学事；程度高的，则可教他向上事。如果学而没有见识，突然教深奥的大学事，他“晓不得，行不得”，不是害了他吗？君子教人之道，岂能害人？所以，务必循序渐进，不可好高骛远。

教师循序而教，也符合学生循序而学：

> 理于天下之事无所不在，故学者当循序而学之，不可贪慕高远而忽浅近。如于近者、浅者不先务，则虽有得于高远，而有虚空断绝之处，于理之全体有亏矣，故君子必循序而不可躐等也。[②]

客观事物不论大小都有其理，学者应当循序而学，不能好高骛远而忽视浅、近之理。如果不循序而学，由近及远，由浅到深，即使获得高远的知识，基础也不扎实，有“虚空断绝之处”，不能学好。

3. 因材施教

许谦教学，因材施教。所以他的学生“随其才分，咸有

---

① 《读四书丛说·论语下》。

② 同上。

所得。达官富人之子，望閭而骄气自消，践庭而礼容自饬”。“惰者作之，锐者抑之，拘者开之，放者约之。”[1]这是说，随学生的才分而施教，达官富人之子，骄气自消；懒惰的人，从而振作；锐气十足的人有所抑制；拘谨的人有所开放；开放的人有所约束。才分不同，而各有所得。

4. 讨论讲贯

许谦教学，“讨论讲贯，终日无倦”。这是儒家教学的方法之一。教师既授课，又与学生共同讨论，切磋琢磨。“既学又须讲论，然后明义理，皆自讲学中来。讲既明了，则知德之所以修，义之所在而徒有不善者而改之”[2]。通过讨论讲贯，明白义理，改恶从善，加强品德修养。

5. 实事求是

在《八华讲义》中，许谦谈到孔子教诲子路“知之为知之，不知为不知”的话，深深信服：

> 愚平昔诵圣人诲子路“知之为知之，不知为不知”之语，深所服膺。每欲以信自守，讲问辨析，有分寸之知，敢不倾竭为诸君言！苟所不知，不敢穿凿为诸君诳。[3]

许谦虽然是在与朋友相会时讲了这番话，但他务实，在教学中也贯彻此原则，讲问辨析都实事求是，知道的就倾竭而讲，

① 《文集》卷1《行实》。
② 《读四书丛说·论语中》。
③ 《文集》卷4《八华讲义》。

不知道的就不穿凿附会。

6. 身体力行

许谦说要推行法制禁令、政事施设等，都要教者躬行，心得能感化他人而可推行充实：

> 治者法制禁令，赏善罚恶，凡政事施设，皆是教者躬行，心得能感化而可推充者也。①

虽然他是说法制禁令、政治设施等要教者躬行，然而从事教育的教者，要求学生做到的，也要以身作则，身体力行，才能潜移默化，教育和影响学生，使学生迅速成才。

五、学习的方法

许谦论述学习的方法，主要有以下六点。

（一）博学、审问、慎思、明辨、笃行

博学、审问、慎思、明辨、笃行，总称博学五事。他认为天下之理不易穷，天下之事不易周，非尽博学五事之功不可，他说：

> 然而天下之理岂易穷，天下之事岂易周，非

① 《读四书丛说·大学》。

尽博学、审问、慎思、明辨之功不可也。①

博学五事,是学习的主要方法:

> 博学是总说一句在上面,圣贤每教人博学,夫子谓博学于文;颜子谓博我以文,孟子谓博学而详说之。盖为学规模不广,浅见谀闻,安能知道?此是总言为学之意。至以一事一物言之,则亦须广求远取,以反复其理如是,然后有可问者……问须是详审,使答者辞尽意畅……既问而得之矣,又思之使自得于心可也。思则必慎,思之不及,非慎也;思之过,非慎也;思之泛,非慎也;思之凿,非慎也。思既得之,又加辨析,使明彻无纤毫疑滞。然后措之行事而笃焉。②

这是说,"博学",从总的来说,学习的规模要广,要博览群书,多见广闻,才能知道。至于从一事一物来说,也必须广求远取,旁征博引,以反复其理,然后有可问者。

"审问",经过博学,有疑惑之处要提问,使回答的人辞尽意畅。"如樊迟问仁,知既闻于师,又质诸友,必达其意而后上。"③

"慎思",问而知之是自外入,又必须加以思考使自得于心。许谦谈到学习时,强调学与思结合。他说:"思以理言,

---

① 《文集》卷4《八华讲义》。
② 《读四书丛说·中庸下》。
③ 同上。

学以事言。不于事上学以求合于理而悬空思索，必无益于己。所谓思而不学则殆也。”[①]思考必须谨慎，思考不及、思考过头，或泛泛而思，或穿凿而思，都不是慎思。思考恰到好处才是慎思。

“明辨”，思有所得，加以辨析剖判，使明彻，无纤毫疑滞。

“笃行”，既明辨清晰，然后实行。行要笃行。许谦很重视“行”。他说：“圣贤之学，知与行两事尔。”[②]“晓一分道理，便行一分道理，一边明理，一边力行。”所谓“笃行”，就是“笃志行之，自少至老，不倦到头”[③]。

博学五事，紧密相联，其中尤以学与思、学与行两对关系结合紧密。学、问、思、辨最后落实到行上，只要坚持不懈用功，就能学好圣人之道。

（二）格物致知、即物穷理

“格物致知”、“即物穷理”即学习知识要与外物接触，穷究事物之理才能得到。他说：“即凡天下之物，莫不因其已知之理而益穷之，以求至乎其极。此正是格物用功处。……格物之理，所以推知我心之知。用力之久，一旦豁然贯通。”[④]“即物穷理”即是与事物接触，由已知之理推到未知之理。通

① 《读四书丛说·论语上》。
② 《宋元学案》卷82《北山四先生学案》。
③ 《读四书丛说·论语中》。
④ 《读四书丛说·大学》。

过穷究一件件事物之理，积久而豁然贯通。这当然是获得知识的好方法。不过，他格物穷理是为了把心中已有的知显现出来，而不是引导人们去认识客观事物，这就具有局限性。

（三）敏而好学、顺逊其志
专心致志、虚心以求

“敏”是勤敏。“顺逊”是恭顺谦抑的意思。学习要勤敏，要恭顺谦抑，专心致志，虚心以求。他说：

> 人生无知无能，必学而复有所得，学者当顺逊其志，虚心以求。专以是为务，无时而不敏，则所修者，即源源而来矣。盖为学之要甚速，人病不求迩。苟专力以求之，则无时无处非益也，其效之速既如是，能笃信而深念于此，攻之愈深，则道之积于身者日盛矣。逊志则有细密之功，时敏则无间断之患。其来其积，皆自此得之，古来论学，实始于此。①

人的知识才能来自后天的学习。学者应当敏而好学，顺逊其志，专心致志，虚心以求。则所学知识像泉水一样源源而来，越积越多。古来论学，就是从这里开始。

他认为自满与懈怠是学者的弊病，他说：“学每病于满与怠。自满者不思益，意怠者不足有为。”②自满的不想再有长

① 《文集》卷 4《八华讲义》。

② 《文集》卷 2《送郭子昭序》。

进，懒惰的没有作为。学者必须克服此弊病，然后才有所作为。

（四）持之以恒

许谦还认为学习要持之以恒，不能间断：

> 山间之小径，悠然有人行而不断，即成大路；少顷无人行则茅长而遂塞之。学问之道，才有间断，私欲便生而塞天理之路矣。①

他虽然从学习停止，就会产生私欲而不能认识天理的角度来阐述问题，有其局限性。但做学问要持之以恒而不间断是可取的。

（五）温故而知新

许谦在解释孔子所说"温故而知新"时说：

> 时习旧闻，而每有新得，故非一也。必时时温之，或温此，或温彼也。温则必有所得，温此有得，温彼亦有得。一温有得，又温亦有得。……故学矣不温则将失之，而非我有。能温则守之，固而在我矣。虽温而不知新，则徒诵数其说而无融会贯通

① 《读四书丛说·孟子下》。

> 之妙，亦将一索而尽。每有新得，则义理源源而来，应人无穷矣。记问之学是诵读记忆及问于师友而得之者。不知温故，则无所玩索，故无得于心，而所知有不在我者矣。不能知新，则无充扩，而所知有限，应亦有穷矣。①

经常温习已学的知识，每每有新的收获。所以，学习要经常温习。不这样，已掌握的知识也会忘记。温习可以巩固已学知识。温习而没有新的收获，说明所学知识没有融会贯通。温习旧说，有所新得，则义理源源而来，知识不断扩充，应之以事也无穷；反之，知识得不到增加，则知之有限，应事亦有穷。

总之，许谦重视教育，重视人才的培养。认为天下之大，要人才来治理，而学校是培养人才的场所。所以，学校是治之源，治之本。只有兴办学校，取士于学校，才有善治。虽然他重视的是封建教育，培养的是巩固封建统治所需要的人才，有强烈的阶级性。但是他对教育、培养人才的重视，主张兴办学校，人人接受教育，在今天还有其现实意义。

教育的目的是培养圣贤之才。教学的主要内容是封建伦常。主要教材是儒家的经典——“六经”、“四书”。这些，大都不适于今天的教育。不过，把它作为我国传统文化来进行研究，其中有不少精华。我们必须去其糟粕，吸取精华，批判继承，用传统文化的优秀部分去教育学生，对学生成才大有启迪。

---

① 《读四书丛说·论语上》。

许谦论述教与学的方法，在今天都有借鉴意义。从教来说，他提出务实不虚，不夸夸其谈，学以致用，循序渐进，不好高骛远，因材施教，讨论讲贯，实事求是等，都是好的教育方法。从学来说，他提出“博学五事”，学思结合，学行结合，格物致知，即物穷理，推此及彼，勤敏逊志，温故知新，专心虚心等，都是好的学习方法。

许谦在几十年的教育实践中，总结了丰富的教育经验，为我们留下了宝贵的教育遗产。

第八章　政治思想

许谦虽隐居不仕，但他并非对政治漠不关心。相反，他关注当时的政治，对君臣之道、人才的选拔，以及治民之方都提出了自己的意见，以供当时统治者采纳。他反对农民起义，坚决维护地主阶级的统治。

一、"有君有臣而政无不举"

许谦认为有了君与臣才有政，政的关键是君，有了仁君，才有贤臣。

有君有臣而政无不举。修身至于仁，则有君矣。君既仁，则下兴起为仁，一也；仁则心无私，察人之明，二也；上既有道，贤者乐从，三也。以是三者，故有臣。[①]

许谦认为，有君有臣才有政，有了仁君才能有贤臣。仁君是"修身至于仁"。这是儒家诚意、正心、修身、齐家、治国、平天下的思想。只有加强自我修养，做到"心无一毫之私，应于事无不当于理"[②]，才能治国平天下。这就是儒家内圣外王之道。

有了仁君，才有贤臣。这是因为：1. 君既仁，在下面的就会效法君而兴仁。2. 君仁，没有私心，才善于察人。3. 仁君在上，贤者乐从。所以说有了仁君，才能有贤臣。

君与臣的关系是"君臣主于义"。臣事君，道合则从，道不合则去。从时，君有过，加以责难，陈善闭邪，恩泽予民。

> 君臣主于义，而以君成礼，弗纳于淫，为义之仁。道合则从，不合则去，为义之义。责难于君，陈善闭邪，为义之礼。达不离道，泽加于民，为义之智。托孤寄命，节不可夺，为义之信。[③]

君臣虽主于义，但义中又包涵仁、义、礼、智、信五常。五常为五伦之则。臣要遵守，臣事奉君，道合则留，道不合则去。所谓"道"仍是指孔孟之道。以此来衡量君，君仁则从，君不仁则去。

---

① 《读四书丛说·中庸下》。
② 《读四书丛说·论语下》。
③ 《文集》卷4《八华讲义》。

二、非人才，不足以为治

有君有臣，政无不举。天下之大，要有人才去治理。贤臣，是由培养出的人才充当的。所以，“非人才，不足以为治”[①]。“为政以得人为先”[②]。他认为，元取代宋，还有遗逸在民间，如不录用，叫“弃才”：

> 虽十室必有忠信，况大邑通途，肩摩袂属，岂无遗逸而在下者！上之人不能援而进之，使之阨穷百莫敢告，是之谓“弃才”。[③]

弃才不可以，但有才而自洁其身，招之不来，挽之不进，隐而与木石居，与麋鹿友，这叫“乱伦”：

> 舍有所藏，用有所行，而乃招之不来，挽之不进，知自洁其身而不为天下虑，懡懡乎木石居而麋鹿友，是之谓乱伦。[④]

乱伦也不可以。但不自量力，不度其德，自欺欺人，自售出仕，是趋利无耻之徒，叫“不知命”：

---

① 《文集》卷4《学校论》。

② 《文集》卷3《上宋经历书》。

③ 同上。

④ 同上。

> 或援之，或推之。不度其德、量其力。外以欺于人，内以欺于心。嚣嚣然而康而色，曰予攸好德，惟恐自鬻之不克售。实乃嗜利无耻之人耳，是之谓不知命。[①]

弃才不可，乱伦不可，不知命尤不可，“君子适其可而已”。

“非人才，不足以为治”。人才从何而来？他认为主要从两条途径来。

一是由学校培养。他认为学校是培养人才的场所。经过学校的培养才能做官。三代就是取士于学校。他赞成“学而优则仕”，而反对“仕而优则学”：

> “所谓学而优则仕”者，诚是矣，而谓仕先于学可乎？仕者上致君，下泽民。匹夫匹妇，不获自尽，则责有所归，其可尝试哉！[②]

士上要辅助君主，下要恩泽百姓，责任重大。匹夫匹妇，各有其责，不可尝试当官。虽然子夏说过这句话，列国大夫世袭禄位，有不经过学习而食禄从政的。然而不知道子夏为什么这样讲。这句话弊病很大，“使后之急于进者，指此以文其不学之过”[③]。这就是说，那些急于当官而不学习的人，都以此语作为挡箭牌。

---

① 《文集》卷3《上宋经历书》。

② 《文集》卷3《上李照磨书》。

③ 同上。

另一是从下级官吏中选拔而来。汉代萧何为宰相，曹参次之，二人都是由吏上升的。所以，汉代一直从郡县官吏中选拔人才。后来虽设科博举，但这点没有废弃。从下级官吏中选人才，也不是平庸之辈，而是德高望重，为人师表的人。他说：

> 然昔之进者虽自吏选，莫不尊德问学，秉义守礼，尚廉耻、谨节行。故能师表当时，流芳千载。非特操笔书牍，玩法舞文而已。①

往昔从下级官吏中选出的官都是德、学兼优，能流芳千载的人。他对元朝用人制度备加赞赏说：

> 圣朝混一之初，革文华取士之弊。它科目未设，选官颇类汉法。而庶人在官者，皆以年劳叙迁，可计日以俟进，其任用之重，盖过于汉矣。故得人有为名公卿大夫，亦不愧于古。②

元朝初年，革除以文辞取士的弊病，不设科举，从地方官吏中选官，类似汉法。而庶人当官，有政绩的可往上提拔而给以重用，所以得人。当朝有名望的公卿大夫也“不愧于古”。

后来元朝设科取士和由吏中选拔二者兼用。他认为现今当官的贵，士生于此时可说是幸运：

---

① 《文集》卷2《送林中川序》。
② 同上。

> 圣天子下明诏，设科取士而官之，德至渥也。有不得预于此者，则使由吏以进。夫取才于学，周制也。选官于吏，汉法也。由儒入吏，由吏拜官，则兼周汉之任人。然则今之为吏者，可谓贵。而士之生斯世，可谓幸矣。①

现在朝廷用人由儒入吏，由吏当官，兼周汉之任人。官吏高贵，士有幸生于其时。他对元朝用人制度备加颂扬。

三、长民之道——教之、养之、治之

许谦认为："帝王长民之道，不过养之、教之、治之而已。"②

所谓"养之"，就是分田地给百姓，使其有饭吃、有衣穿，解决百姓的温饱问题。如"分井受田，使之衣帛食肉者有制"。

所谓"教之"，就是加强教育。如"古者大学、小学，教人之道，及乡党州闾读法之类"③。

所谓"治之"，就是如何治理百姓的问题。许谦认为善治是禁令刑罚与德礼二者兼备，即统治的两手策略。有了这两手，百姓才趋善避恶，行尊君亲上之道。而父子、夫妇、长幼、朋友之间也亲密和睦，民心聚而不散，他说：

---

① 《文集》卷3《代人上书补儒吏》。

② 《读四书丛说·论语下》。

③ 同上。

> 治之，则有禁令刑罚。且上之人以德导之，以礼齐之。则民皆知趋善避恶、尊君亲上之道。而其父子、夫妇、长幼、朋友之间，亦皆有亲比协和之意，故曰“民聚”。上之人反此，则民散矣。[①]

有了禁令刑罚，在上的还必须以德来诱导，以礼来约束老百姓，民心才聚而向上，反之，民心就散了。这是孔子“为政以德，譬如北辰居其所而众星共之”[②]以及“道之以政，齐之以刑，民免而无耻；道之以德，齐之以礼，有耻且格”[③]思想的发展。

他认为禁令刑法与德、礼二者，缺一不可，只有二者俱备，才称得上是善治：

> 夫子言为政，当以德、礼。若但用政刑而无本，不足为善治。然但谓不可独任刑政尔！非谓但用德、礼，而不必政刑也。盖德、礼固能化民，而非政则德泽不能遍流于下。所以平天下必用絜矩之道，有法制禁令，则德泽方可下流。[④]

这是说，德、礼与政刑关系极为密切。德、礼是为政的根本。

---

① 《读四书丛说·论语下》。
② 《论语·为政》。
③ 同上。
④ 《读四书丛说·论语上》。

如果为政只用政、刑，不用德、礼，则政、刑没有了根本，不是善治。因为德、礼固然能感化老百姓，但它毕竟不是政治，没有政治的支持，德、礼不能流行于天下。所以治理国家，必须用法制禁令。有了法制禁令，德泽才会在民间流传。

许谦认为国家这么大，人这么多，必须有规矩制度，才能使各守其分：

> 好善恶恶，人心所同，故上之人尽孝、弟、慈，而民便兴此。可见，人同有此明德而易化矣。则上之人凡所好恶，民无不同者。然天下之大，兆民之众，须有规矩制度，使各守其分，以遂其孝弟不倍之心，而不拂其好恶之情然后可，不然则上下无节，不能均平齐一也。①

在上的躬行孝、弟、慈美德，在下的百姓会仿效而兴此。然天下宽广，百姓众多，必须有规矩制度，人人遵循，使上下有节制，各安其分，就能做到“均平齐一”。

长民之道养之、教之、治之三者关系密不可分：

> 无养则饥寒迫身，不教则不知礼义。不知礼义之人，而有饥寒之迫，则无所不为矣。故君子为政，惟当哀怜，不可以听讼为能而自喜。②

① 《读四书丛说·大学》。
② 《读四书丛说·论语下》。

“无养”则饥寒交迫，“无教”则不知礼义。不知礼义的人，又饥寒交迫，就会无所不为，无恶不作，天下哪得安宁？所以为政一定要养民、教民，使民既得温饱，又知礼义。以德、礼诱导，以政、法约束，则天下太平，地主阶级的统治就巩固了。

四、朋　党　论

所谓“朋党”，原指同类的人为自私目的而互相勾结。后专指士大夫各树党羽，互相倾轧。如唐中叶有牛僧孺、李德裕的朋党之争。

许谦认为，朋党之祸之所以产生，“固小人为之，亦世道衰而君子少也”[①]。朋党是小人搞的，也是世道衰危而君子少的缘故。唐虞盛世，多为君子，小人之名可以用数字统计。那时总共有四个小人：“共工”、“驩兜”、“三苗之君”和“鲧”。朋党之论兴，则反过来了，小人多而君子少。

唐虞盛世，君子多而小人少；朋党之论兴，君子少而小人多。这就像阴阳之气的盛衰一样，阳气盛，阴气则衰；阴气盛，阳气则衰，天人之理一致。他从“天人之理一致”找到了理论根据：

> 天之气有阴阳，人之类有善恶。夫阳生于子而极于巳，消于午而尽于亥。春夏之时，虽或有严厉苍凉之气，不能终日，以阳方盛，不可夺故也。秋

① 《文集》卷4《朋党论》。

冬之时，虽或有炎蒸温燠之气，亦不能终日，以阳既衰，阴得以专故也。①

春夏之时，阳气盛，虽有严厉苍凉之气，阴道不能胜阳；而秋冬之时，阴道盛，虽有炎蒸温燠之气也不能胜阴。他从阴道盛，阳不能胜阴谈到国运的衰颓：

阴道既盛，阳不得而胜之。犹国家之运衰，圣贤之君不作，群小人进用，而数君子，方欲与之力争而较胜。彼阴邪小人，必牵引丑类，排抑摧沮，无所不至，驯致其祸，自履霜而致坚冰也。②

国运衰，暴虐之君统治天下，任用小人，而少数君子想与之力争，战胜群小，必遭其摧残、迫害而大祸加身。他认为君子与小人，势不两立，而寡不可以敌众，这是必然的。那些拉朋结党的人，心狠手辣，为所欲为。被他们逮捕的不只是居位食禄的官员，还有不同于他们的行义的布衣百姓：

且党之所逮，非惟居位食禄者而已。下而草茅布衣，凡行义有以异乎小人者，必皆搜擿而无遗。③

① 《文集》卷4《朋党论》。
② 同上。
③ 同上。

许谦认为当世君子也是屈指可数：

> 夫举当世天下之善士，至今可以指其名而数之，则君子之少可知矣。①

当世的君子少，必然小人多。就是说当世也并不是盛世，而是衰世。他抨击元统治者不用君子而用小人，与上面赞颂元统治者选才政策相矛盾，说明他对元统治者态度不完全一致。

他认为君子虽少，犹为众望所归，只要在上的能用，仍可以为善国，他说：

> 君子在上，势虽孤，犹为众人所仰望也。圣人之抑阴扶阳，盖如此，阳不可绝。剥穷则复。君子虽少，君人者能用之，犹可以为善国。且将拔汇以进矣。在处之何如耳。②

他认为朋党之祸危害性大，它会导致国家灭亡。

> 朋党之祸，始于汉，其亡国也不旋踵。唐不能监之而又亡，宋不能监之而又亡。呜呼！使唐宋之君，知殷鉴之不远，而观象以玩辞，则不蹈前人之危辙矣。③

---

① 《文集》卷4《朋党论》。
② 同上。
③ 同上。

朋党之祸，从汉代开始，因朋党之祸而亡国的旋踵而至。唐、宋如能以此为鉴就不会蹈前人的覆辙。但唐、宋却不以此为鉴，结果都灭亡了。把唐、宋的灭亡归结为朋党之祸固然有失偏颇，但他强调朋党之祸的严重危害性是有意义的。

五、对农民起义的态度

元蒙入主中原，对中原和东南地区人民进行残酷的搜刮。到元中叶仁宗延祐初，课额“比国初已倍五十矣”①。文宗天历年间，苛捐杂税较之“至元、大德之数，盖增二十倍矣”②。商税较至元七年所定之额，“盖不啻百倍云”。因而自元世祖忽必烈去世后，到元宁宗懿璘质班时止，短短三十七年间，元朝的社会矛盾日益尖锐，阶级矛盾、民族矛盾交织在一起。元朝统治集团内部争权夺利的斗争也进一步加剧。因而各族人民的武装起义，包括农民起义不断发生。

元仁宗延祐年间，元廷在江西等地推行“经理法”。地方官吏乘机敲诈盘剥。赣州地区“由昵匝马丁经理田粮，与郡县横加酷暴”。信丰一县，“撤民庐千九百区，夷骨扬墓”③。造成“民不堪命，赣为甚，宁都又甚”④的局面。延祐二年（公元 1315 年）4 月，蔡五九在宁都举兵反元，自称“洞

① 《元史》卷 205《铁木迭儿传》。

② 《元史》卷 93《食货志》。

③ 《元史》卷 25《仁宗纪》。

④ 刘岳申：《孙君墓志铭》，《申斋集》卷 9。

主”，复称“蔡王”。义军“张汉高旗，造战棚、炮架、攻具，其势甚张”。他们杀宁都州官赵同知，围宁都州，烧四关，一度攻入福建。元廷于同年九月令江浙、江西两省会兵至江西石城县，由萧北野万户率领，对义军进行武装镇压。蔡五九终因兵力悬殊，兵败被杀。许谦闻讯，高兴万分，即作《贺萧北野万户破贼启》，以示庆贺。信中说：

> 方四海之咸若，俄一隅之震惊。岂刍牧之失宜，致草窃之肆毒。固将安潢池之众，奈久聚绿林之群。天讨有加，官军既集，当决机而取胜。乃列壁而深居，欲尚巧迟，斯养虎以成患。不如乘势，将纵贼而遗谁。顾方略之如公，宜简知而有命。共惟某官，山河间气，宇宙英风。击南溟之三千，吞云梦者八九。伟哉！异器。[①]

许谦诬蔑起义农民为“草窃”，是“贼”，对镇压农民起义的刽子手极尽颂扬、阿谀奉承之能事。说明他是站在地主阶级的立场，维护封建统治秩序的。

在上述许谦的政治思想中，有两点值得肯定，一是重视人才，认为“非人才，不足以为治”，“为政以得人为先”。有了人才，才能谈得上治理国家。一是重视学校对人才的培养，也注重从有实践经验的官吏中选拔人才。这是有积极意义的思想。

对元朝用人制度方面，许谦褒贬不一。我们认为主要还

---

① 《文集》卷3。

是贬。许谦生活的年代，元蒙已入主中原，并已巩固其统治，大局已定，无可奈何。对元统治者用人有时会说上几句褒词，如当世官贵，士以生其时为幸。但主要是抨击元朝用小人，而不用君子，暗示其国运衰微。

在治民之道方面，除强调养民，使之衣食丰足，教民使之有礼义外，他认为还要以德、礼与刑法政令两手治理百姓，两者缺一不可。如果人人遵守刑法政令，就能“各守其分”。许谦虽然不满于蒙古人的统治，但是对地主阶级专政，以及封建统治秩序还是极力维护的，他的理学思想就是为了此目的。他的反对农民起义的政治态度也突出反映了这点。可见许谦是封建地主阶级的知识分子。

第九章　门　生

许谦从教四十年，用自己的心血浇灌了众多弟子。他的弟子有著录的就有一千多人。由于他隐而不仕，弟子也多隐而修身，"岩栖谷汲"，有的就是终生教书，"浮沉庠序州邑耳"，是庠序州邑学校的教师。正如黄百家先生所说：

> 白云高弟子虽众，皆隐约自修，非岩栖谷汲，则浮沉庠序州邑耳。如子长、正传，文采足以动众，为一世所指名者，则又在师友之间，非帖帖函丈之下者也。然白云非得子长、正传，其道又未必光显如是耳。①

子长是张枢的字，金华人。学识渊博，要拜许谦为师，许谦

① 《宋元学案》卷82《北山四先生学案》。

说不可，以友相待。正传为吴师道的字，兰溪人，曾以持敬致知之学问许谦，许谦教以理一分殊的宗旨，于是造诣更深。元至治初年（公元 1321 年），登进士第，调宁国录事，迁池州建德尹，召为国子助教，升博士。与许谦情谊深厚，吴师道以师称之。子长、正传，文采著名于当世。他俩虽不是许谦的门生，而是处于师友之间，然而许谦正是有了子长和正传，他的道才得以显耀。

许谦的门生虽著录的有一千多人，但现在知道名字的只有三十六人，除楼巨卯、张匡敬、方麟、吕权、李亦，只有姓名没有任何材料外，其余都已列入，下面就是许谦的门人：

一、范祖干、刘名叔、李国凤

范祖干、刘名叔、李国凤是许谦的三名学生。许谦曾对人说：

> 吾得刘名叔而学日进，得李国凤而学日彰，得范景先而学有传。①

许谦以自豪、喜悦的心情谈起这些弟子，认为教学相长，自己的学业有了刘名叔而日益长进，有了李国凤，而日益彰著，有了范祖干而后传有人。对范祖干尤为欣赏和器重。

范祖干，字景先，金华人。他做学问，以诚意为主，而

---

① 《宋元学案》卷 82《北山四先生学案》。

严之以慎独持守之功。他曾说:"为学之本,莫大乎正心修身。欲修其身,莫若理会君子之所谓道者三。知斯三者,则知所以修身矣。若切己之实,归而求之,可也;心不在焉,而能自得其根本者,吾未之闻也。"[①]

范祖干所说的君子之道者三,即孔子所说的仁、智、勇,孔子说:"君子道者三,我无能焉:仁者不忧,知者不惑,勇者不惧。"[②]范祖干认为,做学问的根本,最大的是正心,修身。要修好身,就要晓得君子之道——仁、智、勇三者。知道这三者,就知道如何修身。根据自己的实际情况,专心以求。假如心不在焉,不可能在为学的根——正心、意诚上有所收获,说明他对仁、智、勇的高度重视。至正(公元1341年)中,为西湖书院山长,辞归养亲。李文忠镇严州时,学习他的敬。郡守王宗显上其孝行,立纯孝坊。学者因此称他为纯孝先生。洪武十八年(公元1386年)病逝。

他的著作有《众经指要》、《读诗记》、《大学中庸发微》、《柏轩集》。

范祖干的学生汪与立,字师道,金华人。其德性与叶仪的学生何寿朋齐名。优于文学。曾说:"学者当视古人为不足,毋视今人为有余。"[③]人以为名言。隐居教书,不求闻达,优游林泉,以高龄去世。

---

① 《宋元学案》卷82《北山四先生学案》。

② 《论语·宪问》。

③ 《宋元学案》卷82《北山四先生学案》。

二、叶　　仪

叶仪，字景翰，金华人。立志坚苦，取四部书分程攻读，有不明义的地方，请教许谦，直到彻底弄懂为止。这样，随着时间的推移，他的学业与日俱增。许谦命他的儿子存仁、存礼拜他为师。许谦逝世，他率同门穿上制服，料理丧事。之后，开门授徒，东南的读书人多随从。洪武初（公元 1368 年），郡守王宗显起用他为“五经”师，讲授“五经”。学者称他为南阳先生。享年八十二岁。他的著作有《南阳杂稿》。

他的学生何寿朋，字代龄，金华人。守道安贫，不肯求人。明洪武（公元 1368 年）中，举孝廉，学者称为归全先生。

三、朱　震　亨

朱震亨，字彦修，义乌人。许谦的高第弟子。初为声律之文，刻烛而成。后弃此而成侠客。到壮年，又感到后悔，便到八华山中拜许谦为师。许谦为他讲明天命人心的奥秘，内圣外王的微妙。朱震亨听了直冒汗，于是挟册坐到深夜四鼓，默察天理、人欲的消长，抑制自己的粗豪，归于纯儒。几年的用功，使他的学业更坚定扎实。他以所学的知识行之乡党州闾之间，兴利除害。他说：“吾穷而在下，泽不能及远，随分可自致者，其惟医乎？”[①]他认为自己是一个穷书生，恩泽不能达到远处，按自己所处地位能做的，只有行医。他心里

① 《宋元学案》卷 82。

想的是怎样为百姓做些好事。于是他得罗知悌之传，成为医生。医家称他为丹溪先生。

他重视践履，认为为学以躬行为本。《宋元学案》说他"其学以躬行为本，以一心同天地之大，以耳目为礼乐之原，积养之久，内外一致"。通过亲自实行，以及按圣贤的话，加强道德践履，做到内外一致。他说："圣贤一言，终身行之不尽，奚以多为！"他还认为，言词要实，对浮艳之词，尤其厌恶，把它看成是"吾道蟊贼"。

四、唐 怀 德

唐怀德，字思诚，号存斋，金华人。他受业于许谦，学习勤奋，十年不出家门。《六经》、百家之书无不研究。余阙持节海右，特地接待他。有人请余书写扬州《九州箴》，余不知出处。他说：这是出自《古文苑》，随即提笔写下，没有遗漏一个字。曾与宋濂夜宿钱塘，与宋辩论诸子是非，共九十多种。相互举出疑惑之处以质难，宋推崇他知识渊博。他认为不仅学要广，而且还要行。他说："徒博，则陆澄之书厨耳，吾则藉之以穷理，而施诸事也。"[①]知识仅仅渊博不行，还要用。像陆澄的书厨，我要藉助它以穷理，并用以应事接物。也就是说学以致用。这是儒家的优良传统，学了就要用。经部使者推荐，提升为金华教谕，迁衢州学录，没有到任就去世了。

他的著作有《破万总录》、《六经问答》、《钩云集》、《书

① 《宋元学案》卷82。

学指南》、《存斋集》，共一百多卷。

五、胡 翰

胡翰，字仲申，金华人。随从吴师道学经、吴莱学古文词，又拜许谦为师，得以听到朱学相传的源流。曾到京师，遍交当世名人，尤其与余阙、贡师泰友好。隐居南华山中著书。他主张正纲纪。认为天下之大，万民之众，有纲纪才能维持。纪有天纪，地纪，人纪三类。他认为："天纪不正，不足以为君；地纪不正，不足以为国；人纪不正，不足以为天下。"①所谓"天纪"，指天子受命于天，为封建统治的合理性提供理论根据。所谓"地纪"，指中国与夷狄、内外要分辨清楚。所谓"人纪"，指君臣、父子、夫妇、朋友之交、长幼的次序，即封建的五伦。这是三纪的核心部分。他认为天下最重要的是"人纪"，最严的是"地纪"，最尊的是"天纪"。这是说，正纪是正封建之纲纪，没有五伦，则不足以为天下。是许谦五伦为物之最大者思想的发挥，为维护封建统治秩序作论证。

他认为人君兼天下之所有。他最贵、最富，而且握着生杀大权。但天下之大，非国君一人所能治。因为国君一人虽聪明睿智，但能力有限，"一堵之外，目有所不见；十室之间，耳有所不闻；万钧之重，力有所不举；百工之事，能有所不通。况天下，大器也。举天下之大器，重任也"②。所以国君

① 《宋元学案》卷 82《正纪论》。

② 《宋元学案》卷 82《尚贤论》。

需要贤臣。“贤者授之以官，大贤授大官。能者任之以事，大能任大事。”[①]是许谦仁君要用贤臣，天下之大，要有贤才，方能治理好的思想的发展。他认为君与臣的关系是：君是治天下之本，臣是治天下之要，二者互相结合而天下治。他说：“治天下有本，君之谓也；治天下有要，贤之谓也。其本正者，天下不劳而治；其要得者，天下之本不劳而正。”[②]

他主张行井田制，认为：井田是仁政之首，井田不复，仁政不行，天下之民就贫穷衰败了。[③]

他赞成变，认为“天下之势，穷则变。由治而趋乱者，其变易。虽一俭人坏之而有余，由乱而趋治者，其变难，虽合天下之智力为之而不足。”[④]怎样变？他主张法先王，反对法后王，认为荀子法后王的思想，被李斯、商鞅采用，凡是可以变掉的古的东西，没有不假借秦的权柄而奋力加以改变的。改变古代的既尽，习俗已经养成，秦亡而汉代承袭。汉代几个君主，当时称为贤主，而且距离古代不远，为什么不效法古代？因为“溺于所习者久矣”。到唐代才有所改变。“贞观之初，力行仁义，其为化也，得矣。制官以六典，制兵以府卫，制民以均田，制赋以租庸调，其为制也备矣。”行之数年，家给人足，旅行不带粮，出门不闭户，除四夷外，歌舞升平，一派太平盛世。他认为三代之兴，其国王都是圣人。只有

---

① 《宋元学案》卷 82《尚贤论》。

② 同上。

③ 《宋元学案》卷 82《井牧论》。

④ 《宋元学案》卷 82《慎习论》。

圣人能尽伦，只有国王能尽制。其所以治天下，都是本诸天理，要诸人心，所以要法先王。“大法则大治，小法则小治。苟以为远而莫之法也，其道固存，其意犹可识也。”①他这些思想，与许谦主张“法先王”思想一致。

胡翰这些思想，都是从巩固封建地主阶级的统治出发的；但是他要求变，任用贤人，大贤授大官，大能任大事，还是有其现实意义的。

到了明代，当了衢州教授，被聘修元史，赐金缯（丝织品）而回。住长山，称长山先生。

六、卫　富　益

卫富益，崇德人。从金履祥游，深入探究《易》理，卒业于许谦门下。默识心融，洞究性理。端宗初年（公元1276年）元军进入临安，南宋灭亡。各地抗战军民仍然继续坚持抗元斗争。元至元十五年（公元1278年）3月，帝昰在广州湾的石冈洲病逝。陆秀夫、张世杰又拥立八岁的赵昺为皇帝。6月间，帝昺的小朝廷迁到大海中的崖山，作为最后的据点。第二年二月初，元朝的水军发起猛攻。宋军大败，陆秀夫见无可挽回，抱帝昺投海而死。文天祥被元朝俘虏，宁死不降，在狱中作《正气歌》，后被杀害。卫富益听到崖山战败，日夜悲泣，设坛以祭文天祥、陆秀夫二位丞相，其词极其悲苦。他哀叹说：“夷、齐何人邪！冯道何人邪！”②遂绝意进取，隐居

① 《宋元学案》卷82《慎习论》。

② 《宋元学案》卷82《北山四先生学案》。

石人泾讲学，称“白社书院”。他立学规，凡缙绅在元做官的不许听讲。他自己也不出仕。至大(公元 1308 年)中，他拒绝有司的推荐，遭到迫害，书院被毁。迁居到湖的金盖山，仍然授徒讲学。

他的著作有《四书考证》、《性理集义》、《易说》、《读史纂要》、《耕读怡情录》。

至治(公元 1321 年)中，才返回家乡，又题名为耕读居士，从不到城里去。有人向他讨诗文，他以涵养德性为借口推辞。病重时，取出自己所著的书焚烧尽。他说：“玄奥处，宋儒已尽之，安用此糟粕为！”九十六岁去世。他的门人沈梦麟、黄彝、郑忠，穿上制服，葬其师于金盖，私谥正节。

七、戚崇僧

戚崇僧，字仲咸，金华人。贞孝先生绍的孙子，家学出于吕氏。他二十七岁时，随从许谦学道，被同门推为高弟子。生活清苦，不追求时尚。他常说：“人知富贵之可欲，而不知贫贱之可乐也。”[①]以贫贱为乐。孔子、颜子就是身处贫穷，乐在其中。戚崇僧之乐就是孔、颜的乐处。

他的父亲去永康太平山中访问其女婿吕汲，非常喜欢，他于是奉父命住在这里。汲的儿子权，也是许谦的学生。汲的孙子们就跟着崇僧学习。崇僧经常默坐书房，四围数百卷书，没有事情不出书房。

---

① 《宋元学案》卷 82《北山四先生学案》。

他精于篆学,曾以篆法缮写《易》、《诗》、《礼》、《春秋》、《孝经》、《论语》、《大学》、《中庸》、《孟子》,准备献给朝廷。因《仪礼》一经没有缮写完,所以没有献上。他身居深山而心存当世。他曾写书谈论时政,要到朝廷向皇上陈述,也没去成。黄缙卿说:"人见君高蹈物表,目以为畸人静者,而不知其未始忘情斯世,第不苟售耳。"①人们见他隐居修身,视他为不合乎时宜的异人静者,而不知道他一直关心时政,只是不草率出售自己罢了。

他的著作有《春秋纂例原旨》三卷,《四书仪对》二卷,《后复古编》一卷,《昭穆图》一卷,《历代指掌图》二卷。

八、方 用

方用,字希才,望江人。天资聪颖,少有过人之才,与揭傒斯、朱公迁、欧阳玄同为许谦门人。以维护古代的礼乐制度相磨砺,当时称许门四杰。他的著作有《先儒宗旨》、《茗谷丛说》等书。

九、李 唐

李唐,字仲宏,号静学,东阳人,从许谦游。为诗文以理取胜,一时有名之辈都尊重他。官为本郡儒学教授。所著有《静学斋集》、《尚絅斋集》。

---

① 《宋元学案》卷82《北山四先生学案》。

十、吕溥

吕溥，字公甫，永康人。从学许谦。讲究经的宗旨，写文章开朗有奇气，写诗动盈游烈使人欢喜。冠婚丧祭，都遵照朱子所规定的礼办。他的著作有《大学疑问》、《史论》、《竹溪集》。

十一、吕洙

吕洙，字宗鲁。吕溥的哥哥。在许谦门下，为学专心而勤敏，学业未成而逝世。他的著作有《周易图说》、《太极图说》、《大学辨疑》。

十二、蒋元

蒋元，字子晦，一字若晦，东阳人。从许谦游，不做官。学者私谥贞节先生，所著有《中庸注》、《学则》二十卷、《四书笺惑》。

十三、马道贯

马道贯，字德珍，东阳人。许谦弟子，自号一得叟。对名利看得很淡，非公不入城府。所著有《尚书疏义》六卷、《一得叟集》。

十四、刘　　涓

刘涓，又叫金涓。王梓材曰："《金华先民传》作金涓，盖与仁山先生同为项伯之后，由项伯而赐姓为刘，吴、越时又由刘改姓为金者，故金涓即刘涓也。"[①]字德源。义乌人。跟从许谦于八华山，是他的高第弟子。又随黄溍学古文词。不愿做官，迁徙蜀山之青村。朋友叩门，焚香煮物，对榻畅谈。友人离去，则闭门不出。学者称青山先生。

十五、合 剌 不 花

合剌不花，蒙古人，在浙江台州达鲁花赤做官，后移至徽州。曾游许谦门下。这说明许谦不歧视蒙古人。只要好学，不管是汉人还是蒙古人，他一视同仁，辛勤教诲。合剌不花学以诚意不欺为主。喜欢挟着书籍，携带一张羊皮，坐在山颠水边，整日歌咏不休。有民间老者经过，常叫住问他们民间疾苦，说明他关心百姓生活。为政以德感化。曾说："法所以防奸，事苟集矣，法不必尽用也。"[②]这是说，法是防奸的，事情假如成功了，法没有必要尽用。为政德、法并用，而以德为主。这是儒家德礼与政令刑法并用，而以德为主的思想。说明他受儒学熏陶、影响较深。二州的百姓被他感化，几乎没有诉讼，政绩甚佳。

---

① 《宋元学案》卷 82《北山四先生学案》。

② 同上。

十六、苏伯衡

苏伯衡,字平仲,金华人。父亲友龙。伯衡受业于许谦之门。他警敏绝伦,博览群籍,精于古文,乡试考中为贡士。明太祖时设礼贤馆,他入馆中。丙午年(公元1426年)为国子学录,后迁学正。被人推荐后,皇上召见,升翰林编修。力辞,乞请还乡。洪武十年(公元1378年),学士宋濂辞官。太祖问谁可代替。濂回答道:“伯衡,臣乡人,学博行修,文辞蔚赡有法。”[①]说明他的才学在当时颇有影响。太祖即召见他。入见,又以有病推辞,赐衣钞返回。二十一年(公元1389年)聘为主会试,事情完毕又辞还,聘为处州教授。由于上奏章得罪皇上,交给司法官吏治罪,处死。

十七、王余庆

王余庆,字叔善,金华人。受业许谦,曾游京师,番僧为总统,想见他。他说:“吾学将以明道,宁有屈身异教而道可明邪?”[②]这是说,他学习的目的是为了明道,屈身异教徒,道不可能明,拒绝了番僧的召见。元至正初(公元1341年),入经筵,为皇帝讲解经传史鉴。为检讨官,累次授予监察御史。

---

① 《宋元学案》卷82《北山四先生学案》。

② 《宋元学案》卷82。

十八、敬 俨

敬俨，字威卿，易州人。祖父名鉴，同知嵩州事。他跟叔祖父铉。他精于经学，金人称他为大宁先生。曾为浙东参政，官至中书平章政事。到金华，受业许谦，结交张子长为友。他去世时，封鲁国公，谥号文忠。

十九、李 裕

李裕，字公饶，东阳人。随许谦学。曾去朝廷上《至治圣德颂》，歌颂英宗。英宗在至德殿召见了他。中书奏补国子生。登天历（公元1328年）间进士第，授予陈州同知，转道州路总管府推官，之后逝世。

二十、李 序

李序，字仲伦，东阳人。二十岁左右从许谦学，推为高第弟子。写文章只谈《左传》、《国语》、《史记》、《汉书》，以这些书为标准，唐、宋以下从不论及。宋絅按部，李序随从。危素在史馆时，歌颂他的诗入格。隐居在东白山中，与鹿皮子、陈樵相唱和，士人都以他为师表。

二十一、苏 友 龙

苏友龙，字伯夔，金华人。在许谦门下学经。因为有才，被提拔为萧山县令，转行枢密院，升行省都事，有政绩，到明朝才死。

二十二、王　麟

王麟，东平人。从广陵到婺，学于许谦，一年后返回。许谦书写《学箴》赠他。官至昌平教谕。他在家乡，听到其师逝世的消息，悲痛欲绝。以后凡遇其师生辰忌日，必设祭，不食酒肉。又为其师刻《尚书》、《大学》诸书以传，不负其师的谆谆教诲。子延龄为明翰林。

二十三、赵　嗣　鸿

赵嗣鸿，字子渐。据王梓材的按语，黄文献记述退藏山人赵若磬墓说，他的祖先自开封迁衢州，又自衢州迁兰溪，退藏侨住在郡城，次子嗣鸿，送到同乡许谦处受业。

二十四、何宗诚、何宗映、何宗瑞

何宗诚、何宗映、何宗瑞，是何氏三兄弟，金华人。其父何凤，长于医道。当许谦孤单，没有人与之游时，只有何凤器重他，在家中设书馆，要他的三个儿子随从许谦学。何凤对许谦教育、影响很大。他教许谦以时务、军国大事，许谦迷惘歧异时，以义勉励之，叫他不要鼠目寸光，要追求远大目标。于是，许谦下决心学习。何凤又拿出自己全部藏书给他看，信任他，率领他家乡的子弟共同学于许谦门下，因而他的名声大盛。对何凤，许谦非常感激，终身尊敬、事奉他，视他为自己学习的榜样。关于何氏三兄弟没有具体材料。

二十五、江孚、江起

江孚、江起，常州人，兄弟俩从许谦学。王云濠按：《弘治衢州府治》言：先生兄弟与伯兄叔戴齐名，人号曰“三江先生”，但载“江孚受业于文懿之门，以书经中至顺壬申乡第。弟起，词气雄辩”云。

江孚、江起与伯兄叔戴齐名，人称“三江先生”，江孚以《书经》于至顺三年（公元1332年）乡试考中举人。

二十六、朱　同　善

朱同善，字圣与，义乌人。从许谦讲究经的宗旨。学者以他为师，称裕轩先生。

二十七、吕　　机

吕机，字审言。从许谦而学，精通《春秋左氏传》，尤精于《资治通鉴》。品行高尚。

许谦执教数十年，桃李满天下。他的学生中，相当一部分人效法其师的处世态度，隐居不仕，聚徒讲学。也有不少人出来做官，多为学校教谕、教授或州县官吏，虽有个别人在朝廷当官，也只是编修写史之类，没有什么实权。他的门徒虽多，但由于许谦没有建立起具有特色的学术体系，严格来说，也没有建立起一个学派，所以，他死以后，他的学说并没有得到发扬光大。

第十章　许谦思想的作用、特点及其二重性

一、许谦思想的作用

从魏晋以来儒、佛、道融合的思想潮流发展到宋代，适应着后期封建社会地主阶级加强封建专制主义统治的需要，产生了一个新的哲学形态——"理学"。两宋的理学，主要有以张载为代表的"关学"。以程颢、程颐为代表的"洛学"，以朱熹为代表的"闽学"，这三派中，以朱熹为代表的"闽学"集理学之大成。到了南宋理宗以后，程朱理学逐渐成为官方哲学，成为后期封建社会的统治思想。但是，理宗以后五十余年南宋就沦亡了，所以，程朱理学成为官方哲学，并在后期封建社会占统治地位，关键是在元朝。元朝统治者入主中原以后，为着加强统治，极力提倡并推行程朱理学。把

朱学“定为国是，学者尊信，无敢疑二”[①]。朱学在南宋时，只流行于东南半壁。到了元朝，由于国家的统一和统治阶级的提倡，逐渐由南方传播到北方，并且成为占统治地位的思想。学者尊信，不敢有任何怀疑。科举考试，以程朱理学作为录取标准，造成“海内之士，非程朱之书不读”[②]的局面。

在元代，在程朱理学盛行的同时，思想战线上出现了朱、陆合流的思想潮流。许谦与北方的著名理学家许衡齐名，并称南北二许。他们思想的主流是恪守程朱理学，但都表现出折衷朱、陆的思想倾向。许谦哲学思想的作用主要有两个方面。一方面是阐发和传播程朱理学，在朱学变为官方哲学和在思想界占统治地位方面起重要的作用；另一方面是折衷朱陆，成为朱熹到王阳明的中间环节。

就阐发和传播朱学说，他甚至超过其师金履祥。《四库全书总目提要》说他“醇正则远过其师，研究诸经亦明古义”。所谓“醇正”，就是笃守儒家学说，以圣人为准。而他的老师金履祥对经学持怀疑态度。金履祥著有《尚书注》、《论孟集注考证》等书，对传统的“四书”、“五经”，乃至对朱熹的注解提出了不少怀疑责难。许谦属于金华学派，金华理学是朱学的一支嫡系，由何基首创。何基是朱熹高第弟子黄干的门生，到许谦是朱熹的四传弟子。金履祥通过疑经有不少创新；而许谦恪守朱学创新少。不过，他通过教学和著作把金华理学发展到顶峰，对传播朱学起了巨大的作用。

---

① 《道园学古录》卷39《跋济宁李璋所刻九经四书》。
② 同上。

《元史·本传》载：

> 先是何基、王柏、金履祥殁，其学尤未大显，至谦而其道日益著，故学者推原统绪，以为朱熹之传也。

这是说，金华理学由何基首创，经过王柏、金履祥尚未显著，直到许谦，其道才日益彰著。

义乌黄溍说：

> 三先生（指何基、王柏、金履祥）婺人。学者推原统绪，必以三先生为朱子之传，适文懿许公出于三先生之乡，克任其承传之重，三先生之学，卒以大显于世。然则程子之道，得朱子而复明，朱子之大，至许公而益尊，文懿许公之功大矣。[①]

这段话也是说金华理学，到许谦才"卒以大显于世"。也就是说许谦把金华理学发展到了它的顶峰，使金华理学"大显于世"，使朱熹博大精深的思想体系日益受到尊崇。足见他对朱学更深入、更广泛的传播、影响中所起的巨大的作用，以及他在学术上的非凡的造诣，使他在学术界享有盛名。他与北方的大理学家许衡并称为南北二许。在程朱理学成为元代占统治地位的思想的过程中，许谦所起的作用虽然不及许衡父子，但是，他也起了很大的作用。

就折衷朱、陆思想说，上面所论的许谦关于"推致吾心

① 《文集》卷1《行实》。

之知”，以及关于不尊德性就不能道学问，既尊德性又不可不道学问的论述，充分体现出许谦折衷朱、陆的思想倾向。宋明理学发展到明代中期，便出现了王阳明心学。王学是封建社会危机进一步加深的产物，从思想实质上说，它同程朱理学没有什么本质的差别，但从思想形式上说，它的产生则是对朱学的反动。从思想渊源来说，王学的产生和宋代的陆学，以及元代折衷朱、陆和朱陆合流思想有密切的联系。所以我们认为，许谦的折衷朱、陆思想，是朱熹理学到王阳明心学发展的中间环节。

许谦思想的社会作用是维护和巩固封建地主阶级专制政权。他的思想的核心是封建伦常，特别是仁、义、礼、智、信五常。他认为“五常”为“五伦”之则。人们只要按封建伦常办事，封建的统治秩序也就稳固了。许谦是地主阶级的知识分子，他虽然与元蒙统治者有矛盾，隐而不仕，但他的思想是代表地主阶级的利益，是为地主阶级服务，巩固地主阶级统治的。

二、许谦思想的特点

许谦思想总的特色是坚持朱学而又折衷朱、陆。除此以外，他的哲学思想还有下列三个显著特点：

第一，强调分殊而理一。

“理一分殊”是程朱理学的一个极其重要的内容。许谦接受金履祥的教导，特别重视分殊之理。他在解释二程“涵养须用敬，进学在致知”时说：“所谓‘致知’，当求其所以知而思得乎知之至，非但奉持‘致知’二字而已。非谓知夫理之一，而不必求之于分之殊也。”[1]这是说，“致知”要“求之于分之殊”，由分殊而理一。

第二，重视经、传，尤其重视传。

重视经、传是金华理学的特点。许谦比其前辈更加重视经、传，尤其是传。他认为“六经”是载道之器，道都在“六经”之中。“传”是解释“经”的。他提出“由传以求经，由经以知道”：

> 道固无所不在，圣人修之以为教。故后欲闻道者，必求诸经。然经非道也，而道以经存。传注非经也，而经以传显。由传注以求经，由经以知道，蕴而为德行，发之为文章事业，皆不背乎圣人，则所谓行道也。传注固不能尽圣经之意，而自得者亦在熟读精思之后尔。今一切目训诂传注为腐谈，五代以前姑置勿论，则程、张、朱子之书皆赘语耳。又不知吾子屏绝传注，独抱遗经，其果有得乎未也？不然，则梯接凌虚，而遽为此诃佛骂祖耳。[2]

经、传与道的关系是：经不是道，道存在经中；传不是道，道以传显。他把传——经——道作为一个认识的阶梯。传是其起点，道是其终点。求道学经都离不开训诂传注。如果学经不由传开始，独抱遗经，就像梯子凌空架接，求道学经失去依托，道不可能知晓。这是针对陆学“六经注我，我注六

① 《文集》卷3《答吴正传书》。
② 《文集》卷3《与赵伯器书》。

经”,反对训诂传注而言的。其目的就是维护程朱理学,维护理学的道统。

第三,注重知行并行。

在知与行的关系上,朱熹虽然认为行重要,但在两者先后次序上,他认为知先行后。许谦不同意此观点,他提出“知行并行不悖”。知行并行是他的思想的一大特色。它是朱熹知先行后,到王夫之行先知后的中介环节。

三、许谦思想的二重性

许谦的思想在许多方面具有二重性。所谓二重性,是指他的许多思想既有消极的方面,又有积极的方面。表现在以下几个方面。

(一)哲学方面

1. 在宇宙观上,他的“理”或“天理”是他的哲学的最高范畴,是世界万物的本源。他的天理观虽是客观唯心主义的,但他把张载的“气”及“气化”思想纳入他的哲学体系之中,并认为理在一定程度上是事物的规律。这些又具有朴素唯物主义思想因素。

2. 在方法论上,他虽然要求保持事物的“度”,维持旧的统一体,使万物不发生质变。这样事物就不能发展,封建纲常就永远不变,这是形而上学的思想;但他承认事物的度,要求处理事情不仅要适宜,还要适合时宜。他认为万物的矛盾是普遍的,矛盾双方相互作用,使事物运动变化,这又具有朴素辩证法思想因素。

3. 在认识论上，他虽然认为“心妙众理”，众理都在自己的心中，格物致知，即物穷理的目的，就是显现心中已有的知；这是先验的唯心主义认识论，但他又认为除圣人外，都是学而后知，学而后能，强调人的知识和才能都是后天学习的结果。另外，由于他承认事物及其规律的客观存在，认识也要认识各种事物之理。这些都是朴素唯物主义思想因素。

4. 在人性论上，他虽然把人性分为天命之性和气质之性，认为由于人们禀受的气质不同而有所区别，但他认为君子与小人可互相转化，而人的善恶与人们所处的经济状况有关。这是人性问题上的朴素唯物主义思想因素和朴素辩证法思想因素。

5. 许谦在哲学上的积极作用还表现在对一些哲学范畴的进一步的阐述。如理与气、理一分殊、一与多、格物致知、即物穷理、天理与人欲、人心与道心等等。

（二）教育思想方面

许谦虽然在教育目的、教育内容上仍是封建主义的那一套，主张通过学习“四书”、“五经”，掌握和践履封建伦常，加强内心修养，从而成为圣贤，但他重视教育，重视教育对人才的培养，特别是他几十年从事教育事业，在教学实践中积累了丰富的教学方法和学习方法，不仅在当时起了好的作用，而且在今天还值得我们借鉴。

（三）政治思想方面

许谦虽然主张对百姓实行禁令刑法与德礼并用，并以德礼为主的两手统治办法，赞成对农民起义加以镇压，以维护和巩固封建地主阶级的统治，但他重视对人才的培养，重用有才能的贤者，除学校输送人才外，还赞成从下层官吏中选拔人才。他反对拉朋结党，认为这是政治衰危的表现。这些是他的政治思想的积极方面。

（四）批判佛、老和心学

许谦思想的积极方面很重要的一个内容就是对佛、老和心学的批判。他批判佛的“万物皆空”、“以寂灭为期”；批判老的“以无为道”、“以清静为宗”，以及他们的“绝俗离伦”思想。批判心学反求于心，向内用功，而不求分殊之理。

总之，许谦是封建地主阶级的知识分子，是元朝著名的理学家、教育家。他的思想有其特色，在许多方面具有二重性。我们应当实事求是地进行剖析，剔除其糟粕，吸取其精华。这对建设具有中国特色的社会主义精神文明具有重要意义。

索　引

人名索引

三画

四画

五画

六画

七画

八画

九画

十画

十一画

十二画

十三画

十四画

十五画

十六画

十七画

廿一画

文献索引

（本索引不包括频繁引用的《鲁斋遗书》、《读四书丛说》、《许白云文集》、《许文正公遗书》和《元史》）

五画

六画

七画

八画

九画

十画

词语索引

四画

五画

六画